KB251900

기독교 윤리의 해석

An Interpretation of Christian Ethics

KOREAN language edition ⓒ 2018 by Jongmunhwasa
KOREAN translation rights arranged with Westminster John Knox Press, USA through EntersKorea Co.,
Ltd., Seoul, Korea.

이 책의 한국어판 저작권은 (주)앤터스코리아를 통한 저작권자와의 독점 계약으로 도서출판 종문화사가 소유합
니다. 신 저작권법에 의하여 한국 내에서 보호를 받는 저작물이므로 무단전재와 무단복제를 금합니다.

*, ※는 옮긴이 주임.

Reinhold Niebuhr

기독교 윤리의 해석
An Interpretation of Christian Ethics

라인홀드 니버 지음 | 곽인철 옮김

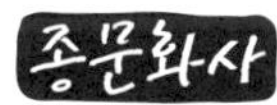

종문화사

기독교 윤리의 해석

초판 1쇄 인쇄 2019년 6월 15일 | 초판 출간 2019년 6월 20일 | 지은이 라인홀드 니버 | 옮긴이 곽인철 | 펴낸이 임용호 | 펴낸곳 도서출판 종문화사 | 편집·디자인 디자인오감 | 인쇄·제본 한영문화사 | 출판등록 1997년 4월 1일 제22-392 | 주소 서울시 은평구 연서로34길2 3층 | 전화 (02)735-6891 팩스 (02)735-6892 | E-mail jongmhs@hanmail.net | 값 20,000원 | ⓒ 2019, Jong Munhwasa printed in Korea | ISBN 979-11-87141-42-6 93230 | 잘못된 책은 바꾸어 드립니다.

서문

    1935년에 초판 발행된 『기독교 윤리의 해석』은 *신학적* 윤리학에 있어 라인홀드 니버의 가장 중요한 작품이라 할 수 있다.[1] 물론 이러한 평가는 후기의 니버가 이 책에 대해 그의 완성된 신학적 관점을 대변하지 않는다고 스스로 묵살했다는 점에서 액면 그대로 받아들이기 어려울 수도 있다. 1956년에 니버는 "나는 … 내가 『기독교 윤리의 해석』에서 취했던 입장은 아무것도 옹호할 수 없고 옹호하고 싶지도 않다"[2]라고 주장했다. 니버가 이 책을 의외로 강경하게 부인한 것은 당시 기독교 윤리학자 폴 램지(Paul Ramsey)가 특히 집단적 인격과 자기희생적 사랑에 대한 이 책의 관점을 비판한 것에서 비롯되었다.[3] 램지에 대한 반응으로써 니버는 비판 받은 관점들로부터 거리를 두기 위해 작품 전체로부터 거리를 두었다. 그러나 이는 논쟁의 열기 속에서 수사학적 전략을 취한 것이라고 생각할 수밖에 없다. 실제로 우리가 오늘날 니버의 "기독교 현실주의"에서 "신학적"이라고 받아들이는 대부분의 관점들은 상대적으로 초기 작품인 이 책에서 상당히 미묘하고 힘차게 전개되고 있다. 당

---

1 작품에 대한 인용은 현 웨스트민스터 존 녹스 출판사의 판본을 기준으로 하고 있으며 본문에서 괄호 안의 쪽수로 표기하였다. * 역자는 번역본을 기준으로 하였다.

2 라인홀드 니버, 찰스 케글리(Charles W. Kegley)와 로버트 브레탈(Robert W. Bretall)이 편집한 『라인홀드 니버: 그의 종교, 사회, 정치사상』(*Reinhold Niebuhr: His Religious, Social, and Political Thought*, New York: The Macmillan Company, 1956)의 "해석과 비판에 대한 응답", 435쪽.

3 폴 램지, 『라인홀드 니버: 그의 종교, 사회, 정치사상』의 "사랑과 율법", 110~113쪽. 램지는 『현대 윤리학자 9인』(*Nine Modern Moralists*, Englewood Cliffs, NJ, Prentice-Hall, Inc., 1962) 136~139쪽에서 동일하게 비판한다.

연한 얘기지만『기독교 윤리의 해석』(※이하『해석』. 제목의 간략화는 원문을 따른다)은 널리 인정받는 작품이자『해석』이 출판되고 몇 년 후인 1941년과 1943년에 연속 간행된 두 권짜리 작품『인간의 본성과 운명』(*The Nature and Destiny of Man*)보다 역사적-신학적 폭이 좁으며, 후에 완전하게 형성된 신학적 입장의 차원들이 발전과 개선과 재조정을 아직 거치지 않은 채 그저 제시만 되어 있을 뿐이다.[4]『해석』은 안내자의 역할을 하며, 논증적으로 세밀하고, 일종의 날 것 그대로의 표현이 압축되어 분출되고 있다. 그럼에도 불구하고 이 작품은 니버의 완성된 신학적 윤리의 정수를 독창적인 방식과 일종의 원자적 응축력과 무게를 통해 보여준다. 확실히 그가 후기에 이 책을 부정하기는 했지만, 그의 신학적 발전을 세부적으로 어떻게 평가하든지 간에 니버가 이후의 신학적 주장들에서 방기하는 것들은 상대적으로 초기에 쓰인 이 작품에서도 별로 중요하지 않다.

이 문제를 어떻게 바라보든 간에, 니버가 3년 전인 1932년에 출간한 책이자 상당한 논란을 불러일으킨『도덕적 인간과 비도덕적 사회』(*Moral Man and Immoral Society*, ※이하『도덕적 인간』)에서 많은 사람들이 신학적 빈틈이라고 받아들였던 것을 보충하기 위해『해석』의 논지를 구성했다는 것은 일반적으로 동의되는 사실이다.[5]『도덕적 인간』의 핵심

---

4 니버는 이 책에서 제공된 1956년 판본의 서문에서 그의 관점들의 발전사를 전해준다.

5 리처드 폭스(Richard Fox)의『라인홀드 니버 전기』(*Reinhold Niebuhr: A Biography*, San Francisco: Harper & Row, 1985) 161~164쪽과 찰스 브라운(Charles C. Brown)의『니버와 그의 시대: 니버의 예언자적 역할과 유산』(*Niebuhr and His Age: Reinhold Niebuhr's Prophetic Role and Legacy*, Harrisburg, PA: Trinity Press International, 2002) 54~56쪽, 게리 도리엔(Gary Dorrien)의『1900~1950년대 미국 자유주의 신학의 형성: 이상주의, 현실주의 그리고 근대성』(*The Making of American Liberal Theology: Idealism, Realism, and Modernity* 1900~1950, Louisville, KY: Westminster John Know Press, 2003) 454~459쪽을 보라.

논지는 사회·정치적 삶의 현실적인 문제들에 상당한 정도로 타협하지 않고서는 최상의 도덕적 이상들이 적용될 수 없다는 것이다. 니버는 그 이유를 도덕적 이상들이 *비*타협적으로 무조건적인 사랑을 요청하며, 급진적 이타주의, 자기희생, 악에 대한 비폭력과 무저항을 요청하기 때문에, 즉 사회관계 속에서 모든 형태의 자기주장과 강압에 대한 거부를 요청하기 때문이라고 말한다. 그러나 『도덕적 인간』에 따르면 이 세계의 완악한 불순종을 고려했을 때 역사 속에서 사회정의에 대한 추구는 바로 불의의 희생자들이나 그들의 대표자들이 악에 맞서 자기주장을 펼치고 저항할 것을 요구하며, 악에 대한 저항은 때로 강압을 필요로 하고 가장 극단적인 상황에서는 폭력조차 필요로 한다. 이러한 점에 있어서 『도덕적 인간』은 마르크스주의자들이 옳았다고 주장한다. 그리고 이로부터 비교적 친밀한 개인적·공동체적 관계들에서 최상의 도덕적 이상들의 초기적용은 현실적으로 그리고 규범적으로 제한되어 있다는 결론이 도출된다. 그러한 이상들은 정의가 사랑보다 더 높은 미덕으로 간주되는 보다 큰 정치·사회적 환경들로까지 절대적으로 확장해서도 안되고 확장시킬 수도 없다. 『도덕적 인간』에서 니버는 간략하게나마 이 긴요한 개념들을 예수의 가르침과 기독교적 사랑과 종교 일반에 관련시켰기 때문에, 기독교와 종교 일반의 도덕명령들이 사회정의의 추구에 있어서 직접적인 영향이 별로 없다고 결론 내린다.

십자가 위에 매달린 자는 패배를 승리로 바꾸었으며 사랑이 이 세상에서 승리하게 될 날을 예언했다. 그러나 승리는 하나님의 개입하심을 통해서 이루어져야 할 것이다. 인간이 지닌 도덕적 자원들은 승리를 보장하기에 충분치 않다. 감상적인 세대는 그리스도의 예언에 담긴 이 종말론적 어조를 파괴해버렸다. 예수는 이 승리가 하나님의 은혜 외에는 실현될 수 없다고

했음에도 불구하고, 감상적인 세대는 하나님의 나라가 골목어귀에 있다고 생각한다.[6]

『도덕적 인간』을 비판하는 기독교인들은 이러한 주장들을 빌미로 니 버가 기독교 신학적 윤리학자로서의 지위를 저버렸다고 비난하였다. 이 비평가들은 *기독교* 신자가 어떻게 정의의 추구에 있어서 예수의 윤리가 절충되어야 한다고 주장할 수 있는지 의문을 제기했다. 아무리 보정되 고 비판적으로 수정되었다 할지라도, 어떻게 기독교 *신학자*가 사회갈 등과 관련된 정의의 개념을 정립해나가는 일에 있어서 단적으로 기독교 적인 자원들을 마르크스주의와 나란히 주장할 수 있는가? 어떻게 기독 교 *윤리학자*가 목적이 수단을 정당화한다는 냉소적인 관점을 긍정할 수 있는가? 인간 역사의 기원과 과정과 목적에 관련된 초월적 실재와 힘 으로서의 하나님이라는 니버의 교리는 어디로 갔는가? 입에 발린 소리 들을 제외하고, 이처럼 심각한 역사적 비관주의를 완화시킬 수 있는 은 혜와 구원의 교리는 어디로 갔는가?[7]

나는 『도덕적 인간』에 이러한 신학적 질문들에 대한 답이 담겨 있다고 생각하지만, 그것들이 부차적이며, 애매하고, 대체로 암시적이라고 생각 한다. 이 답들을 완벽히 찾아내고자 한다면 상당한 연구와 재구성이 필 요하다. 사실상 『해석』이 그 답들을 제시하고 있다. 동시에 『해석』은 『도 덕적 인간』의 신학적 주장을 더 자세하게 개진시키고 있으며, 보다 전반 적으로는 사회·정치적 도덕성에 관해 니버가 처음으로 고수한 *신학적* 고찰을 대변한다.

---

6 라인홀드 니버, 『도덕적 인간과 비도덕적 사회』(New York: Scribner's, 1932), 82쪽.

7 폭스, 『라인홀드 니버』, 142~143쪽; 도리엔 『미국 자유주의 신학의 형성』, 449~451쪽.

이러한 고찰의 중심에는 예수의 윤리에 대한 해석, 즉『도덕적 인간』에서 되풀이될 뿐만 아니라 그 책에서 처음으로 제시된 논법을 발전시키고 심화시키는 해석이 자리하고 있다.

> 예수의 윤리는 모든 삶이 지닌 즉자적인 도덕적 문제들을 ─서로 갈등하는 다양한 파벌들과 힘들 간에 일종의 휴전 협정을 이끌어내는 문제들을─ 전혀 다루지 않는다. 예수의 윤리는 정치와 경제의 상대성들에 대해 아무 말도 하지 않으며, 가장 친밀한 사회적 관계들 속에서도 존재하며 반드시 존재해야만 하는 힘의 균형들에 대해서도 아무 말을 하지 않는다.(89)

니버는 사회·정치윤리가 경쟁하는 이해관계들 사이를 판결하는 정의 체제를 요구한다고 본다. 이러한 체제들에 영향을 미치는 도덕 원리들은 ─각기 다른 정도로─ 이기심의 제약을 요구하지만, 도덕 원리들은 자기이익의 추구가 이기심과 다를 바 없다고 기소하지는 않는다. 오히려 이 원리들은 이해관계들이 서로 갈등할 때 누구의 이해관계가 올바르게 추구되었는지를 결정하는 제도들을 성립시킨다. 따라서 사회정의와 그것이 보장하는 권리들은 일정한 한계 내에서 한 사람이 자기이익을 추구하는 것을 당연하게 받아들이고 허용하며 심지어 변호하기까지 한다. 그럼에도 니버의 해석에 의하면 예수의 윤리는 "본성적인 이기심의 충동들에 대해서뿐만 아니라 타인들의 이기심으로 인해 반드시 요구되는 현실적인 자기방어들에 대해서도 비타협적이다."(89) 예를 들어 예수는 산상수훈에서 반대쪽 뺨을 내줄 것, 악에 대항하지 말 것, 박해하는 자를 위해 기도할 것, 죄 지은 자를 용서할 것, 불의한 자조차도 사랑할 것을 명한다. 이처럼 철저하게 자기희생을 요구하는 명령들은 근본적으로 실용적인 고려들, 이를테면 가해자가 양심의 가책을 느끼고 무고한 희생자가 사랑으로 복수를 포기하면 심령이 변화할 것이라는 희망에 기반을 두고 있는 명령들이 아니다. 니버의 해석에 의하면 그와는 반대로 예수의 윤리의 결정적인 근거는 세속적인 실용적 고려들 혹은 결과론적 고려들에 전혀 의존하지 않는다. 확실히 세속적인 영향이 무엇이든 간에, 그러한 영향이 얼마나 유해하고 비극적으로 나타나든지 간에 예수의 윤리는 이 윤리가 고수될 것을 요구하는 것처럼 보인다. 니버가 서술하듯이, "예수의 윤리는 실용주의 윤리라면 관심을 둘 수밖에 없는 도덕적 행동의 결과들을 전혀 고려하지 않고 하나님의 뜻에 절대적으로 순종할 것을 요구한다."(103) 예수의 윤리가 가차 없이 원칙적이고 반(反)결과론적임을 고려해볼 때, 예수의 윤리는 "즉자적 상황에 놓인 본성적 인간에게 … 불가능하다."(96) 현실적인 필요성과 사회적 책임들로 인해, 기독교인들 역시 타락한 세계의 위기들을 해결하는 데에 있어서 예수의 윤리를 제쳐둘 수밖에 없는 것이다.

니버에 의하면 기독교 자유주의는 이 진리를 깨닫지 못했다. 예를 들어 기독교 자유주의는 일반적으로 예수가 *무저항*이 아니라 *비폭력적 저항*을 설파했다고 주장하고, 그들이 상상으로만 펼치는 저항과 강압의 비폭력적 정치 전략들이 갈등이 들끓는 세상에서조차 불의에 대항하는 효과적인 무기라고 제안함으로써 예수의 윤리의 실용적 가치들을 건져내려고 시도한다. 따라서 이러한 자유주의적 해석(rendering), 농성, 보이콧, 시민불복종의 행위 그리고 그와 유사한 비폭력적 발안들은 정의의 추구에 적용될 때 정치 영역에서 예수의 윤리가 분명히 표현된 형식들로 볼 수 있으며 건설적인 사회변화를 위해 가장 합리적인 희망을 일반적으로 제공한다. 그러나 니버가 볼 때 비폭력적 *저항과 강압*을 사회변화의 전략으로서 수용하는 기독교 자유주의자들은 바로 그러한 수용을 통해 예수의 윤리가 지닌 완벽주의를 절충한다. "때로는 기존의 현실적이고 상대적인 정치적 문제들에 완벽주의적 윤리를 갑자기 도입하는 것은 정의에 해가 될 수도 있"기 때문에, 그리고 니버가 암시하는 바 정치 영역에서 정의는 사랑보다 우월하기 때문에, 니버에게 있어서 그러한 절충은 유감스러울지언정 정당하다.(230) 니버는 타협할 수 없는 원리로서 폭력의 금지를 주장하며 종교적 동기에서 비롯된 "완벽주의적 평화주의"를 위한 자리를 마련해두기는 한다. 충실히 실천되고 표현된 평화주의는 곧 "죄악의 세계에서 사랑 절대주의를 금욕적·상징적으로 표현하는 하나의 전반적인 형식"이다.(232) 그러나 평화주의의 기능은 순전히 상징적이며, 타락한 세계에서 사회·정치적 정의를 지켜내기 위한 실용적인 정책으로 해석될 수 없다.(231) "따라서 정치질서에 책임을 다하려면 폭력을 무조건 거부하는 것은 불가능하다."(233)

니버는 기독교 자유주의에 대해서는 예수의 윤리가 "불가능한 윤리적 이상"을 드러낸다는 점을 깨닫지 못한다고 지적하는 한편, 정통 기독교는 이 불가능한 이상이 아무리 제한적이라고 할지라도 역사 속의 정의의 추구와 "연관성"을 갖는다는 점을 놓치고 있다고 지적한다.(151) 정통 기독교는 죄에 너무 많은 의미를 부여하며, 타락한 세계에서도 도덕적 개선이 이루어질 수 있다는 가능성을 너무 손쉽게 포기한다 – 기독교 역사에서 정통 기독교가 정치적 권위주의와 사회 불평등을 패배주의적으로 수긍한 것이 그러한 예라 할 수 있다. 니버가 볼 때 정통 기독교는 *사랑*이 역사와 완전히 무관하다고 판단하기 때문에 정치·사회적 *정의*를 섣부르게 포기한다. 그러나 사랑은 비록 불가능할지언정 "삶의 율법"으로서, 즉 아무리 부분적이고 근사치에 불과하며 부족하다 할지라도 역사 속의 모든 도덕적 성취들과 모든 정의의 구축을 뒷받침하는 실재와 원동력으로서 역사와 관련되어 있다. 니버는 기독교가 가장 본래적이고 진실된 순간들에 보여주었던 종교 유형을 명명하기 위해 이 작품에서 "예언적 종교"라는 용어를 자주 사용하는데, 위와 같은 점이 바로 그가 "예언적 종교"라 부르는 신앙이 지닌 핵심적인 통찰이다.

> 기독교의 예언적 전통은 정통 기독교에 맞서서 사랑의 이상이 모든 단계에서 인류의 도덕적 경험과 관련 있음을 관철해야 한다. 사랑의 이상은 인간의 총체적 경험과 아무런 관련이 없는 계시에 의해 삶에 마술처럼 첨가되는 것이 아니기 때문이다. 기독교 신앙의 십자가(the Cross)가 삶에 대해 드러내는 전체적인 이해는 "본성적인 인간"의 도덕적 이상들에 대한 순수한 부정도 아니고 그것들과 완전히 무관하지도 않다. 사랑의 이상의 최종적인 초월성은 상식이 제시하는 도덕규범들을 준수하면서도 이를 규탄하지만, 사랑의 이상은 모든 도덕적 열망과 성취에 수반되어 있다. 현존의 바탕이자 성취인 초월자(the transcendent)와 역사 속의 현존 사이의 유기적 관계를 고수하는 것은 예언적 종교의 탁월함이자 과제이다.(152~153)

니버는 정의에 대한 사랑의 "유기적 관계"가 특히 최소한의 도덕적 기준 속에서 사회정의를 다루는 기관들(예를 들면 응보적 정의의 원시적 체계)이 보다 높은 윤리적 포부들과 만족들을 향해 나아가는 과정들 속에서 확증된다고 주장했다.(155~159) 그렇다면 사랑은 그 불가능성에도 불구하고 실현가능한 도덕적 성취들은 무엇이든 추진하는 힘으로서, 정의의 체계를 기존의 기준들 너머로 이끄는 평등과 같은 가치들의 동력원으로서, 이를테면 사랑이 차등적인 필요성에 주의를 돌릴 때처럼 평등을 포함한 모든 도덕적 개념들을 상상을 통해 재평가하는 예언적 비판의 정신으로서 스스로의 존재를 드러낸다.

이 사랑-정의의 변증법은 『해석』에서 지배적인 윤리적 주제로 흐르고 있으며 마지막 장에서 니버가 사랑을 용서로서 다룰 때 절정에 이른다.

기독교 윤리의 진수는 용서의 교리다. 예언적 종교의 탁월함은 용서의 교리에서 모두 드러난다. 용서로서의 사랑은 도덕적 성취들 중 가장 어렵고 불가능하다. 그러나 사랑의 불가능성을 깨닫고 자신의 죄를 인정한다면 그것은 하나의 가능성이 된다. 따라서 불가능한 가능성에 도달하게 되는 윤리는 용서의 교리라는 최고의 열매, 즉 자신의 악함을 깨닫기 때문에 타인의 악함을 앙심 없이 수용하라는 명령을 낳게 된다.(265)

니버는 용서가 그 순수한 표현에 있어서 강압적 주장이나 변호 혹은 응징에 대한 모든 권리를 포기하는 톨스토이식 사회적 무정부주의를 지지한다고 생각하기 때문에 용서가 불가능하다고 판단한다. 용서가 무정부주의를 지지하는 예로는 그가 예수의 말씀 중 "너희 중에 죄 없는 자가 먼저 돌로 치라"에서 도출하는 메시지를 들 수 있다. 니버에 의하면 이러한 말씀을 예외 없이 따른다는 것은 곧 "그 어떤 범죄자도 체포할 수 없게 된다"(271; 또한 97~98쪽을 보라)는 것을 의미한다. 그럼에도 불구하고 불완전한 세계의 "상대적 정의"는 실용적인 이유에서도 도덕적인 이유에서도 애당초 범죄가 발생하게 된 조건들(이를테면 사회·경제적 불의)에 대해 일정한 책임이 있는 죄인들에 의한 것일지라도 범죄자들에 대한 처벌적 통제를 요구한다. 보다 일반적으로 정의는 무조건적인 용서로서 이해된 사랑을 포기할 것을 요구한다.

그러나 니버는 상대적 정의를 위한 갈등에서도 그 정의의 대리자들이 그들의 대의를 상대적으로 인식하기보다 절대화하며 독선의 냉혹함을 힘입은 지독한 분노로 그들의 목적을 추구하는 위험이 있다고 경고한다. 이는 특히 전쟁의 경우에 해당되는데, 왜냐하면 "인간들은 '종교적으로' 헌신하게 되기 전까지는 대의를 위해 싸우지 않으며, 이는 곧 대의가 그들의 의미체계의 중심으로 보이기 전까지는 그것을 위해 싸우지 않는다는 뜻"이기 때문이다.(275) 도덕적·영적 오만의 죄가 이러한 수준에 다다르게 된다면, 상대편은 그 어떤 수단도 정당화시켜주는 악마적인 적대자로 받아들여지게 되므로 정의 자체가 위협을 받게 된다. 따라서 정의를 위해서는 독선을 경계해야 하며, 이는 오직 "용서의 정신의 토대인 종교적 거리낌"을 통해서만 가능하다.(271) 종교적 거리낌은 대의가 얼마나 정당하든지 간에 인간의 도덕적 이해들과 성취들은 "'우리의 의는 다 더러운 옷 같[아지는]' 초월적 관점"에 의해 부족한 것으로 드러난다는 깨달음에 토대를 두고 있다. 이처럼 겸허한 수용은 회개로 이끌고 죄 안에서 모두가 동일하다는 감각으로 이끌며, 용서의 정신을 개방시키고, 독선을 누그러뜨리며, 억제되지 않을 경우 가장 끔찍한 불의들로 이어질 수 있는 잔혹한 복수심을 누그러뜨린다. 요컨대 정의의 일반적인 고려사항들을 생각할 때 용서로서의 사랑을 체계적이고 무조건적으로 적용하는 것은 불가능하지만, 니버의 관점에서 정의는 가능한 것 (what *is* possible), 다시 말해 예언적 종교의 열매인 도덕적·영적 겸손에 기반을 둔 용서의 정신으로서의 사랑이 간헐적으로 적용되길 요구한다.

기독교에서 전통적으로 이어져온 죄의 교리를 실증적인 관찰과 분석을 통해 재구성하고 풍요롭게 보완한 니버 특유의 신학적 인간학은 사랑-정의의 변증법을 중대하게 다룬다. 니버가 보완한 죄의 교리의 출발점은 창세기의 "타락서사"에 대한 비(非)문자적(deliteralized) 해석이다. 니버에게 있어서 타락서사는 역사적 사건이 아니라 인간이 처한 상황에 대한 일반적인 진리를 묘사하고 있는 것이다. 여기서 진리란 인류를 규정하는 특수한 조건들, 즉 적절히 설명하기 위해서는 개념들의 역설적 결합을 -자유와 유한성, 초월성과 피조물적 한계의 결합을- 사용해야 하는 조건들로부터 도덕적 악이 비롯된다는 것이다.

　성경이 타락에 대해 제시하는 묘사는 한편으론 도덕적 악이 인간의 자유의 산물이지 순전히 피조물적 유한성으로부터 불가피하게 파생되는 결과가 아니라는 점을 드러낸다. 창조된 존재로서의 인간은 본질적으로 악하지 않다. 죄는 원칙적으로 피할 수 있는 것이며 인류는 죄를 받아들이도록 운명지어지지 않았다. 오히려 인류는 죄를 지은 것에 대해 책임이 있다. 죄의 발생은 자유롭게 일어나는 것이다.(122~124) 다른 한편으로, 타락서사는 죄가 뱀의 유혹에 대한 반응이었다고 제시함으로써 보다 거대한 세계, 즉 죄를 향한 인력(引力)이 존재하는 세계를 묘사한다.(124) 때때로 그 세계는 인간의 통제를 넘어선 힘들에 의해 죄가 강요되는 불가피성의 영역처럼 보이기도 한다.(126~127) 예를 들어 국가들은 전쟁에 이끌리고, 전쟁이 요구하는 도덕적 타협들은 분명 불가항력적인 요소들에 의거하며, "사업가는 온전한 정직함이 자기 파괴로 이끌게 될 경제 체제 안에서 그의 생계를 꾸려나간다."(128) 그러나 죄가 불가피한 것처럼 보인다고 해도 인간은 죄로 향하는 보다 큰 세계의 역학 속에 자신이 연루되어 있음을 느낀다. 이러한 감각은 "개인이 즉각적으로 책임이 없는 상황에 대해서도 전반적인 책임감을 느끼도록 하는 종교적 죄의식"의 형태를 취할 수도 있다.(128) 게다가 도덕적 타협과 양보를 강요하는 세계에 의해 부과된 힘겨운 제한들 속에서, 인간의 자유는 보다 더 높은 도덕적 대안들을 향해 구상된 여정들을 대체로 택하지도 않고 쉽게 택할 수도 없지만, 여전히 그러한 대안들을 실제적인 가능성들로 그려낸다. 니버는 알베르트 슈바이처의 의료인도주의적인 아프리카 여행을 "본성의 한계"를 넘어서는 초월성의 사례로 제시한다. (129) 예수의 윤리와 함께 슈바이처 같은 삶은 보다 "본성적인" 평범한 삶들의 부족함을 드러내며, 이 세계가 도덕적 행동에 드리우는 장애물들이 무엇이든지간에 죄는 자발적으로 저질러진 것이며 그에 대해 책임을 져야한다는 것을 드러내는 도덕적·종교적 죄의식을 입증한다는 것이다.

불가피성(necessity)이 가미되지 않은 죄의 필연성(inevitability)을 이렇게 단언하는 것은 기독교의 원죄교리에 대한 니버의 탈신화적 재공식화, 즉 "상속된 타락"이라는 "정통" 개념에 이의를 제기하는 재공식화의 핵심 주장이다.

> 만약 원죄가 상속된 타락이라면, 원죄의 상속은 자유를 훼손시키게 되며 그에 따라 죄의 개념에 근간이 되는 책임성을 훼손시키게 된다. 따라서 정통 기독교의 교리는 자멸적이다. 아우구스티누스는 이 문제에 직면했지만, 그가 내세운 전제들의 조건 내에서 문제를 해결할 수 없었다. 원죄는 상속된 타락이 아니라 인간 현존의 불가피한 실상이며, 이 원죄의 필연성은 인간 영성의 본성에 의해 정해진 것이다. 원죄는 현존의 모든 순간들에서 참인 교리이지만, 원죄에는 역사가 없다.(139)

상속된 타락이라는 개념에 대한 아우구스티누스의 비판에도 불구하고, 니버는 죄를 신이 정한 섭리로 보는 마니교와 형이상학적으로 자유의지론적인 이유들로 죄의 필연성을 거부하는 펠라기우스주의 사이를 중재할 수 있는 신(新)아우구스티누스적 관점을 향해 나아간다. 낡아빠지고 "자기 파괴적인" 주장들을 벗겨낸 신(新)아우구스티누스주의는 펠라기우스주의에 대해서는 죄의 역사적 필연성을 단언하면서 마니교에 대해서는 죄의 우주적 필수성을 부정한다. 니버는 나중에 『인간의 본성과 운명』 1권에서 "죄의 불가피성과 죄에 대한 인간의 책임이라는 일견 모순적인 주장들을 담고 있는 기독교의 원죄교리는 인간의 자기애와 자기중심성이 필연적이면서도 자연적 필수성의 범주 안에 들어가

지는 않는다는 사실을 정확하게 다루고 있는 변증법적 진리이다"[8]라고
보다 상세하게 서술하며, 여기서 니버는 스스로가 역설적이라고 인정하
는 원죄의 해석을 서투르게나마 전개한다. 『해석』에서 니버는 아직 『본
성과 운명』의 강력하고 복잡한 신학적 인간학이 지닌 상세함과 뉘앙스
들을 전개하지는 못한다. 그럼에도 니버의 신학적 인간학의 이론적인 핵
심, 즉 재구성된 원죄교리는 의심할 바 없이 이 작품에서 확립되고 있다.

니버에게 있어서 원죄교리는 복음이 지시하는 인간의 곤경을 명명하
는 것이며 구원에 대해 얘기하고 있다. 당연한 얘기지만 기독교적 관점
에서 구원을 마지막에 얘기하는 것은 평범하기 그지없다. 그러나 니버
는 사랑의 행위, 즉 인간의 타고난 능력을 초월하는 은혜로운 힘을 드러
내는 행위들에 구원의 과정을 결부시킨다는 점에서 독특하다.(256~261)
물론 니버의 역사 신학(theology of history)에서 이 사랑의 행위들이 도
대체 어느 정도의 변화를 이루어내고 있는지 또는 이루어낼 수 있는지
를 묻는 것은 타당하다. 사회복음의 증분적 진보주의(incremental pro-
gressivism)나 마르크스주의의 혁명적 유토피아주의에 반대하여, 니버
는 역사 속에서 구원받는 자들은 언제나 *의인이자 죄인*(simul iustus et
peccator, 의롭다 함을 받음과 동시에 죄인)이며, 그들의 결정적인 칭의는 언
제나 완전히 실현되기보다는 귀속적(imputed)이며, 따라서 종말론(es-
chatology)은 그 용어가 얼마나 탈신화화(化)되든 지간에 언제나 묵시적
일 수밖에 없다고 주장한다.

종말은 모든 삶이 종속되어 있는 불가능한 가능성에 대한 신화적 표현
이다. 불가능성들이 정말로 가능하며 역사의 주어진 매순간 새로운 현실들

---

8 라인홀드 니버, 『인간의 본성과 운명』, 제1권 (New York: Scribner's, 1941), 263쪽.

(actualities)로 이끈다는 의미에서 하나님의 나라는 언제나 가까이 있다. 그럼에도 불구하고 역사의 모든 현실은 도래하고 나면 단지 이상의 근사치에 불과했다는 점을 스스로 드러내게 되며, 하나님의 나라는 그러므로 아직 임하지 않았다. 사실상 하나님의 나라는 언제나 다가오지만 결코 임하지는 않는다.(108)

따라서 인간의 역사 속에서 종말론적인 의미에서 결정적인 도덕적·영적 과정은 존재하지 않는다. 확실히 그 통탄할 만한 역사적 사실로 인해 니버는 궁극적 구원이 인류를 향한 예수의 어마어마한 용서와 어느 정도는 다를 바 없다고 본다. 그러나 역사 속에는 허무주의적인 타락의 물결을 저지하며 "[인간의 삶을] 초월하는 의미체계"를 증언하는 구원적 사례들이 여전히 존재하며,(277) 니버에 의하면 이러한 사례들은 예언적 종교의 자원들에서 비롯된다.

이것이 바로 『기독교 윤리의 해석』의 주된 논의다. 니버가 이 작품의 초판을 위한 서문에서 언급하듯이, 『기독교 윤리의 해석』의 논의는 1934년 봄 콜게이트-로체스터 신학대학에서 강연한 라우센부쉬 기념 강의에서 처음으로 제시되었으며, 이 책의 내용은 전체적으로 라우센부쉬가 개진한 자유주의적 "사회복음" 운동과의 특별한 교류뿐만 아니라 사회복음주의자들이 반발했던 "정통"과의 교류를 반영하고 있다. 이제 우리 앞에 놓인 질문은 『해석』의 신학적 윤리학이 출간될 당시의 역사적 상황들을 얼마나 넘어서고 있느냐이다. 스탠리 하우어워스(Stanley Hauerwas)는 최근에 니버를 전반적으로 평가하면서 "그의 시대를 이해하는 데에 도움을 주기 때문에 그를 읽는 것이지, 그가 오늘날도 여전히 건설적인 기독교 사상가라서 읽는 것이 아니다"[9]라고 말했다. 그러나 현대의 다른 학자들은 니버의 현실주의가 현대세계의 사회·정치적 문제들에 대해 특별히 통찰력 있는 기독교 신학적 관점을 제공한다고 평하며 하우어워스의 의견을 반박한다.[10] 여기서 나는 오늘날의 신학적 토의에서 『해석』의 구체적인 주장이 야기하는 네 가지 쟁점들을 지적함으로써 『해석』이 오늘날에도 의의가 있다는 상대적으로 작은 문제를 다루고자 한다.

자기희생으로서의 기독교적 사랑

처음 제시된 순간부터 기독교적 사랑과 예수의 윤리에 대한 니버의 해석은 상당히 비판적인 반응을 불러일으켰으며, 오늘날에도 논쟁은 계속되고 있다. 니버의 해석이 지닌 두 가지 측면이 특히 논쟁의 여지가 있는 것으로 드러나는데, 즉 (1) 기독교적 사랑 혹은 아가페를 본질적으로 자기희생으로 묘사한다는 점과 (2) 예수의 윤리가 악에 대한 무조건적인 무저항을 요구한다고 주장한다는 점이다.

아가페를 자기희생으로 보는 니버의 관점에 대해 비평가들은 몇 가지

---

9 스탠리 하우어워스, 댄 모어헤드와의 인터뷰에서, "스탠리 하우어워스가 라인홀드 니버에 대해"(Stanley Hauerwas on Reinhold Niebuhr), 유튜브, 5월 7일, 2010. http://www.youtube.com/watch?v=r50uiHeewf8 에서 확인할 수 있음.

10 예를 들어 로빈 러빈(Robin Lovin)의 『라인홀드 니버와 기독교 현실주의』(*Reinhold Niebuhr and Christian Realism*, Cambridge, MA: Cambridge University Press, 1995), 리처드 크로우터(Richard Crouter)의 『라인홀드 니버: 정치, 종교 그리고 기독교 신앙에 대해서』(*Reinhold Niebuhr: On Politics, Religion, and Christian Faith*, New York: Oxford University Press, 2010).

반론들을 제시한다. 첫째, 기독교적 사랑을 본질적으로 자기희생이라고 정의한다면 아가페의 관점에서 볼 때 도덕적으로 칭찬할 만한 자기 내어줌(self-giving)은 도덕적으로 의문의 여지가 있는 자기착취(self-exploitation)에 대한 굴복과 구별할 수 없게 된다. 하지만 니버의 해석에서 기독교적 사랑은 극도의 노예상태나 자기포기(自己沒却, self-abnegation)를 요구하지도 허용하지도 않는다. 둘째, 아가페를 본질적으로 자기희생으로 이해한다면 사람들 사이의 갈등에 대해 판결을 내리는 사항에서 본인을 제외한 다른 사람들이 기독교적 사랑과 아무런 관련이 없게 된다. 하지만 기독교적 사랑이 자기희생에 있어서 무엇을 요구하든지 간에, 그것은 불의를 저지르는 자들보다 무고한 희생자들을 선호할 것을 분명히 명한다. 셋째, 보통의 경우들에서 자기희생적 행위들은 *누군가*는 수혜자가 되도록 요구하기 때문에 이러한 행위들은 보편적으로 권장할 수가 없는데, 보편화의 가능성은 모든 진정한 도덕적 판단들의 필수조건이다.[11] 넷째, 특정한 상황에서, 이를테면 나치 병사가 나치의 목적을 위해 자기 목숨을 바치는 것은 분명히 미덕이 아니라 범죄다.[12] 나치의 자기희생이 고결하다고 주장하는 것은 어떻게 보아도 비정상적이고, 기독교인의 자선은 더더욱 고결하다고 주장할 수 없으므로, 기독교적 사랑을 자기희생과 동일시하는 것 역시 비정상적이다. 다섯째, 아

---

11 진 아웃카(Gene Outka)는 이 세 가지 반론들을 전개한다. 『아가페: 그 윤리적 분석』(*Agape: An Ethical Analysis*, New Haven, CT: Yale University Press, 1972), 274~279쪽과 21~24쪽을 보라. 또한 에드먼드 산투리(Edmund N. Santurri)와 윌리엄 워페하우스키(William Werpehowski)가 편집한 『사랑의 계명: 기독교 윤리학과 도덕철학에 관한 에세이』(*The Love Commandments: Essays in Christian Ethics and Moral Philosophy*, Washington, D.C.: Georgetown, 1992; Reissued Wipf and Stock, 2009)에서 「보편적 사랑과 공평성」(Universal Love and Impartiality, 1~103쪽)을 보라.

12 피터 기치(Peter Geach), 『미덕』(*The Virtues*, Cambridge, UK: Cambridge University Press, 1977), 82~83쪽.

가페를 자기희생으로서 바라보는 관점은 의도적으로는 아닐지라도 사실상 언제나 지배층에 의해 억압된 자들의 정당한 자기주장을 저지하는 사상적 도구로써 사용된다. 이러한 관점은 대개 상대적으로 힘 있는 자들의 편견, 즉 자신들의 불의한 자기주장들이 지닌 죄스러운 오만을 모든 인류에게 투영시키며 자기희생적 이상들에서 모두를 구원하는 수단들을 추구하는 자들의 편견을 드러낸다. 그러나 자기부정을 향한 경향성이 영적 질병의 치료제가 아니라 오히려 영적 질병의 징후가 되는 약자들의 죄와 힘 있는 자들의 죄는 서로 다르다. 이러한 해석에서 자기희생으로서의 아가페에 대한 무조건적인 옹호는 억압받는 자들의 입장에서 유일하게 구원이라 부를 만한 것, 즉 자기주장을 통해 억압적인 사회적·정치적·경제적 구조들로부터 스스로를 해방시키지 못하도록 저해한다.[13] 마지막으로, 아가페의 최종적인 해석으로서 자기-희생적 사랑을 얘기하는 것은 사랑의 적절한 초점을 흐리는 방식으로 사랑을 제한한다. 즉, "사랑은 단순하게 사랑이며, 완전한 조항이다 … 사랑은 타인들의 선을 의도하는 것이지 자신의 자기-희생이나 고통을 의도하지 않는다. 사랑 앞에 서있는 것은 이웃이지 … 희생이나 고통이 아니다."[14]

　여기서 니버를 가장 점잖게 비판하고 있는 자조차도 니버의 주장에 너무 민감한 반응을 보이고 있다고 이의를 제기하는 것은 타당하다. 왜냐하면 도덕적, 종교적 혹은 영적으로 적절한 맥락들, 즉 아카페가 스스로 적절하다고 인식하고 검증한 맥락들에서만 행위자가 이해관계들을

---

13 니버를 비판하는 페미니스트들은 이러한 주장을 핵심으로 삼아왔다. 이에 대한 전반적인 해석은 레베카 마일스(Rebekah L. Miles)의 『페미니즘 신학과 기독교 현실주의』(*Feminist Theology and Christian Realism*, Oxford: Oxford University Press, 2001)을 보라.

14 램지, 『현대 윤리학자 9인』, 146쪽. 아웃카의 『아가페』 279쪽, 26번 주석에서 인용됨.

희생하고자 하는 의향을 구체화하는 인격적 미덕으로서 아가페를 정의할 수 있으며, 이를 통해 사랑을 자기희생으로 보는 니버의 관점에 대한 비판을 반박할 수 있기 때문이다. 물론 "도덕적, 종교적 혹은 영적으로 적절한 문맥들"이라는 조건이 제시하는 정확한 한계들에 대해서는 의견이 다를 수도 있다. 누군가에게는 이 조건이 자기희생을 엄격하게 제한할 수도 있고, 다른 이들에게는 보다 덜할 수도 있다. 이러한 제한들을 얼마나 상세하게 제시하든, 니버의 관점에서 사랑은 특정한 상황들에서 정의가 보장하는 권리들을 행사하지 말 것을 요구하기 때문에, 일반적으로 사랑은 엄격한 정의가 용인하는 정도를 넘어서 자기희생을 요구할 것이다. 따라서 사랑과 정의의 변증법적 긴장은 니버의 관점에서는 유지될 수 있으며, 사회정의의 갈등은 아가페가 허용하는 정도를 넘어선 자기중심적 주장들의 추구를 수반하므로 자기희생으로서의 아가페는 자주 비극적으로 절충되어야 할 필요성이 있다는 의식 또한 유지될 수 있다. 다시 말해, 비록 일말의 도덕적 죄책감이 없을 수는 없겠지만, 정의는 사회갈등 속에서 때로 현실적으로 그리고 규범적으로 사랑을 넘어선다. 마지막으로, 비록 자기희생적 사랑을 파악하는 것이 특정한 역사적 문맥들 속에서 정의에 대한 우리의 의식을 고양시키고 변화시킬 수 있다는 가능성을 배제할 수 없다고 하더라도, 니버의 관점에서 볼 때 자기희생으로서의 아가페는 역사적 성취들을 초월하고 그것들을 심판하며 규정하기 힘든 도덕적 이상으로 남아있다. 확실히 이 주장들은 모두 논쟁의 여지가 있으며 얼마든지 이것들에 대해 니버와 논쟁할 수 있다. 그러나 기독교적 사랑이 명하는 자기희생의 정도와 보다 거대한 규범적, 현실적인 함의에 대해 합리적으로 논쟁할 수 있다는 점을 인정한다는 것이 곧 니버가 올바르게 인식한 연관성, 즉 성경이 보여주는 모범에 대한 충성심이 요구하는 듯 보이는 아가페와 자기-희생의 *본질적*

연관성을 부정하는 것은 아니다.

예수의 윤리와 무저항

흥미롭게도 기독교 정전론(正戰論, just war theory)자들과 비폭력을 옹호하는 기독교인들은 예수의 윤리가 악에 대한 절대적 무저항을 명령한다는 니버의 주장을 최소한 암묵적으로 비판해왔다. 정전론적 비판의 예라 할 수 있는 폴 램지의 규범적 반론은 1950년에 처음으로 제시되었는데, 그의 반론은 이후의 기독교 정전론적 분석들과 논의들에 있어서 지속적인 영향력을 끼쳐왔다.[15] 램지는 니버의 관점에 반대하면서 예수의 윤리와 무저항에 대해 루터, 존 녹스 그리고 기타 신학자들이 내세운 신학적 논거의 전통에 토대를 둔 사고방식을 드러낸다. 램지는 예수의 윤리와 기독교적 사랑을 정확히 해석한다면 무고한 희생자들을 대신하여 악에 저항할 것을 요구하는 "보호우선의 윤리(preferential ethic of protection)"가 산출될 것이라고 주장한다.[16] 이러한 해석은 "악한 자를 대적하지 말"고 "왼편도 돌려 대라"는 산상수훈의 훈계(마태복음 5장)가 자기-타자-타자의 관계들이 아니라 오직 자기-타자의 관계에 대해서만 말하고 있을 뿐이라고 설명한다. 따라서 기독교인들은 자신들을 위해서가 아니라 무고한 자들을 위해서, 즉 불의한 가해자들에 의해 위협받는 제3자적 이웃들을 위해서 악에 대항해야 한다. 게다가 예수의

---

15 폴 램지, 『기초 기독교 윤리학』(*Basic Christian Ethics*, New York: Scribner's, 1950), 166~184쪽.

16 같은 책, 166쪽.

서사에서 성전의 정화와 같은 예들은 명시적으로 반항의 기준을 입증한다. 확실히 성전 정화사건을 본질적으로 비폭력적, 정치적 시위로 해석한다고 해도, 성경적 자료들을 근거 삼아 합리적으로 추정해보면 특정한 상황들에서는 폭력적 저항 역시 도덕적으로 정당화될 수 있다는 결론에 도달하게 된다. 램지가 말하듯이, "예수가 스스로 선언한 무저항의 윤리로부터 성전을 정화할 때 취했을 저항의 방식으로 전환하는 이유가 된 정황들과 유사한 상황들은 기독교적 사랑이 물리적 저항의 방법들을 취하도록 허용할 뿐만 아니라 때로는 그것들을 요구하기도 한다."[17]

요컨대 램지의 논리에서는 니버의 논리와 대조적으로 예수의 윤리나 기독교적 사랑이 무고한 타인들을 지키기 위해 폭력적인 저항조차 요구하는 정의와 전혀 갈등을 일으키지 않는다. 따라서 그러한 정의를 수용하는 데에 있어서 예수의 윤리나 기독교적 사랑의 "절충"은 존재하지 않으며[18], 사랑과 정의 사이의 역설적 긴장 혹은 변증법적 긴장도[19], 도덕적 모호성도, "더러운 방법"의 문제도, 선을 이루기 위해 악을 행하는 것도, 정의의 추구에 있어 불가피한 죄책감도 존재하지 않는다.[20] 그리

---

17 같은 책, 169쪽. 또한 『정의로운 전쟁: 힘과 정치적 책임』(*The Just War: Force and Responsibility*, New York: Scribner's, 1968), 142~143쪽을 보라. J. 찰스(J. Darly Charles)와 티모시 데미(Timothy Demy)의 『전쟁, 평화 그리고 기독교』(*War, Peace, and Christianity*, Wheaton, IL: Crossway, 2010), 356~361쪽, 251~256쪽과 비교해보라.

18 램지, 『기초 기독교 윤리학』, 172쪽.

19 티모시 잭슨(Timothy P. Jackson), 산투리와 워페하우스키가 편집한 『사랑의 계명』(*The Love Commandments*)의 "기독교적 사랑과 정치적 폭력(Christian Love and Political Violence)", 187~194, 199~204, 212~214쪽.

20 폴 램지, 『전쟁과 기독교적 양심』(War and Christian Conscience, Durham, NC: Duke University Press, 1961), xvii~xxiv, 1~14쪽, 178~179쪽; 램지, 『정의로운 전쟁』, 148~156쪽. 키스 파블리스켁(Keith Pavlischek), 에릭 패터슨(Eric Patterson)이 편집한

고 몇몇 기독교 정전론자들은 이러한 규범적 결론이 보다 큰 증명을 통해, 즉 성경에 입각한 증명을 통해 추가적으로 지지된다고 덧붙인다. 예를 들어 신약의 그 어떤 부문도 군인들의 군인됨을 규탄하지 않는다. 그와는 정반대로, 세례요한은 단순히 군인들에게 강탈하지 말고 받은 급료를 족한 줄로 알라고 이르며(누가복음 3:14), 바울은 로마서 13장에서 다스리는 권세들이 선을 베푸는 힘으로서 하나님께서 정하신 바대로 세움을 입었다고 명시적으로 인정한다.[21] 이러한 이유로 정당한 명분(이를테면 무고한 자의 보호)을 위해 정당한 방법으로(이를테면 무고한 자들에 대한 직접적 공격은 배제함) 복무하는 것은 마땅히 산상수훈의 명령들과 양립할 수 있는 기독교적 직업이라 간주할 수 있다. 보다 일반적으로 말하면 "정당한 전쟁의 이론"은 예수의 윤리와 기독교적 사랑을 부정하지 않는다. 오히려 정전론이 정당화하는 전쟁은 타락한 세계 속에서 예수의 윤리와 사랑을 실현하는 것에 다름 아닌 것으로 볼 수 있다.[22]

비폭력을 옹호하는 기독교인들은 당연히 정전론적 접근에 이의를 제기하지만, 그들 중 일부는 니버처럼 예수의 윤리를 악에 대한 절대적 무저항의 교리와 연결시키는 것도 거부한다. 비록 니버가 『해석』과 다른

『오늘날의 기독교와 권력정치』(Christianity and Power Politics Today, New York: Palgrave Macmillan, 2008)의 "라인홀드 니버, 기독교 현실주의 그리고 정전론 비평(Reinhold Niebuhr, Christian Realism, and Just War Theory: A Critique", 53~71쪽을 비교해보라.

21 램지, 『기초 기독교 윤리학』, 386쪽; 나이젤 비가(Nigel Biggar), 『기독교 윤리 연구』 (Studies in Christian Ethics, 2009) 22.2, "명시하고 구별하라! '비폭력'에 관해 신약 해석하기"(Specify and Distinguish! Interpreting the New Testament on 'Non-Violence'), 164~84쪽; 찰스와 데미의 『전쟁, 평화 그리고 기독교』, 262~271쪽.

22 램지, 『전쟁과 기독교적 양심』, 178쪽; 올리버 오도노반(Oliver O'Donovan)의 『정의로운 전쟁을 돌아보다』(The Just War Revisited, Cambridge, UK: Cambridge University Press, 2003), 9쪽, 28쪽을 비교해보라; 파블리스켁, "라인홀드 니버, 기독교 현실주의, 정전론", 64쪽.

작품들에서 다음과 같은 해석을 명시적으로 비판했음에도 불구하고, 그러한 입장을 취하는 자들은 산상수훈에 담긴 예수의 윤리가 무조건 적으로 악에 대한 *저항*을 금지하는 것이 아니라 악에 대한 *폭력적 저항*을 금지하는 것이라고 주장한다. 물론 표준 영어 번역에서는 "대적하지 말라(resist not)" 등으로 해석되는 마태복음 5:39의 *me antistenai*에 대한 번역에 따라 논쟁의 양상은 많이 바뀐다. 여기서 다루는 비폭력주의 적 해석에서 그러한 번역은 문자적으로는 옳지만 문맥적으로는 오해를 불러일으킨다. 신약에서 *Antistenai*는 "일반적으로 치명적일 가능성이 있는 소란이나 무장봉기를 지칭"하며 마태복음 5:39의 *me antistenai* 는 "폭력적으로 반응하지 말라"고 해석하는 게 가장 정확하다.[23]

이러한 해석은 대체로 같은 구절의 "왼편도 돌려대며"에 대한 독특한 해석을 통해 지지된다. 여기서 예수의 명령은 짐작건대 불의한 폭력적 공격에 대해 비굴하게 굴복하라고 요구하는 것이 아니라 억압적인 권력 에 대해 창조적이고, 현실적이며, 효과적으로 대응하라고 요구하는 것 이라 볼 수 있다. 당시의 관습을 고려할 때, 오른뺨을 때리는 것에 대한 반응으로 왼뺨을 돌려대는 것은 가해자로 하여금 손등이 아니라 손바 닥으로 치도록 유도하며, 위계관계 속에서 윗사람은 모욕을 가하는 수 단으로써 손등으로만 뺨을 때리도록 되어 있었기 때문에, 왼뺨을 돌려 대는 것은 도덕적 평등의 관계를 재정립시킨다. 이러한 대응은 "억압자 로부터 모욕할 힘을 빼앗는" 반응, 즉 불균형적인 권력 관계에서는 분명 히 "자살행위"인 실질적인 폭력적 보복에 의지하지 않는 "반항의 행위"

---

23 월터 윙크(Walter Wink), 『예수와 비폭력: 제3의 길』(*Jesus and Nonviolence: A Third Way*, Minneapolis: Fortress Press, 2003), 11쪽.

라고 할 수 있다.[24] 따라서 왼뺨을 돌려대라는 예수의 명령은 혁명적인 권력갈등 속에서 억압받는 자들이 취할 수 있는 비폭력적 저항의 실용적 전략을 표현하고 있는 것이다. 더 일반적으로 말해서 이러한 해석은 예수의 윤리가 불의에 비굴하게 굴복하거나 폭력적으로 반응하라고 요청하는 것이 아니라 "제3의 길", 즉 비폭력의 혁명적 저항의 길을 요청하고 있다고 본다.[25] 여기서 도덕적 모범을 보인 사람들로는 마하트마 간디, 마틴 루터 킹 주니어, 코라손 아키노(Corazon Aquino), 레흐 바웬사(Lech Walesa) 그리고 사회정의의 대의에 헌신하고 놀라울 정도로 성공을 거둔 기타 비폭력적 정치인들을 들 수 있다. 이들은 예수의 윤리의 실용적인 지혜를 보여주며 예수의 윤리와 기독교적 사랑이 정치계에서 갖는 효용성에 대해 비관적이었던 니버의 관점을 반박한다. 어쨌든 예수의 윤리는 비폭력적인 저항이라 할지라도 악에 대한 저항을 허용하기 때문에, 정의를 위한 투쟁 속에서 예수의 윤리를 절충할 필요는 전혀 없다는 것이다.

정전론과 비폭력적 저항을 옹호하는 주장들은 여러 면에서 기발한 듯 보이지만, 그러한 주장들의 중요한 특징은 예수의 윤리에 대한 "저항주의" 해석들에 대체로 수용된 훈고학적 미시분석에 대해 니버가 1940년에 내놓은 비평을 의도적으로까지는 아니더라도 실질적으로 회피한다는 것이다. 니버의 비평은 폭력적 혹은 비폭력적 저항을 옹호하는 기독교인들이 예수의 세계관에서 보다 큰 주제들로부터 추상화하여 도출해낸 윤리에 대해 임시적이고, 극단적이며, 그릇되고, 현실주의적 혹은 실용주의적 동기에 사로잡힌 해석들을 내놓는 행태를 겨냥한 것이었다.

---

24 같은 책, 15~16쪽.

25 "제3의 길"에 대한 보다 자세한 논의는 윙크의 『예수와 비폭력』을 보라.

흥미롭게도 평화주의자들은 보다 덜 절대주의적인 평화주의자들만큼이나 자신들의 입장을 정당화하려는 목적으로 예수의 윤리를 희석시키는 잘못을 범한다. 모든 정치적 상황에는 오만과 권력에 대항함으로써 정의를 이루어야 할 필요성이 있기 때문에, 그들은 순전한 무저항의 윤리가 어떤 정치적 상황에 대해서도 즉자적 연관성을 지니지 못한다는 점을 인정할 수밖에 없다. 따라서 그들은 예수의 윤리가 무저항의 윤리가 아니라 비폭력적 저항의 윤리라고, 즉 예수의 윤리는 삶이나 재산을 파괴하지 않는다는 조건 하에 악에 대한 저항을 허용한다고 선언한다.

성경은 결코 이러한 비폭력의 교리를 지지하지 않는다. 예수의 윤리가 비폭력적 저항이 아닌 무저항을 단호하게 명령한다는 점보다 더 분명한 것은 없다.[26]

물론 이 마지막 두 문장에서 니버는 예수의 윤리가 비폭력적 저항을 옹호한다고 해석하는 평화주의자들의 논점을 거의 회피하고 있지만, 그의 발언들에는 그가 오늘날의 기독교 정전론과 비폭력적 저항주의에 대해 뭐라고 반응했을지 합리적으로 추론하기에 충분한 요소들이 담겨 있다.

인용한 글에서 니버가 내세운 전반적인 요점은 『해석』의 핵심 주장, 즉 산상수훈에 상술된 예수의 윤리는 현실주의적, 실용주의적 혹은 결과론적 고려들을 철저하게 무시하는 내세적·초월적 태도를 지니고 있으며 산상수훈의 명령들에 대한 절대적 충성을 강조한다는 주장이 반

---

26 라인홀드 니버, 『기독교와 권력정치』(*Christianity and Power Politics*, New York: Scribner's, 1940), 9~10쪽.

영되어 있다. 이러한 도덕적 절대주의의 규범적 힘과 명령들의 문자적 의미는 임시적이고 이론의 여지가 있는 성경 해석들에 의해 반박되거나 성경 자료에 근거한 규범적 추론들에 의해 반박되고 제한될 수 없지만, 그럼에도 정전론 신학자들과 비폭력적 저항주의 신학자들은 분명히 임시적이고, 의문의 여지가 다분하며, 추측적인 해석들과 추론들을 수용한다. "불의를 가하는 자들에 대한 예수의 태도에서 발견할 수 있는 보호우선 윤리의 기초들에는 예수가 폭력의 행위를 허용했을 수도 있다는 점이 어느 정도 시사되어 있으며, 최소한 그러한 행위를 *허용하지 않았을 것*이란 결정적인 증거는 없다는 점이 시사되어 있다"라고 서술하듯이, 램지 본인도 선한 사마리아인이 무고한 피해자를 보호하기 위해 폭력을 사용했다고 하더라도 예수가 허용했을 것이라면서 정전론에 대한 그의 신념이 어느 정도 미심쩍음을 시인한다.[27] 또한 *me antistenai*의 문자적 의미는 결국 "저항하지 말라"이며, 더욱이 신약학자들 중 성경의 문맥적 증거가 비폭력이라는 문자적 해석을 거부할 수 있는 근거를 제시한다고 동의하는 사람은 없다.[28]

덧붙여 말하자면, 니버는 아마도 예수의 사역에서 더 중대한 담화가 마태복음 5장에 대한 무저항주의 해석을 옹호하며 보다 일반적으로는 폭력적이든 비폭력적이든 기존의 *정치적* 저항주의 패러다임들을 비판하는 관계양식을 묘사하고 있다고 강조했을 것이다. 산헤드린과 본디오

---

27 램지,『기초 기독교 윤리학』, 170쪽. 램지,『정의로운 전쟁』, 142~143쪽과 비교하라.

28 도로시 진 위버(Dorothy Jean Weaver), 윌리엄 스와틀리(William M. Swartley)가 편집한『신약에서 원수에 대한 사랑과 용서』(*The Love of Enemy and Nonretaliation in the New Testament*, Louisville, KY: Westminister John Knox Press, 1992)에서 "무저항의 변천: 복수법에서 '악한 자를 대적하지 말라'까지(Transforming Nonresistence: *From Lex* Talionis to 'Do Not Resist the Evil One')", 33쪽.

빌라도를 대할 때, 예수는 결코 정치적 저항을 옹호하는 자들이 허용하는 행위들로써 대적들을 저항하지 않았다. 예수는 분명 정치적 권세들을 향해 무기를 들지 않았으며, 그가 체포될 때 그의 제자들이 폭력적으로 대응하는 것을 막았다. 게다가 그가 "일종의 도덕적 주지츠(jujitsu), 악의 행위를 이용해서 악을 넘어뜨리는 무술"[29]의 일환으로 비폭력적 정치적 전략들을 시행했다는 명시적인 증거는 없다. 예수의 목적은 솔 앨린스키[30]처럼 "지속적인 압력을 가하는 것"이 아니었으며 "대적들에 대해 지속적인 압박을 유지할 수 있는 작업을 개발하는 것"은 더더욱 아니었다. 그의 사역은 "장기적 사회투쟁의 본보기"[31]가 아니었으며, 그의 가르침은 "억압받는 자들에게 힘을 주기 위한 현실적, 전략적 수단"[32]이 아니었다. 이러한 특징화들은 예수를 강압적 교류와 전술적 책략이 오가는 전쟁터 속의 능란한 요원으로 묘사한다. 그러나 예수가 십자가형에 순종한 것은 그야말로 예수가 −폭력적이든 비폭력적이든− 기존의 정치적 권력, 강압, 저항의 싸움을 거부했다는 것을 반영한다. 이 모든 점들로 미루어 보아 "예수의 정치학"[33]에 대해서 무엇이라고 얘기하든 예수의 윤리가 무저항을 권한다는 니버의 해석은 다른 해석들과 비교했을 때 여전히 합리적으로 진지하게 고려할 만하다.

---

29 윙크, 『예수와 비폭력』, 43쪽.

30 * Saul Alinsky(1909~1972). 미국의 시민운동가였다.

31 같은 책, 41쪽.

32 같은 책, 21쪽.

33 존 하워드 요더(John Howard Yoder), 『예수의 정치학』(*The Politics of Jesus*, Grand Rapids: Wm. B. Eerdmans, 1994).

요더의 비평과 니버가 주장하는
신앙을 통해 은혜로 주어지는 칭의
(Justification by Grace through Faith)

위의 결론을 고려했을 때, 예수의 윤리를 무저항으로 해석하는 것에 동의하면서도 타락한 세계의 위기들이 기독교인들조차도 예수의 윤리를 절충하거나 포기하도록 강요한다는 니버의 관점을 거부하는 논점을 다루는 것은 매우 중요하다. 이러한 논점을 견지했던 학자들 중 가장 유명한 사람은 메노파 신학자였던 존 하워드 요더(1927~1997)다. 요더의 입장은 가이 허쉬버거(Guy Hershberger)와 같은 기존 메노파교도들의 입장, 즉 니버가 예수의 윤리를 무저항과 동일시한 것은 옳지만 기독교인의 임무가 그리스도의 명령을 무조건적으로 따라야하는 것이라는 생각은 잘못되었다는 주장을 어느 정도 답습하고 있다.[34] 그러나 요더는 "무저항을 실천하는 기독교인들의 임무는 정치적인 성격의 것이 아니"[35]라는 허쉬버거의 관점에 이의를 제기한다. 허쉬버거 같은 메노파교도들과 니버를 반대하면서, 요더는 제대로 이해된 무저항적 기독교는 일상적인 세계의 정치권력들을 다스리는 그리스도의 주권(lordship)을 증언하는 "예수의 정치학"을 드러낸다고 주장한다.

요더에 의하면 그리스도는 근본적으로 포용적인 무저항의 왕국을 선포하고 그의 사역을 위해 강압적 수단들을 사용하지 않고 십자가형에 전적으로 자유롭게 복종함으로써 그러한 주권을 이루었다. 요더의 관

34　가이 프랭클린 허쉬버거, 『전쟁, 평화 그리고 무저항』(*War, Peace, and Nonresistance*, Scottdale, PA: Herald Press, 1953), 241쪽.

35　같은 책, 243쪽.

점에서 볼 때 예수가 선포하고 수립한 비(非)강압적이고 근본적으로 포괄적인 공동체는 강압적이고 배타적인 정치적 패러다임들에 도전을 야기하는 예언적 반체제(counterculture)이자 대안적인 폴리스이며 하나님의 나라이다. 요더에 의하면 기독교인들은 심판의 날에 의로운 자들이 보상 받을 수 있도록 스스로 고통당하시는 하나님의 사랑 속에 담긴 섭리적 힘을 믿으므로, 기독교인들은 무고하게 고통당하는 것을 감수하고서라도 그리스도의 명령을 따르고 원칙적으로 무저항을 실천할 수 있도록 죄로부터 구속된 것이다. 기독교인들에게 "역사의 의미를 결정하는 것은 칼이 아니라 십자가이며, 폭력이 아니라 고통이다."[36] 따라서 요더의 무저항 윤리는 니버와는 다르게 세계의 필수요소들을 감안할 때 삼가게 되는 불가능한 이상이자 정치적으로 무의미한 이상이 아니다. 그와는 반대로 "효용성"[37]을 고려하여 예수의 윤리를 사회 책임의 활동으로 절충시키는 것은 기독교 복음을 말로는 따를지라도 행동으로 유기하는 것이다. 요더의 노선을 따르는 학자가 서술하듯이, 이러한 유기는 "일종의 기능적 무신론을 반영하는",[38] 즉 실질적으로 하나님의 고통 받는 사랑이 신의 섭리로서 효과적이라고 믿지 않는 것을 반영한다.

니버와 요더 사이의 신학적 논쟁의 중심에는 복음의 내용에 관한 근본적인 의견 차이가 있으며, 그 문제들은 심각하다. 니버에게 있어서 "복

---

36 요더, 『예수의 정치학』, 232쪽.

37 같은 책 같은 쪽.

38 테오도르 쿤츠(Theodre J. Koontz), 테리 나딘(Terry Nardin)이 편집한 『전쟁과 평화의 윤리: 종교적 관점과 세속적 관점』(*The Ethics of War and Peace: Religious and Secular Perspectives*, Princeton: Princeton University Press, 1996)의 "기독교적 비폭력에 대한 해석(Christian Nonviolence: An Interpretation)", 191쪽.

음(the Gospel)의 좋은 소식은 우리가 서로를 사랑해야 한다는 계명이 아니다."[39] 반대로 좋은 소식이란 타락한 세계 속에서 사랑의 율법을 필연적으로 어기게 되는 모든 인간에게 주어진 하나님의 자비다. 요더에게 있어서 복음의 좋은 소식이란 무엇보다도 기독교적 사랑이 구현된 새로운 도덕적 삶이라는 선물을 포함한 구원의 메시지이다. 따라서 요더에게 있어서 예수의 윤리와 기독교적 사랑을 절충한다는 것은 곧 구원의 약속이 지닌 현실성이나 효용성을 부정한다는 것과 같다. 그러나 니버가 볼 때 요더와 같은 입장은 항상 노력의 의로움이나 기독교적 독단으로 이어지는, 따라서 신앙을 통해 은혜로 주어지는 칭의라는 개신교 교리와 상충하는 일종의 도덕적 완벽주의의 낌새가 있다. 구원 받은 후라 할지라도 사랑을 명확하게 실현할 수 있다고 주장하는 것은 니버에게 있어서 바울의 칭의 교리를 부정하는 것이며, 바울의 교리를 부정한다는 것은 곧 복음의 메시지를 부정한다는 것과 같다(131~132, 166~169쪽을 비교해보라).

물론 바울의 칭의를 어떻게 해석하느냐에 따라 많은 것이 달려 있지만, 확실히 요더는 니버의 입장에 영향력을 행사하고 있는 전통적인 "루터교의" 해석에 도전하는 이른바 "바울에 관한 새로운 관점"을 따른다.[40] "새로운 관점"에 의하면 신앙을 통한 칭의라는 바울교리는 루터가 생각하듯 양심의 가책이라는 *개인의* 문제에 대한 응답이 아니다. 오히려 바울의 칭의는 하나의 기독교 공동체 속에서 유대인들과 이방인들을 어떻게 화합시킬 수 있는가라는 *사회적* 문제에 대해 답한다. 바울은 칭의가 율법의 엄격한 고수가 아니라 그리스도에 대한 신앙에 달려

---

39 니버, 『기독교와 권력정치』, 2쪽.
40 요더, 『예수의 정치학』, 227쪽.

있다고 주장함으로써 이방인들이 기독교 교회로 들어오는 것을 막고 있던 민족적 장벽을 허문 것이다. 따라서 신앙을 통한 칭의라는 바울교리는 포용적인 공동체를 낳도록 설계된 현실적인 정책을 표현하고 있는 것이다. 요더는 이 새로운 관점을 되풀이하면서 예수가 원수에게까지도 베풀라 했던 사랑의 확장, 즉 산상수훈에서 원수를 폭력과 강압으로 대하지 말라고 한 것과 일관되는 사랑의 확장을 포용성이라는 바울교리의 취지에 연관시킨다. 그의 주장이 모두 옳다고 한다면, 바울의 칭의교리에 대한 수용은 니버가 주장하듯 죄악에 가득찬 자신의 현실이나 세계의 현실을 겸손히 인정하고 수긍하는 태도가 아니라 이웃에 대해 완벽히 포용적이고 무저항적이며 고통을 감수하는 사랑을 지속적으로 충실하게 도덕적으로 헌신하는 태도를 낳게 될 것이다.[41]

그러나 요더가 니버의 바울신학 해석에 대해 내놓은 비판의 문제점은 이 새로운 관점에 대한 투박한 옹호가 지닌 문제점이라 할 수 있다. 스티븐 웨스터홈(Stephen Westerholm)이 설득력 있게 논했듯이, 바울의 칭의를 포용성을 고려하는 *실용적인 선교 전략*이라고 주장하는 새로운 관점을 얼마나 인정하든지 간에, 칭의 교리에 대한 바울의 구체적 서술은 모든 인류는 하나의 도덕적 율법으로 매여 있다는 관점, 즉 인간은 그 누구도 율법에 미치지 못하며, 따라서 칭의는 오직 자애로운 하나님의 은혜로운 선물로서, 즉 예수의 희생을 통해 가능해진 선물로서, 기독교 신자들이 예수가 속죄하시는 주님이라는 것을 믿음으로써만 얻을 수 있는 선물로서 주어진다는 관점을 그 *신학적 내용*으로서 지니고 있다.[42] 따라서 바울의 칭의가 인간의 보편적인 도덕적 부족함에 대한

---

41 같은 책, 212~227쪽.
42 스티븐 웨스터홈,『바울에 대한 신구(新舊)의 관점들: "루터파"의 바울 해석과 그 비평

확언과 인간의 부족함에 대한 하나님의 자비롭고, 은혜로우며, 희생적인 반응을 핵심으로 삼는 복음에 대한 해석에 논리적으로 밀접한 관계가 있다는 루터/니버의 개념에는 여전히 재고해야 할 것들이 많이 있다고 보인다.[43]

지금까지 많은 것들을 다루었지만, 우리는 여전히 은혜의 사건 이후의 인류학이라는 곤란한 문제를 남겨 두고 있다. 즉, 구원받은 기독교인들의 공동체에서 은혜에 의해 극복된 죄는 여전히 남아 있는지, 남아 있다면 어느 정도로 남아있는지, 그리고 이 문제에 대한 답이 어떻게 기독교 윤리학을 형성하는지 말이다. 니버 윤리학이 기독교인을 죄인이자 의인이라고 보는 "루터식" 표현을 고수하며 예수의 윤리가 죄의식 없이 이루어질 수 있다고 주장하는 것은 모두 이 교리에 대한 부정에 다름 아니라고 일축한다면, 요더의 윤리학은 "당위성"이 "가능성"을 함축하며 기독교인의 되살아난, 정화된 인격은 예수의 명령을 무조건적으로 따를 수 있는 능력을 포함한다고 반박한다. 이 논쟁의 와중에 로마서 7장은 중요하게 부각된다. 바울이 로마서 7장에서 그의 개종 *이후* 죄에 대한 지속적인 투쟁들을 묘사하고 있으며 이는 구원 받은 자의 삶 속에 죄가 지속된다는 것을 입증한다고 주장하는 전통적인 아우구스투스-루터식 해석에 맞서, 요더의 새로운 관점은 로마서 7장에서 바울이 1인칭 시점으로 죄에 대한 그의 투쟁들을 묘사한 것은 수사적 표현이거나 오직 기

가들』(*Perspectives Old and New on Paul: The "Lutheran" Paul and His Critics*, Grand Rapids: W. B. Eerdmans, 2004), 특히 440~445쪽을 보라.

43 요더는 바울의 칭의에 대한 그의 관점이 전통적인 이해를 대체하는 것이 아니라 보조하는 것이라고 어느 정도 인정한다. 그러나 이에 대해 요더는 추가적인 설명을 제시하지는 않았으며 이 점은 그의 논쟁과 일치하지 않는 듯하다. 『예수의 정치학』 226쪽을 보라.

독교로 개종하기 *이전의* 경험들을 되돌아보고 있는 것이며, 바울은 구원받은 공동체의 일원들에게 행위에 관한 기대들을 명시할 때 일반적으로 도덕적 완벽주의의 경향을 보인다고 주장한다.[44] 『본성과 운명』에서 제시된 니버의 관점은 결정적으로 로마서 7장에 대한 주석상의 논쟁은 단순히 원문 분석을 기반으로 해서는 해결될 수 없으며 특정한 해석들은 "교리적 추정들(doctrinal presuppositions)"에 의해 형성된다는 것, 그리고 자신의 추정은 독자적인 실증적-역사적 고려들에 뿌리를 두고 있다는 것이었다. 니버가 주장하듯이, "기독교 역사의 기록은 로마서 7장이 아주 호소력 있게 그려내는 점, 즉 살아있는 인간이 결코 내적 모순들로부터 완벽히 자유로워질 수 없다는 점을 증명"하므로, "우리는 사도 바울이 개종 이전의 상황에 한에서 고백했다고 믿을 수는 없다."[45]

보다 일반적으로 볼 때, 니버는 논쟁이 되는 이 신학적-인류학적 문제는 이처럼 실증적-역사적 토대 위에서 해결해야 한다고 주장한다. 실제로 기독교 공동체는 죄와 타락으로 물들어 있으며 언제나 그래왔다. 니버 윤리학에서 볼 때 기독교(the Church)가 예수의 윤리를 충실하게 구현하는 간증적 공동체라는 요더의 신념은 결정적으로 역사적 현존의 현실들을 넘어서며 그 위를 떠도는 멋진 이상, 즉 하나의 관념이다.[46] 죄는 보편적이다. 죄는 이 세계를 가득 채우며, 이 일반적인 관점은 기독교 윤리학에 있어서 최소한 다음과 같은 두 가지 의미를 지니고 있다고 할 수 있다.

---

44 에드 샌더스(E. P. Sanders)의 『바울』(*Paul*, New York: Oxford University Press, 1991), 69~74쪽, 97~98쪽, 101~103쪽.

45 라인홀드 니버, 『인간의 본성과 운명』 2권(New York: Scribner's, 1943), 106쪽.

46 같은 책, 105~122쪽.

1. "용서는 기독교적 삶의 시작에서만큼이나 마지막에서도 필요하다."[47]
2. 세계가 타락했다는 점을 보여주는 갈등들과 위기들은 기독교인들조차도 때로는 *다른* 무고한 자들에 해를 끼치는 큰 도덕적 대가를 치르고서라도 상대적으로 무고한 자들을 보호하기 위해 불의한 자들에게 강압을 사용함으로써 예수의 이상을 절충시키고자 하도록 만든다.

이러한 갈등들과 위기들을 도덕적 죄책감 없이 헤쳐나갈 수 있다고 가정하는 것은 실질적으로 만인을 물들이는 죄로부터 면제되었다는 것을 주장하는 것이며, 따라서 신앙을 통한 칭의의 필요성이 없다고 주장하는 것이다.[48] 확실히 기독교인이 이 모든 것을 부정하고 구원받은 공동체가 어떻게든 타락한 세계의 실증적이고 규범적인 효과들을 피하거나 초월할 수 있다고 주장하는 것은 니버의 관점에서 볼 때 예수가 직설적으로 폭로하고 규탄한 "의로운 자들의 독선"을 스스로 증명하는 것이나 다를 바 없다.(267)

니버의 윤리학과 하나님의 일관성

니버에 대한 마지막 논평은 하나님이 실질적으로 일관적이고 최고로 자애로운 존재라고 묘사하는 것을 중요하게 여기는 일종의 철학적-신학적 합리주의에 토대를 두고 있다. 이 해석에 따르면 니버의 신학적 윤

---

47 같은 책, 105쪽.
48 같은 책, 284쪽.

리학은 메타윤리학과 결합된 규범적 판단들이 스스로와의 갈등 속에 있는 하나님을 지시하기 때문에 결함이 있다. 이 비평의 논리는 다음과 같다. 니버의 규범적 단언들은 인간이 자주 해결 불가능한 도덕적 딜레마들, 여기서는 일정한 도덕적 잘못을 저지르는 것이 불가피한 상황들로 좁게 정의된 딜레마들을 마주하도록 허용한다. 확실히 니버는 사랑과 정의가 서로 갈등에 놓인 경우 대개 *실천에 있어서* 정의가 사랑을 무시해야 한다고 주장한다. 이러한 상황들에서 정의를 집행하지 못하는 것은 곧 도덕적 책임을 다하지 못하는 것이며, 따라서 어떤 의미에선 도덕적으로 잘못을 저지르는 것이다. 그러나 니버는 또 한편으론 사랑이나 예수의 윤리를 뒤로할 때 도덕적 죄책감이 발생한다고 주장한다. 그 결과 사랑과 정의가 상충하는 경우, 우리는 어떻게 행동하든 간에 도덕적으로 잘못된 행위를 저지를 수밖에 없다는 것이다. 그러나 니버의 메타윤리학을 고려할 때, 그 메타윤리학 속에서 하나님의 의지는 모든 도덕적 옳음과 그름의 근원이므로 이러한 딜레마들은 하나님의 의지 속에 갈등들이 있다는 점을 시사한다. 만약 하나의 행동 방침이 도덕적으로 요구된다면 하나님은 그러한 행위를 명령할 것이며, 만약 하나의 행동 방침이 도덕적으로 그릇되었다면 하나님은 그러한 행위를 금지시킬 것이다. 따라서 니버의 신학적-윤리학적 의지론(voluntarism)처럼 우리가 순전한 도덕적 딜레마를 마주한다고 얘기한다는 것은 곧 하나님이 특정한 행동 방침을 명령하면서 동시에 금지시킨다고 말하는 것이거나, 전지한 존재라면 상호배타적이라는 점을 알고 있어야 할 행동 방침들을 명령한다고 말하는 것이다. 그러나 이 마지막 두 설명들 중 하나를 수용한다는 것은 하나님이 악의적이고 가학적이거나 사악하다고 말하는 것은 아닐지라도 하나님이 실질적으로 비일관적이라고 말하는 것과 같다. 요컨대 이 비평은 니버의 신학적 윤리학이 신론과 관련해서 수많

은 문제점들을 야기한다고 주장한다.[49]

니버는 기독교의 입장에서 해결 불가능한 도덕적 딜레마는 *타락한* 세상의 표적이라고 주장함으로써 이 문제를 직접적으로 다루려고 시도한다. 딜레마들은 인간의 죄로 인해 발생하는 것이지 그리스 비극에서처럼 신성 그 자체 내의 갈등을 반영하는, 본질적으로 갈등본위인 우주의 표현물이 아니다.[50] 그러나 기독교 신정론의 전통적인 문제를 해결하는 데에 있어서 니버의 제안이 얼마나 성공적이든 간에, 타락에 대한 호소는 이 핵심적인 비평이 제시하고 있는 하나님의 비일관성이라는 문제를 해소할 수 없다. 왜냐하면 하나님이 아니라 죄에 물든 인간이 염려, 손해, 상실, 고통, 슬픔 그리고 후회가 동반되는 고통스러운 도덕적 판단들을 필연적으로 요구하는 *상황들로 가득 찬 타락한 세계를 만든 것*에 대한 책임이 있으며 그에 따라 죄책감을 지니게 된다고 말하는 것과, *이처럼 어려운 상황들 속에서* 그들이 어떻게 판단하든, 사람들은 도덕적으로 잘못된 행위를 필연적으로 저지르게 되어 있다고 주장하는 것은 엄연히 다르기 때문이다. 첫 번째 주장은 기독교 유신론자들이 하나님의 실질적인 일관성을 확언하는데 아무런 장애가 되지 않는 한편, 두 번째 주장은 니버의 신학적-윤리적 의지론을 고려할 때 그러한 장애가 되므로 이는 매우 결정적인 차이다. 따라서 어려운 도덕적 판단들에 동반되는 염려, 손해, 상실, 고통, 슬픔 그리고 후회가 하나님이 아니라 죄에 물든 인간의 책임이라는 신정론을 수긍한다고 해도, 대체적으로 니버는

---

49 나는 『도덕적 삶의 난처함: 철학적·신학적 고려들』(*Perplexity in the Moral Life: Philosophical and Theological Considerations*, Charlottesville: University Press of Virginia, 1987; Reissued Eugene, OR: Wipf and Stock, 2010), 165~181, 117~155쪽.

50 라인홀드 니버, 『비극을 넘어서』(*Beyond Tragedy*, New Yo가: Charles Scribner's Sons, 1937), 165~166쪽.

여전히 해결 불가능한 딜레마들의 존재를 부정할 강력한 신학적 이유들이 있는 것이며, 그는 도덕적 딜레마들의 존재를 확언하지 않고도 이 신정론을 유지할 수 있는 것이다.[51]

물론 우리가 보았듯이 니버는 때로 딜레마들에 대한 확언은 어찌되었든 신앙을 통해 은혜로 주어지는 칭의의 교리에 대한 신념에서 파생된다고 제시한다.[52] 이러한 해석에선 갈등 상황 속에서 도덕적 죄책감이 불가피하다는 점을 인정하지 않는 것은 우리가 이러한 갈등을 죄책감 없이 겪을 수 있다는 가정, 이 교리의 정신과는 반대로 의행(義行)주의를 드러내는 가정을 반영한다. 그러나 내가 다른 곳에서도 주장했듯이, 칭의 교리와 도덕적 딜레마들을 연관시키는 것은 핵심적인 개념들을 얼버무리는 것처럼 보이므로 심각한 문제를 안고 있다.

결국 이 교리에 따르면 하나님의 은혜를 필요로 하는 죄는 고집스런 성향에 의해 고의적으로 수용되고 촉진되는 도덕적 위반을 수반한다. 이러한 관점에서 볼 때, 죄의 상태는 사람으로 하여금 그들이 마땅히 해야 할 바를 하지 못하도록 막아서는 끈질기고 *내적인* 장애에 다름 아니다. 그러나 도덕적 딜레마에 의해 발생하게 되는 "죄"는 그와는 전혀 다른 것처럼 보인다. 이러한 경우 한 사람의 정신적인 온전함은 유지된다고, 즉 그 사람의 의도들은 선하며, 그 사람은 그의 성향들을 거스름에도 불구하고 마땅히 해야 할 바를 수행할 준비가 완벽히 되어 있지만, 세계에 의해 강요된 *외적* 제약들로 인해 해야 할 바를 하지 못하게 된다고 말할 수 있을 것이다. 전반적인 요점은 즉 … "죄"가 외부 요소들에 의해 발생하는 상황들의 존재를 인

---

51 산투리, 『도덕적 삶의 난처함』, 194쪽.
52 위의 xxv~xxvi를 보라.

정하지 않고서도 신앙을 통한 칭의라는 교리와 이 교리에 연관된 개념, 즉 도덕적 의를 저해하는 *내적* 장애로서의 죄의 개념을 받아들일 수 있다는 것이다.[53]

만약 이 모든게 사실이라면, 니버가 주장한 것과는 반대로 신앙을 통해 은혜로 주어지는 칭의라는 교리를 믿는 것은 해결 불가능한 도덕적 딜레마들에 대해 인정할 것을 요구하지 않는다.

그러나 딜레마들에 대해 니버가 이따금 시사했던 또 다른 주장, 어쩌면 더 강력할지도 모르는 주장이 존재한다. 즉, 도덕적 존재들이 갈등 상황 속에서 어떻게 행하든지 일반적으로 경험하는 양심의 가책과 후회는 이러한 상황들 속에서 도덕적 존재들이 잘못을 저지르는 일이 필연적임을 뜻한다는 것이다.[54] 이러한 주장은 구체적으로는 딜레마들을 이론적으로 제외시키는 것은 도덕적 갈등 속에서 사람이 겪는 경험을 충분히 다루는데 실패한다고 주장하는 현대 딜레마 가설의 지지자들과 니버를 나란히 놓는다.[55] 나는 다른 글에서 여러 사람들과 함께 딜레마에 대한 "현상학적" 주장들은 중요한 질문들을 야기한다고 주장했다. 예를 들어 사람이 털어놓는 죄책감이나 후회는 병리현상일 수 있으며, 혹은 그러한 고백 자체가 손실이나 피해에 대한 깊은 비(非)도덕적(nonmoral)[56] 유감일 수도 있고, 올바른 행동 방침의 불확실성이 야기

---

53 산투리,『도덕적 삶의 난처함』, 191~192쪽; 전체적으로는 191~200쪽.

54 니버,『인간의 본성과 운명』1권, 255쪽.

55 버나드 윌리엄스(Bernard Williams),『자아의 문제』(*Problem of the Self*, Cambridge, UK: Cambridge University Press, 1973) 172~179쪽, 루스 마커스(Ruth Marcus),『철학 저널 77.3호』(*The Journal of Philosophy* 77.3, 1980), 121~136쪽을 보라.

56 * 도덕과 아예 관계가 없는

한 불안처럼 갈등 속에서 언제나 발생하지만 잘못된 행위를 시사하지 않는 불쾌한 감정들을 죄책감이나 후회로 오인한 결과일 수도 있다.[57] 그러나 논의를 위해서 이러한 반론은 제쳐두고 갈등 상황에서 한 사람의 죄책감이나 후회가 딜레마 가설을 받아들여야 할 강력한 근거를 제공한다고 동의해보자.[58] 이에 대한 동의가 불가피하게 발생시키는 문제, 즉 기독교인들이 완벽하게 합리적이고 변함없이 자애로운 존재로 숭배하는 하나님이 어떻게 신의 사악함을 시사하지는 않아도 적어도 신의 비합리성을 시사하는 도덕적 갈등에 대한 관점과 일치할 수 있을 것인가라는 신학적 문제를 고려할 때, 기독교 윤리학이 이에 동의할 수 있을 만큼 제시된 근거는 타당한가?

　니버는 논리적 일관성의 엄격한 규범에 매여 있는 신학의 해석적 한계에 대해 재차 강조하고 때로는 비일관성, 비합리성, 변칙, 역설 그리고 "해결되지 않은 수수께끼"가 신학에서 인간의 경험에 완벽하게 들어맞는 해석을 위해 치러야 할 대가라고 주장하는 한편, 이에 대해 지나치게 고민하는 철학적-신학적 합리주의를 대체적으로 묵살함으로써 이 문제를 대답했을 가능성이 높다.[59] "미숙한 논리적 일관성을 위해 경험의 사실들이 지닌 복잡성을 부정하지 않으려면, 모든 사실들에 대한 충실함

57　산투리,『도덕적 삶의 난처함』, 47~60쪽.

58　나는 갈등 상황 속에서 필연적인 도덕적 대가와 필연적인 도덕적 과오를 구분하는 또 다른 현상학적 해석도 보류해두겠다. 산투리,『도덕적 삶의 난처함』, 53~60, 202~209 쪽을 보라.

59　라인홀드 니버, 로버트 브라운(Robert McAfee Brown)이 편집한『라인홀드 니버 전집: 에세이와 연설들』(*The Essential Niebuhr: Selected Essays and Addresses*, New Haven, CT: Yale University Press, 1986)의 "일관성, 비일관성 그리고 기독교 신앙(Coherence, Incoherence, and Christian Faith)", 222쪽.

이 논리에 대한 잠정적 위반을 요구할 수도 있다."[60] 니버의 관점에선 바로 이러한 이유로 인해 기독교적 의식은 조직철학적·신학적 탐구에 따라다니는 이성의 형식적 제약들에 만족할 수 없으며 궁극적 실재에 대한 이해와 표현을 위해 신화를 향해 나아간다.

> 따라서 오직 기독교 신화만이 이 세계가 부조리하다는 사실을 무시하지 않으면서 동시에 이 세계를 일관성과 의미의 영역으로 바라볼 수 있다. 기독교 신화의 세계는 그 안에서 사실들이 모두 일정한 의미의 근원과 연관되어 있기 때문에 일관적이다. 그러나 기독교 신화는 즉자적인 합리적 통일성의 차원에서 모든 것들을 서로 연관시켜야만 한다는 미성숙한 요구에 구애받지 않기 때문에 합리적으로 일관적이진 않다.(75)

따라서 니버가 다른 곳에서도 단서를 제시하듯이, 특정한 철학적 난제들에 대해 알맞은 신학적 대응은 하나의 주장을 반론으로 맞서는 것이 아니라 단순히 욥을 본받는 것, 즉 폭풍우 가운데의 목소리(38:1~4)와, 그 신실하면서도 불가지론적인 고백과 회개를(42:1~6) 본받는 것이다. "이러한 신앙에는 선에 대한 감각, 즉 최상의 선(善)을 성취할 뿐 아니라 그것을 부정할 수 있는 감각이 암시되어 있다. 이러한 암시는 하나님이 인간적인 정의의 기준들로 판단되길 거부하시며 인간의 시야를 넘어서는 세계의 불가사의들로 욥을 압도하고 그의 항의를 물리치시는 욥기에서 개진된다."(271)

그리고 여기서 핵심적인 신학적 문제가 연결된다. 니버의 『기독교 윤

---

60 니버, 『인간의 본성과 운명』 1권, 263쪽.

리의 해석』이 여전히 이처럼 강력한 신학적 도전을 제공하며 그와 동일
하게 진지한 반응을 요구한다는 점은 이 작품의 지속적인 지적 타당성
의 증거다. 하우어워스는 존경 받아 마땅하지만, 우리가 니버를 읽는 것
은 단순히 "그의 시대를 이해하는 데에 도움을 주기 때문"이 아니다. 우
리가 라인홀드 니버를 읽는 것은 그가 그의 시대에서 강력히 이야기했던
것만큼이나 우리 시대에서 강력한 목소리를 발현하기 때문이다.[61]

에드먼드 산투리, 2011

---

61 이 서문의 미발표 판본은 하우어워스의 비판과 관련해 니버에 대한 추가적인 옹호를
   담고 있다.

1956년판 서문

　25년 전에 처음 착상한 작품을 재발행한다는 것은 쑥스러운 일이다. 나는 이 작품이 세상의 빛을 보기 전에 철저히 검토해야겠다는 충동이 들었다. 두 번째 충동은 거의 모든 장(章)을 주석으로 뒤덮고 그것을 통해 이전에 전개했던 견해와 다른 부분을 설명하겠다는 것이었다. 그러나 이러한 작업은 이루어질 수 없으므로, 나는 새로 쓴 서문으로 만족할 수밖에 없다. 나는 서문에서 이 작품이 원래 어떤 풍조 속에서 쓰였고, 인상적이었던 지난 25년간 이루어진 사상의 전개와 삶의 흐름으로부터 저자가 체득한 추가적인 지혜를 어느 정도 설명하도록 하겠다.

　이 작품은 본래 "라우센부쉬(Rauschenbusch)" 강연으로서 출판되었으며, 라우센부쉬가 선구자로 추앙받은 "사회복음(Social Gospel)"의 목적들에 대한 저자의 전반적인 지지를 표명하기 위해, 동시에 기존의 사회복음과 새로운 형태의 사회적 기독교(social Christianity)의 형태 사이에서 점차 벌어지는 차이점들을 설명하기 위한 목적으로 쓰였다. 차이점들은 주로 정의와 사랑을 극명하게 구분하는데 있었다. 이러한 구분은 사회복음주의자들이 인간행동에 대해 제시한 분석이 지닌 결함, 즉 원죄 교리를 거부하는 데서 비롯된 결함에 대한 인식이 확산됨에 따라 촉진되었다. 사회복음은 곧 자유주의 운동 내에서 사회 정의에 대한 책임이라는 의식을 지녔던 부분이었다. 사회복음은 사랑이 개인적인 관계들에서 뿐만 아니라 모든 관계들에서 삶의 법칙이라고 주장함으로써 그러한 책임을 다할 수 있을 것이라고 생각했다. 사회복음은 대체로 사도 바울이 "내 지체 속에서 한 다른 법이 내 마음의 법과 싸[운다]"라고 묘사했던 인간행동의 측면을 도외시했다. 요컨대 사회복음은 개인의 측면과 집단의 측면 모두에서 이기심이 지닌 힘과 지속성을 의식하지 못한 것이다. 인간은 갈등하는 이해관계들과 세력들을 정의의 구조들과 사회의 기관들을 통해 관리하고 균형을 맞춤으로써 정의를 이루고자 했지만, 결과적으로 사회복음은 그러한 정의의 구조들과 사회의 기관들에 별로 관심을 가질 필요가 없게 되었다. 따라서 나는 25년 전에 공동체 속에서 정의를 이루는 공동의 문제들에 무관한 것처럼 보이는 사랑의 윤리를 연관 지으려고 하였다. 그때와 마찬가지로 나는 사랑이 사회적 행위의 동기일 수 있지만 이기심이 모든 단계에서 사랑의 원리들을 거스르게 되어 있는 세상 속에서 정의가 반드시 사랑의 도구여야 한다고 믿는다.

그러나 사랑이 정의와 맺는 관계 속에는 당시는 내가 완전히 이해하지 못했지만 이제 보다 분명하게 설명하고자 하는 많은 복잡성들이 존재한다. 내가 기존에 피력한 관점들에 대한 몇몇 수정안은 우호적인 비평가들과 적대적인 비평가들에 의해서도 촉진되었다. 몇몇 통찰들은 기독교 윤리학의 핵심 문제에 대해 더 숙고한 결과물이다. 그러나 여기서 이러한 과정들을 되짚어 가는 것은 중복에 불과할 것이다. 오히려 이 책을 그 불완전함 속에 내버려두는 편이 더 나을 것이다.

핵심 문제는 그때나 지금이나 같다. 가장 기본적인 문제는 복음서들의 절대적인 윤리로부터 어떻게 사회 윤리를 끌어내는 것이 가능한가이다. 복음의 윤리는 단지 자유의 최종적인 율법, 즉 하나님에 대한 사랑과 이웃에 대한 사랑을 제시하기만 하므로 절대적이다. 사회 윤리는 반드시 삶의 무난한 조화들, 정의의 무난한 형태들 그리고 삶의 유동성의 무난한 안정을 이루는 문제를 다루어야 한다. 이 모든 것들은 이기적인 사람들로 하여금 서로 사랑하라고 요구하지도, 그들의 이기심을 당연하게 여기지도 않고 이루어져야 한다. 즉, 사회 윤리는 반드시 이기심의 지속성을 상정해야 하지만, 또한 어떤 형태든 간에 부분적이거나 지역주의적인 충성심 혹은 집단이기주의에 만족해서는 안된다.

어쩌면 이 작품은 시대에 뒤떨어지고 명백한 결점들이 있음에도 불구하고 모든 인간 공동체에 지속적으로 부과되는 이 임무에 일정 부분 기여할 수 있을지도 모른다. 그동안 우리의 조국은 자유세계의 최강국으로 성장했으며 자유와 공산주의적 독재의 투쟁 속에서 막대한 책임을 지니고 있으므로, 이 책이 쓰인 후로 사회 윤리의 문제는 더욱 중요해졌다. 우리의 책임을 수행할 수 있도록 모든 자원은 미국에 제공되어야 한다. 그러한 자원 중 하나로는 현실에 대한 만족에 의해서 저하되지도 않고 국가와 인류에게 불가능한 목적들을 설정하며 우리가 당면한 책임은 격렬한 갈등들로 가득 찬 세상에서 재앙을 피하고 무난한 평화를 지키는 것임을 잊어버린 무책임한 이상주의에 의해 저하되지 않은 적절한 기독교 신앙을 들 수 있다.

물론 국제적인 상황은 인간이 개별적으로나 집단적으로 마주하는 유일한 상황이 아니며, 신앙이 그저 이상주의로서 계시되어선 안되며 그리스도에게서 계시되었듯이 하나님에 대한 절대적 헌신이라는 지침 아래 삶의 모든 우여곡절을 책임 있게 다루는 자원으로서 계시되어져야만 하는 유일한 상황은 아니지만 말이다.

라인홀드 니버, 1956

CONTENTS

1 장 독립적인 기독교 윤리에 관해서

1장

독립적인 기독교 윤리에 관해서

미국의 개신교는 유감스럽게도 현대[1] 문화에 과도하게 의존하고 있는데, 이 문화의 붕괴는 그보다 더 자립적인 종교에 특별한 기회를 제공할 것이다. 현대사의 재앙들로 인해 혼란스러워하고 고통 받는 "현대인"은 현대 문명의 붕괴를 한편으로는 희망과 믿음의 입장에서, 다른 한편으로는 두려움과 절망의 심정으로 받아들이고 있다. 현대 문화는 현대 문명 특유의 조건들이 빚어낸 산물이며, 따라서 현대 문명의 물질적 기반이 흔들릴 때 현대 문화의 정신이 무너진다는 것은 결코 놀라운 일이 아니다. 현대 문화의 낙관주의는 승리감에 도취되었던 자본주의 시대[2]의 팽창세만큼이나 근거가 없는 것이었으며, 그러므로 삶의 물질적 조건들이 크게 변할 때 자연히 혼란과 절망에 빠지게 된다. 그 결과 도심에 만연한 혼란을 살펴보며 재건설을 계획하기 위해 빛이 필요한 바로

---

1 * Modern이라는 단어가 당시에는 '현대'라는 의미로 쓰였을 것이 분명하지만, 오늘날의 관점에선 '근대'가 더 자연스러울 것이다.

2 * 제1차 세계대전 이후부터 대공황이 발발한 1929년까지의 시기를 말한다.

그 시점에, 현대 문화의 빛은 소멸되고 말 것이다.

바로 이런 시기에 "어제나 오늘이나 영원불변한" 빛을 지니고 있다고 주장할 수 있는 종교는 삶의 의미와 현대사의 타당성에 대한 단서를 너무나도 애타게 찾고 있는 이 시대를 위해 깨달음의 근원이 되어줄 수 있다. 그러나 기독교 교회들은 유감스럽게도 이 시대가 요구하는 가르침과 통찰을 제공하지 못한다. 정통 교회(orthodox church)들은 오랜 세월동안 기독교의 진리를 구(舊)시대의 교조주의와 혼합시켜왔으며, 그렇게 함으로써 자연적 시간과 역사적 시간[3]을 분리시킨 유익한 과정에 의해 진작 도태되었을 구시대의 교조주의를 고수해왔다. 반면에 자유주의 교회(liberal church)들은 단편적인 편견들과 주제넘은 확신들로 가득찬 현대 문화의 됫박 아래 자신들의 등불을 숨겨버리고 말았다.[4]

조금 더 구체적으로 말하자면, 정통 교회는 통찰과 균형감을 지니고 있으며, 그것들은 자유주의 교회의 통찰과 시각보다 많은 면에서 우월하지만, 한편으론 정통 교회의 종교적 진리들이 여전히 구시대의 학문에 기초하고 있기 때문에, 다른 한편으론 정통 교회의 도덕성이 독단적이고 권위주의적인 도덕규범들을 통해 표현되고 있기 때문에 현대인들에게 도움이 되지 못하고 있다. 정통 교회는 정경(sacred canon)에 포함되었다는 이유만으로 -때로는 꽤나 우연히 포함된 것임에도 불구하고- 권위가 주어진 계율들을 갖고 복합적인 현대 문명의 사회적 난제들을 해결하려고 헛되이 노력한다. 정통 교회는 안식일이나 청교도 교리를 위반하는 일에 촉각을 곤두세우며, 비유하자면 "박하와 회향과 근채"의

---

3 * 인과적 선후관계와 목적론적 선후관계로 구분할 수 있다.

4 * 마태복음 5:15 참고. 니버는 정통 교회를 맛을 잃어버린 소금에, 자유주의 교회를 됫박 아래 숨긴 등불에 비유하고 있다.

십일조를 드리는 것[5]과, 예전에는 필연적이든 우연히든 신성성(神聖性)을 지녔을지 모르지만, 오늘날에는 필연적이든 우연히든 종교적·도덕적 의미를 모두 잃어버린 사회적·도덕적 기준들의 세부 항목들을 보존하려고 고집 부린다.

반면에 자유주의 교회의 신앙과 윤리체계는 정통 종교의 구시대적인 윤리를 공유하지도 정통 교회의 터무니없는 신화를 믿지도 않는다는 것을 이 세대에 증명하려는 욕망에 사로잡혀 있다. 자유주의 교회는 수십 년간 종교와 과학이 화합할 수 있다는 것을 증명하기 위해 정력을 쏟아부었으며, 자신이 물려받은 종교적 유산의 상당부분을 부정하는 한편 나머지 부분들은 "현대인"이 수용할 만한 용어들로 치장함으로써 이러한 목적을 달성하려고 했다. 그러나 자유주의 교회는 불과 어제만 해도 진선미(眞善美)의 결정권자처럼 보였던 현대인이 실제로는 꿈과 희망의 신전이 무너진 잔해 속에서 슬픔과 혼란에 빠져있다는 것을 뒤늦게야 발견했다. 자유주의 교회는 현시대 특유의 신조(信條)들과 편견들에 맞춰가면서 언제나 기독교 메시지의 특수성과 기독교 윤리의 창조성을 흐리게 되는 위험을 마주해왔다. 때때로 자유주의 교회는 자연주의 사상[6]과 공리주의 윤리학을 그저 경건 문구들로 치장하는 수준까지 전락하기도 했다.

그러나 종교가 도덕성에 기여하는 독특한 면은 바로 삶의 깊이의 차원(dimension of depth)에 대한 이해에 있다. 세속적인 도덕률을 따르는

---

5 * 마태복음 23:23 참고. 작은 일에 집착하여 큰일을 소홀히 하는 어리석음을 빗대는 표현이다.

6 * Naturalism. 우리가 현재 향유하는 세계를 유일한 실재로 받아들이는 사상, 또는 과학적 방법(가설의 수립, 실험과정을 통한 검증, 반복과 누적을 통한 법칙 확립)만을 진실(혹은 진리)에 도달하는 유일한 방법으로 받아들이는 사상.

사람은 점잖고 신중한 사람[7]이 제시할 만한 조언들을 따라 당면한 문제들에서 드러나는 이해관계와 욕망의 갈등들을 해결하는데, 이때 중용을 지키는 것, 즉 "너무 과하지 않게" 하라는 것이 가장 일반적인 조언이다. 하지만 종교적 도덕성은 깊이에 대한 자각(自覺)이 있기에 반드시 모든 힘(force)을 일정한 궁극적 기원으로 소급시키며, 모든 목표를 일정한 궁극적 목적으로 소급시킨다. 종교적 도덕성은 현재의 가치들과 반(反)가치들(disvalues)뿐만 아니라 선악의 문제를 다루며, 눈앞의 목적뿐만 아니라 최종적인 희망을 다룬다. 종교적 도덕성은 태고의 "근원(whence)"과 궁극적 "목적(wherefore)"의 문제를 두고 씨름한다. 종교적 도덕성이 이러한 문제들을 두고 고심하는 것은 종교가 의미의 통일성과 일관성으로서 삶과 현존(existence)에 연관되어 있기 때문이다. 삶을 살아가는 것보다 삶을 관찰하는 데에 더 전념하며 자질구레한 사실들에 대한 관심이 궁극적 의미와 일관성에 대한 관심보다 더 큰 회의주의자의 경우를 제외한다면, 현존의 유의성(有意性)을 전제하지 않고 사는 것이 가능하지 않는 한 모든 사람의 삶은 종교적일 수밖에 없다. 그러나 이러한 회의주의자들조차도 그들이 혼돈으로 간주하는 세계에서 조그마한 질서(cosmos)를 구성해내며, 이 질서가 조직화를 목적하고 있다고 믿음으로써 활력과 목표를 도출해낸다.

고등종교(High religion)는 실재와 현존의 총체(總體)를 일관성을 지닌 특정체계 안으로 끌어오려고 노력한다는 점에서 원시인들의 신앙이나 초(超)현대주의자들(ultra-moderns)[8]의 신앙과 구별된다. 고등종교와 달

---

7 * 원문은 decent prudence이다. 2장에서도 설명하듯이 prudence의 의미는 신중함 혹은 사려 분별에 더 가깝지만, 맥락상 니버가 이상주의나 내세지향주의에 반대되는 의미로 사용하고 있으므로 본문과 같이 옮긴다. 자세한 설명은 2장을 참고.

8 * 미래지향적인 사람들을 일컫는다.

리 원시인들은 제한된 질서에 만족하며, 현대인들은 피상적인 질서에 만족한다. 원시인에게는 부족의 통일성이나 자연 작용의 -태양, 달, 산 혹은 생성 과정 그 자체의- 신비로움이 유의미한 실존의 성스러운 중심이 될 수 있다. 현대인에게는 관찰 가능한 자연 법칙의 연속이나 인류의 입장에서 상호협력의 가치가 점점 높아지는 것처럼 보인다는 점이 영적 안정감을 확립하고 유사 이래 인간의 정신을 괴롭혀왔던 혼돈과 무의미에 대한 두려움을 떨쳐내기에 충분하다.

이와 달리 궁극적인 일관성을 이룩하려는 노력은 결국 고등종교로 하여금 깊게 파고들 뿐만 아니라 넓게 바라볼 수 있도록 이끌었다. 왜냐하면 하나의 근원이 모든 관찰 가능한 사실들과 힘들(forces)을 초월하지 못한다거나 하나의 의미체계가 이 세계의 역사를 넘어서는 무엇인가를 포함하고 있지 않다면, 삶의 형식들은 단순히 유일한 근원으로부터 파생된 것으로 간주하거나 유일한 의미체계에 연관되어 있는 것으로 보기에는 너무나 다양하고 다채롭기 때문이다. 악(惡)과 모순이 존재한다는 문제는 양립 불가능한 힘들과 서로 상응하지 않는 실재들(사유와 연장, 인간과 자연, 정신과 물질)이 완고한 갈등상태와 논리적 비호환성의 상태로 남아있는 차원에서는 해결할 수 없다. 모든 삶은 역동적이므로 종교적 믿음은 이 역동적 과정의 시작과 끝을 바라봄으로써, 즉 창조주로서의 하나님과 현존을 충족시켜주는 하나님을 응시함으로써 악의 문제를 해결하려고 한다. 종교적 믿음은 언제나 '기원'과 '근원'이 '목적' 및 '결말'과 함께 동일한 실재에 속한다고 주장하며, 이는 종교로 하여금 여러 논리적 난관에 봉착하게 하지만, 이러한 명제는 여전히 영원불변하고 필수적인 확언으로 남아있다.

따라서 고등종교들은 삶의 통일성과 일관성을 어느 정도까지 아우르려는지를 통해 식별할 수 있으며, 삶과 존재의 의미에 대한 확신을 유지시켜주는 단 하나의 초월적 근원을 의식하고 있는지를 통해 식별할 수 있다. 종교에서 깊이의 차원은 단순히 삶의 총체적 넓이(breadth)에서 통일성의 문제를 해결하려 한다고 해서 생겨나는 것이 아니다. 깊이의 차원은 실제로 넓이에 대한 모든 경험을 앞선다. 왜냐하면 삶은 유의미하다는 가정과 삶의 의미가 현존의 관찰 가능한 사실들을 초월한다는 추정은 삶을 그 풍요로움과 모순성에 입각하여 이해하는 모든 지식적 성취들에 수반되기 때문이다. 그럼에도 일관성과 유의미함을 넓이의 측면에서 성립시키려고 하는 노력은 여전히 깊이에 대한 의식을 고양시킨다. 따라서 원시 부족의 하나님은 그 부족의 초월적 근원으로 받아들여지며, 초월적 근원으로서의 하나님에 대한 믿음은 부족의 결속이 지닌 통일성과 가치에 대한 지각을 드러낸다. 그러나 경험을 통해 자신의 영역 안에 이방인들을 포함시킬 수밖에 없다는 것을 각성하게 될 때, 이 깨어나는 문화는 민족의 삶을 완벽하게 초월하여 더 이상 민족에 묶여 있지 않은 하나님을 자각하게 된다. 그러므로 선지자 아모스는 "여호와의 말씀이니라 이스라엘 자손들아 너희는 내게 구스 족속 같지 아니하냐"[9]라고 선포하였다. 이 세계의 역사적 차원에서는 분리되어 있고 양립할 수 없으며 서로 갈등하는 것들이 그 공통된 근원("인류의 모든 족속을 한 혈통으로 만드사"[10])과 공통된 운명("너희는 유대인이나 헬라인이나 종이나 자유인이나 남자나 여자나 다 그리스도 예수 안에서 하나이니라"[11])에서는 통일되어 있고 조화로우며 서로 유사하다고 인식되는 것이다.

종교적 의식에 내재된 깊이의 차원은 '그러한 것'과 '그러해야만 하는

---

9 * 아모스 9:7

10 * 사도행전 17:26

11 * 갈라디아서 3:28

것’ 사이의 긴장(tension)을 유발한다. 다시 말해 그것은 도덕적 행위라는 화살이 장전된 활을 당긴다. 진정한 도덕적 행위는 전부 ‘그러해야만 하는 것’을 성립시키려고 추구하는데, 이는 도덕적 행위자가 역사적으로 실현되지는 않았지만 더 본질적인 실재에서는 삶의 질서를 이루는 이상(理想)에 대해 의무감을 느끼기 때문이다. 따라서 기독교인들은 역사 속에서 사랑이라는 이상이 순수한 형태로 구현된 적이 없다는 것을 알면서도 그것이 하나님의 의지와 본성에서는 실재한다고 믿는다. 그리고 사랑의 이상이 바로 그러한 실재성을 지니고 있기 때문에 기독교인은 의무감을 느낀다. 칸트는 도덕에 내재하는 의무감으로부터 종교의 전체 구조를 도출하려고 했지만, 실제로는 의무감이야말로 종교로부터 도출된다. 도덕적 삶의 “동기”나 “충동”은 삶의 종교적 긴장의 일부이다. 인간은 자신이 진정한 실재, 즉 궁극적 본질이라고 이미 생각하고 있는 것을 역사 속에 실현시키려 하기 때문이다.

다양한 종교들이 윤리적으로 얼마나 결실을 맺었는지는 그들이 역사적인 것(the historical)과 초월적인 것(the transcendental) 사이의 긴장을 어떤 특성으로 바라보는지에 따라 결정된다. 이 특성은 역사적 성취의 상대적인 가치가 도덕적 만족의 바탕이 되지 않게 ‘초월적인 것’이 역사의 모든 가치와 성취를 진정으로 넘어서고 있는지, 그리고 극한의 긴장 상태에서도 ‘역사적인 것’의 의의가 소실되지 않게 ‘초월적인 것’이 ‘역사적인 것’과 유기적으로 접촉하고 있는지를 기준으로 평가할 수 있다.

정통 기독교의 약점은 경솔하게 하나님의 초월적 의지를 성경 속에서 대부분 원시 사회의 규범에 지나지 않는 도덕규범들과 동일시한다는 점과, 정통 기독교의 신화들이 사이비 과학으로 이어졌다는 점에 있다. 종교는 끊임없이 하나님을 역사 속에 나타난 하나님의 상징들, 즉 새로운 사건들과 조건들이 발생함으로써 예전에 지니고 있었던 신성성을 잃어버린 상징들과 동일하게 보려고 하는 경향이 있으며, 이는 종교 안에서 부도덕함이 결코 사라지지 않게 되는 원인이다. 반면에 자유주의 기독교의 실패는 상업 시대의 상대적인 윤리 규범들이 마치 예수의 절대적이고 초월적인 윤리인 마냥 그 규범들에 궁극적인 신성성을 부여하려고 했던 경향에서 비롯되었다. 현대의 편견들에 굴복하는 종교는 여전히 지나간 시대의 단편적이고 상대적인 통찰들에 묶여있는 종교보다 나을 것이 없다. 각각의 종교는 경솔하게 역사의 즉각적이고 상대적인 가치에서 최고선이 발견된다거나 실현되었다고 주장함으로써 도덕적 긴장을 해소하려 하기 때문에 실패한다. 자유주의 기독교가 지나치게 의존하는 현대의 세속적 자유주의 문화는 실제론 생명력을 잃어버리고 세속화된 종교이며, 이 세속종교에서 기독교 전통의 전제들은 객관적인 과학을 통해 발견했다고 여겨지는 역사적 과정 및 자연적 과정으로 합리화되고 풀이된다. 이렇듯 기독교의 도덕성에 담긴 초월적 이상들이 역사적 과정에 내재된 가능성으로 전락했기 때문에 기독교의 도덕성이 원래지니고 있었던 긴장은 파괴되었다. 민주주의, 상호협력, 국제연맹, 국제통상 상호주의 및 이와 유사한 신념들이 인간 정신의 궁극적 이상들로 간주되었다. 이 신념들은 모두 어느 정도 절대적인 정당성을 지니고 있기는 하지만, 현대 문화는 그것들이 어느 정도까지 상업 문명의 특수한 조건들과 필요성에 의해서 생겨난 것인지, 또한 그것들이 최근 수십 년 동안 상업과 산업의 확장으로 가장 많은 이익을 얻었던 계급의 이해관계와 얼마나 밀접한 관련을 맺고 있는지를 결코 깨닫지 못했다. 기독교의 사랑의 윤리가 지닌 초월적 불가능성들은 현대 문화에선 역사 속에 내재적이고 목전에 임박한 가능성들로 변질되었으며, 이에 따라 이 세대의 도덕적 만족감은 비판 받지 않고 오히려 지지되었다. 이것은 "하늘을 향한 창문은 모두 닫혀" 있으며 역사의 즉자적 흐름이라는 수평선에 자

신만만하게 매진하여 깊이에 대한 경험을 완전히 잃어버린 문화에게는
필연적인 결과일 수밖에 없다.

물론 현대 교회가 때때로 세속 문화에 순응한 것은 그 결과가 아무리
해로웠을지라도 동정하고 이해할 수 있을 만큼 필요한 일이었다. 중세
의 기독교는 과학의 진보에 저항했으며, 합리주의 도덕성의 봉기에 맞서
서 사멸해가는 봉건 질서를 지지했었다. 전통 종교(traditional religion)
의 한계는 너무나 극명했고 현대 과학의 성취들은 너무도 인상적이어서
기독교를 가능한 한 후자와 친밀하게 연관시키는 것이 진정한 지혜인
것처럼 보였다. 이 전략의 약점이 무엇이었든지 간에, 이것은 적어도 물
려받은 신화들에 대해 독단적이고 문자적인 해석을 내리는 폐단으로부
터 기독교를 해방시켰다는 점에서 도움이 되었다. 최상의 종교적 신화[12]
가 보여주는 독창성은 그것이 과학을 넘어선다는 데에 있다. 그러나 종
교적 신화는 현대 과학이 형성되기 이전의 개념들로 표현되고 그 문자
적 진리를 고집할 수도 있다는 위험성을 안고 있다. 만약 자유주의 종교
가 교회의 중심부로 과학을 받아들이지 않았다면, 기독교가 지닌 영속
적인 요소들이 껍데기만 남은 구시대의 문화로부터 해방되는 일은 불가
능했을 것이다.

그럼에도 불구하고 자유주의 기독교가 현대 문화를 지나치게 무비판
적으로 수용함으로써 잃어버린 것도 상당하다. 현대 문화는 문자적으
로 해석된 신화들이 엉터리 과학을 낳았기 때문에 종교를 불신했었다.
그러나 역사적 사실들을 순전히 과학적으로 설명하는 방식에도 무비판
적으로 수용된 철학적 함의들이 있으며, 그것들이 얄팍하고 천박한 종

---

12 * Religious myth. 니버는 종교를 믿지 않는 자들도 그들 나름의 신화를 믿는다고 주장
한다. 아래 문단 참고.

교로 변질됨으로써 현대 문화도 신용을 잃게 되어 그 심각성을 드러내기 시작했다. 심오한 종교가 초월성에 관해서 지닌 신화적 상징들은 과학적인 관점에서는 역사적 사실들에 대한 거짓 진술로 쉽게 변질된다. 그러나 역사적 사건들에 대한 과학적 진술 역시 총체적 실재(total reality)에 대한 허위진술로 쉽게 변질된다. 진정한 신화의 독창성이란 실재에서 깊이의 차원을 제시하는 데에 있으며, 또한 역사의 표면을 넘어선 영역, 즉 과학이 발견해내고 분석해내는 인과관계의 차원을 넘어선 본질의 영역을 지시하는 데에 있다. 과학은 오직 자연과 역사의 표면만을 다룰 수 있을 뿐이어서, 이 표면에서 드러나는 구체적인 현상들을 분석하고 분리하며 구분하는 한편 이 현상들을 관찰 가능한 연속성의 측면에서 서로 연관시키는 데에 머문다. 과학은 자신이 구성해낸 세계에 일관성을 부여하려고 노력하지만 실재에 대해 극히 기계론적인 관점을 취하기 때문에 난관에 봉착하며, 과학적 방법에 부지불식간에 내포된 철학적 전제들을 정정하지 않는 한 결코 목적을 달성할 수 없을 것이다. 그러나 과학은 역사 속의 새로운 사건들이 각각 선행했던 사건들로부터 논리적으로 뒤따르게 된다는 관점에 구속될 수밖에 없으며, 따라서 시간의 전후관계를 인과관계로 오해하는 논리적 오류를 저지르게 된다.

반면에 종교적 신화는 현존의 궁극적인 바탕과 궁극적인 성취를 지시한다. 그러므로 위대한 종교적 신화들은 모두 창조와 구원을 다룬다. 그러나 신화는 상징들과 역사 속의 사건들을 표현의 형식으로 차용하지 않고서는 초(超)역사적인 것에 대해 말할 수 없기 때문에 과학적으로 보면 역사의 사실들을 왜곡하는 방식으로 진리를 표현할 수밖에 없다. 따라서 종교는 반드시 바울이 고백하듯 "우리는 속이는 자 같으나 참되[다]"(고린도후서 6:8)라고 고백해야만 한다. 만약 신화적 상징들이 과학이 도달하게 되는 결론들을 부정할 수 있는 성스러운 권위를 지닌다고 고집한다면, 종교는 진리가 담겨있지 않은 속임수로 드러나게 된다.

철학은 어떤 의미에서는 과학과 종교 간의 중재자라고 할 수 있다. 철학은 과학이 밝혀내는 현존의 세부 현상들과 함께 종교적 신화를 합리적 일관성 안으로 끌어들이려 하기 때문이다. 현대의 형이상학자들이 종교적 함의들을 내버리고 과학자들과 동등한 위치에 있는 것처럼 행세하려고 할지라도, 러셀(Bertrand Russell)이 형이상학을 두고 은밀한 신학이라고 기소한 것은 여전히 정확하다. 사실들에 대한 과학적 설명이 제시하는 전제들이 아니라 종교적 바탕을 가진 세계관이 의식적으로든 무의식적으로든 제시하는 전제들이 없다면, 형이상학은 과학이 밝혀낸 사실들을 일관성의 총체적 체계 안으로 포섭할 수 없기 때문이다.

단일종교의 전통에 연관되어 있는 한편 때로는 서로 모순적인 여러 신화들을 통해 삶에 관한 합리적이고 체계적인 관점을 구성하려는 노력이 곧 신학이라면, 철학은 여기서 한발 더 나아가 신화적 기반을 완전히 내버리고 세계관을 전적으로 합리적 일관성의 토대 위에 두려는 노력이라 할 수 있다. 따라서 헤겔은 미숙한 시각적 사고(picture-thinking)라는 측면에서 종교는 한층 더 고차원적인 합리성에 의해 정제되는 원시 철학에 불과하다고 생각했다. 종교가 불규칙적이고 공상적인 형상화에 의해 파괴되거나 원시적이고 일관성 없는 신화에 의해 파괴되지 않게 하기 위해서, 신화의 합리화는 헤겔이 말한 것처럼 필연적이고 필수적이다. 신앙은 반드시 이성이 필요하다(우나무노[13]). 그러나 이성도 반드시 신앙이 필요하다. 진정한 종교적 신화는 유한자(the finite)와 무한자(the eternal)의 관계가 지닌 역설들, 즉 진정한 종교의 독창성을 파괴하

---

13 * Miguel de Unamuno(1864~1936). 스페인의 철학자이자 시인이며 소설가.

지 않고서는 완벽히 합리화될 수 없는 역설들을 담고 있다. 따라서 형이상학은 합리주의적이고 과학적인 문화가 생각하는 것보다 본래의 종교적 신화에 담긴 진리에 훨씬 더 의존하고 있으며, 동시에 그것에 훨씬 더 위협이 된다.[14]

　　현대 문화와 현대 기독교는 부르주아들의 무의식적인 도덕적·종교적 자기만족이 종교신화학(religious mythology)에 대한 과학적 비판만큼이나 종교적 신화에 대한 불신을 형성하는데 기여했다는 점을 깨닫지 못했다. 현대 문화는 과학의 참된 성취들과 상업주의 문명의 기이한 정신으로 구성되어 있다. 후자의 피상성들, 즉 상업주의 문명의 자기만족적인 낙관주의와 깊이에 대한 의식의 상실과 선악에 대한(선의 지고함과 악의 심연에 대한) 지식의 상실은 현대 문화에서 과학의 발견들보다 영향력이 컸으면 컸지 못하지는 않았다. 따라서 현대 종교가 현대 문화의 "정신"에 순응하는 데에는 현대 문화의 천박한 "영혼"에 굴복하는 일이 필연적으로 수반되었다. 그러므로 자유주의 기독교는 이 시대의 정신에 맞춰가기 위해 심오한 종교라면 갖추고 있어야 하는 깊이에 대한 의식과 긴장에 관한 경험을 소멸시켜버렸으며, 그로 인해 자유주의 기독교 특유의 종교적·기독교적 유산의 대부분을 희생시켰다. 자유주의 기독교에서 하나님의 나라(Kingdom of God)는 바로 현대 문화가 진화과정을 통해 실현하기를 희망했던 이상사회를 의미하는 것으로 해석되었다.

14　베르쟈에프(Nicolai Berdyaev)는 신화들의 타당성에 대해 흥미로운 진술을 한다. "신화는 개념(concept)보다 헤아릴 수 없을 정도로 더 거대한 실재다. 이제는 더 이상 신화를 원시적인 사고방식의 망상들이나 발명으로 보아서는 안 된다 … 신화들의 배후에는 가장 큰 실재들, 즉 영적 삶의 원(原)현상(the original phenomena)이 숨겨져 있다 … 신화는 언제나 구체적이며, 따라서 추상적인 사고보다 삶을 더 잘 표현할 수 있다 … 신화는 자연적인 것들 사이에서 초자연적인 것들을 우리에게 보여준다 – 신화는 상징을 통해 두 세계를 하나로 종합한다."(『자유와 정신』(*Freedom and the Spirit*), 70쪽)

민주주의와 국제연맹은 이 이상(理想)의 정치적 형식들로 생각되었다. 사랑이라는 기독교의 이상은 상업주의 문명에서 매우 소중하고 필수적인, 즉 신중한 상호관계를 변호하는 개념으로 변질되었다. 인간의 가능성들과 한계들의 진정한 신화적 상징이었던 정통 기독교의 그리스도는 인간성과 속세의 한계들에 대한 함의를 -다시 말해 초월성의 함의를- 갖고 있지 않은 갈릴리의 선한 사람, 즉 인간의 선함과 가능성의 상징으로 변질되었다.

현대 기독교는 인간의 가능성들과 한계들을 인식하지 못하여서 그만큼 삶의 어두운 심연에 대해서도 눈이 멀게 되었다. 정통 기독교에서 말하던 "죄"는 적절한 교육학을 통해 금방 극복해낼 수 있는 불완전성, 즉 무지(無知)로 해석되었다. 이렇게 해서 사랑이라는 종교적 이상을 가르치는 기독교적 교육학과 사회적 상상력을 확장시키는 데에 열중하는 세속적 교육학 사이의 차이점은 감지할 수 없게 되었다. 현대 문화에선 인간의 삶에 내재하는 악마적 힘에 대한, 인간이 지니고 있는 악한 충동들이 끔직한 규모에 이르기까지 집단의 행동에 섞여 들어갈 수 있기 때문에 삶과 문명의 모든 성취들이 마주하는 위험에 대한[15], 혹은 개인의 무의식에 자리 잡고 있으며 의식적인 통제와 합리적인 도덕적 주장들을 대항하고 멸시하는 어둡고 난해한 충동들에 대한 고려는 거의 찾아볼 수 없다. 현대의 기독교 문화와 세속문화는 스스로가 모든 도덕적·사회적 상황을 결정짓는 힘들을 전부 밝혀냈고 완전히 이해하고 있으며 또한 이성이 모든 악마적인 힘들을 훌륭하게 제어해냈다고 믿을 만큼

---

15 *『도덕적 인간과 비도덕적 사회』(Moral Man and Immoral Society) 참고. 니버는 이 책에서 단일한 개인으로서는 더할 나위 없이 도덕적인 사람들도 집단적으로 연계되면 집단을 위한 이기주의자로 쉽게 변질된다고 주장했다.

낙관적이었다.

심오한 종교는 예로부터 초월성에 대한 믿음을 통해서 자신이 속한 시대의 문화에 굴복하지 않을 수 있었다. 그러나 과학의 위신과 세속적인 세대의 울분과 정통 기독교에 대한 악평으로 인해 혼란스러워했던 현대 기독교는 오늘날의 자연주의와 담합하려 했고, 그로 인해 자연주의 문화의 도덕적 일탈과 혼란을 꿰뚫어보고 자연주의 문화의 피상성과 거짓된 낙관주의를 정정할 수 있는 능력을 잃어버렸다.

기독교 내에서 자유주의 문화의 약점들과 한계들을 인식하고 있는 보다 현실적인 자들이 이제는 폐기처분된 자유주의적 세계관을 대신하여 급진적인 마르크스주의 세계관을 받아들이려 한다는 점은 현대 기독교의 역사에서 주목할 만하다. 기독교 급진주의가 자유주의의 약점들에 대한 환멸(disillusionment)로 인해 마르크스주의의 격변론(catastroph-ism)으로 자유주의적 낙관론을 대체하려 한다는 점은 그 자체로 높이 평가받을 만하다. 그러나 미국의 기독교 급진주의는 마르크스주의적 급진주의로 귀결되는 경향을 보인다. 미국에서 이러한 경향이 특히 강한 이유는 그 어느 서양국가보다도 미국의 도덕지향적인 종파가 현대문화에 의해 세속화되었기 때문이다. 미국의 개신교는 표면적으론 다른 국가들의 기독교(the Church)보다 영향력이 크지만, 기독교 역사의 전통에서 개신교는 결코 그 뿌리가 깊지 않다. 결과적으로 개신교는 과거의 기독교가 갖고 있는 특유의 개념들과 도덕적·종교적 긴장을 성급하게 부정하는 경향을 보인다.

급진주의 기독교가 마르크스주의 세계관에 보이는 애착은 때때로 부적절하지만, 이는 도덕적 현실주의와 종교적 현실주의에는 유익하다. 그러나 마르크스주의는 현대의 자유주의만큼이나 자연주의적이다. 이에 따라 마르크스주의는 역사적이고 상대적인 도덕적 성취들에 대한 궁극적 시각이 결여되어 있다. 자유주의가 부르주아계급의 관점들을 영원한 가치들로 간주하듯이, 마르크스주의는 노동자계급 특유의 사고방식과 가치들을 절대적 진리로 간주하는 경향이 있다. 자유주의와 마르크스주의는 유대교의 예언 운동(prophetic movement)과 기독교가 세속화되고 자연주의화된 형태들이다. 그러나 마르크스주의는 예언 운동의 영향을 조금 더 많이 받았다. 마르크스주의의 유물론은 기계론적이기보다는 "변증법적"이며, 변증법은(즉, 정반합의 논리는) 자연주의적 자유주의가 주장하는 단순 진화 과정보다 역사의 복잡한 사건들을 더 충실하게 반영한다. 마르크스주의는 인간의 역사에서 드러나는 악의 심각성을 한층 더 깊이 이해하고 있으며, 따라서 현대 문화의 지배적인 분위기에선 완전히 생소하지만 유대교의 예언들이 보여주는 격변론과 밀접한 격변론이 마르크스주의의 역사철학에 담겨 있다(선지자 아모스가 선포하기를, "[여호와의] 날은 어둠이요 빛이 아니라"[16]). 마르크스주의는 종말론적 종교처럼 역사 속의 기적을 통해 이상적인 사회 질서를 완성시키는 것에 대한 희망으로 눈앞의 비관주의를 궁극적인 낙관주의로 탈바꿈시킨다. 마르크스주의의 경우 프롤레타리아계급이 이 이상사회를 완성시키는 주체이지만, 높은 자들을 권좌에서 쫓아내고 낮은 자들을 높이시는 하나님의 활동 없이 프롤레타리아가 성공하는 것은 불가능할 것이다. 그러나 마르크스주의는 세속화된 종교이므로 이 종교에서 하나님의 활동은 약자들을 말살하려는 노력에 의해 강자들이 오히려 스스로를 파괴하고 그들의 정치적 힘을 약자들에게 내어주게 된다고 예정하는 역사의 변증법(the logic of history)의 형태를 취한다(마르크스주의의 변증법 관념은 심오한 종교적 감성과 기민한 사회적 관찰이 맺은 열매다. 이 관념 안에는 고등종교

---

16 * 아모스 5:18

의 역설들이 담겨 있으며 역사의 실제 사건들이 이 관념을 상당 부분 입증해준다).

그러나 마르크스주의적 종말론의 문제는 마르크스주의의 자연주의가 마르크스주의의 종말론이 유토피아적 환상임을 드러낸다는 것이다. 종교가 무조건자(the unconditioned)와 초월자(the transcendent)에 대해 지닌 신화적 상징들을 시간과 역사 속의 목적들로 탈바꿈시키려 할 때마다 자연주의는 특정한 절대적 이상이 상대적이고 현세적인 흐름[17] 속에서 실현될 것을 요구하게 된다. 각 사람이 각각의 능력과 필요에 따라 몫이 주어지며 모든 사회갈등들과 인간적인 욕구들이 마침내 해소되고 충족되는 마르크스주의의 무정부주의적 천년왕국은, 그야말로 무한성(the eternal)과 절대성(the absolute)을 길들이려 하고 완벽함에 대한 비전을 역사의 필연적인 불완전함 속으로 꿰맞추려 헛되이 노력하는 자연주의적 종교의 산물이다.

유토피아적 이념은 반드시 환멸(disillusionment)로 이어지게 된다. 자연주의적 종말론은 자체적으로 창출해낸 도덕적 긴장을 유지하지 못한다. 자연주의적 종말론의 비전과 꿈은 편파적인 이해관계들과 한시적인 관점들에 비례하며, 자연주의적 종말론의 비전과 꿈 안에 내재된 보편적 요소(the universal element)조차 역사 속에서 구체화될 때 그 보편성과 무조건성을 잃게 되지만, 자연주의적 종말론은 이러한 사실들을 발견해낼 수 있는 방법이 없다. 따라서 상대적인 역사적 성취들이 이상(理想)으로 받아들여질 때, 도덕적 긴장은 도덕적 자기만족으로 전락하게 된다. 자유주의적 자연주의와 급진주의적 자연주의는 모두 그들의 "말씀"이 "육신이 되[기까지]" 기다리는 동안에는 도덕적 아름다움을 지

---

17 * '지금 여기(here and now)'라고도 할 수 있다

니고 있지만, 그들의 말씀이 우리 가운데 거하게 된 후에는 무기력함과 위선을 드러내게 된다.

역사를 보면 자유주의적 부르주아 문화에서도 이러한 영적 타락을 추적할 수 있다. 20세기 이상주의자들의 한심한 어리석음, 즉 냉혹한 자본주의 문명의 비참한 현실에 영적 존엄성을 부여하려고 시도했던 어리석음과 이성의 시대(Age of Reason)의 꿈, 고드윈[18]의, 디드로[19]의, 루소의, 심지어는 아담 스미스의 꿈을 비교해보면 20세기 이상주의자들이 영적으로 얼마나 타락했는지 파악할 수 있다. 전쟁이 없는 세계 및 국제연맹에 대한 꿈을 품었던 윌슨[20]과 베르사유 조약이 자신의 이상들을 거의 달성했다고 스스로를 납득시키려고 했던 윌슨의 차이는 여기서 간략히 제시한 역사의 흐름에서 드러나는 차이를 완벽하게 상징한다.

급진적인 영성(靈性, spirituality)은 여전히 종말을 맞닥뜨리지 않고 그 이상들이 아직 실현되지 않은 시기에 머물러 있다는 점에서 지금 당장은 이점을 갖고 있다. 아직은 시기가 너무 짧기 때문에 진정한 평가를 내리기는 어렵지만, 우리는 이상이 이미 실현된 러시아에서만 이 영적 타락이 시작된 것을 목격할 수 있다. 레닌의 온전한 성실성과 스탈린의 이기적인[21] 국정운영 사이의 차이는 앞으로의 역사가 보여줄 것이라고 확

---

18 * William Godwin(1756~1836). 무정부주의 사상의 선구자이자 공상적 사회주의자로 꼽힌다.

19 * Denis Diderot(1713~1784). 프랑스를 대표하는 계몽주의 사상가로서 당시 가장 철저한 유물론자로 꼽히며 그의 철학적 사고에서 진화론과 변증법의 전신(前身)을 발견할 수 있다.

20 * Woodrow Wilson(1856~1924). 제28대 미국 대통령으로서 미국의 세계대전 참전을 결정하였으며 국제연맹의 필요성과 민족자결주의를 역설하였다.

21 * 원문은 cynical이다. 니버는 레닌이 온전히 이론을 따랐고 스탈린은 국가이기주의로 향했다고 평가하고 있다.

실하게 예언할 수 있는 분기점을 성립시킨다. 이러한 차이에 대해서는
세계 혁명을 향한 트로츠키[22]의 맹렬한 열정과, 애국주의와 결합되고 러
시아의 정치적·경제적 과제들로 연결될 수 있도록 혁명 사상을 신중하
게 축소시킨 스탈린 간의 차이를 또 다른 예로 들 수 있겠다. 어쩌면 스
탈린과 트로츠키의 관계는 나폴레옹과 루소의 관계를 닮았다고 할 수
있다.

자유주의적이든 급진주의적이든 자연주의적 이상론을 지나치게 의존
하거나 도용하는 기독교는 그야말로 기독교 정신과 문화의 변질에 의
존한다는 점을 드러낸다. 유대-기독교의 궁극적 이상은 언제나 모든 역
사적 사실들과 실재를 초월하고 있기 때문에 유대-기독교가 생성해내
는 이상과 현실 사이의 긴장은 그 어떤 도덕적·사회적 성취에도 불구하
고 역사의 모든 시점에서 유지될 수 있으며, 바로 이 점에 유대-기독교
의 중요성이 자리하고 있다.

초월적인 것(the transcendent)을 역사의 흐름과 무관한 것으로 만드
는 동양의 종교와는 다르게, 역사의 흐름 속에서 초월적인 것을 소멸
시킴으로써 종교적 긴장을 해소시키려 한다는 점은 서양의 영성이 지
닌 중요한 특징이다. 자유주의적이든 급진주의적이든 현대의 자연주의
는 유대-기독교 신화의 자연주의적 요소가 세속화된 형태다. 여기서 유
대교와 기독교 신앙의 하나님이 이 세계의 창조자이자 심판관이라는 점
과, 삶의 궁극적 의미가 현세의 역사적 흐름[23]에서 드러나고 동시에 변

---

22 * Leon Trotsky(1879~1940). 러시아의 혁명운동가. 스탈린의 일국사회주의를 반대하
   여 세계 혁명을 주장하고 반(反)소련 활동을 하다가 암살당했다.

23 * 원문은 the temporal process이다. Temporal이란 단어는 시간성의 의미가 더 강하지
   만 문맥상 '지금 여기(here and now)'라는 의미가 강하므로 시공(時空)을 포괄하여 '현
   세의 역사적 흐름'이라 옮긴다.

질된다는 점을 인식하는 것이 중요하다. 서양 세계는 영구적 초월성의 요소를 소멸시키는 자연주의의 방향으로 이 신앙의 자기모순적인 변증법을 이끌어가는 경향이 있지만, 기독교가 자연주의에 반응하여 내세지향적인 이원론, 즉 초월적인 것이 역사적인 것을 비롯하여 속세와 더 이상 아무 관련 없는 이론으로 치닫게 된다면, 그로 인한 영적·도덕적 손실 또한 상당하다는 사실을 잊지 말아야 한다.

그러므로 독립적인 기독교 윤리의 진정한 범위를 밝혀내고자 한다면 우리는 반드시 주의를 기울여 자연주의적 일원론만큼이나 이상주의적 이원론으로부터 기독교 윤리를 분리시켜야 한다. 모든 이원론적 종교들은 일시적인 것과 물질적인 것의 상대성으로부터 벗어나려고 노력함으로써 합리적인 것과 영원한 절대(the eternal absolute) 속에서, 즉 자연적인 것들의 궁극적인 나락일 뿐이며 자연적인 것이 더 이상 자리를 잡을 수 없는 영역이자 모든 차이들이 사라지고 모든 역동적인 과정들이 중단되는 초자연적 영역 속에서 탈출구를 찾는다는 결정적인 특징이 있다.

셰데르블롬은 모든 고등종교들을 문화 종교(culture religion)와 계시 종교로 구분하며, 오직 기독교와 유대교만 (어쩌면 조로아스터교도 포함해서) 계시 종교로 인정한다.[24] 문화 종교는 합리적이거나 신비적인 수련을 통해 현세를 초월한 영원한 형상들(eternal forms)을 인식하려 한다는 특징이 있다. 반면에 계시 종교(예언적 종교[25]라고도 정의하는 종교)의 특징은 "영혼과 육체적 형상을 대조시키는 것이 아니라 창조주와 창조

---

24 나탄 셰데르블롬(Nathan Soderblom), 『계시의 본질』(*The Nature of Revelation*). 1~56쪽.

25 * 예언적 종교 혹은 예언적 기독교는 진정으로 올바른 신앙을 고수하는 기독교를 지칭하기 위해 니버가 사용하는 용어다. 자세한 사항은 산투리의 서문을 참고.

물을, 살아계시고 질투하시는 하나님을 모든 형상 및 닮음과 대조시킨다"[26]는 것이다. 다시 말해 창조신화는 초월적 존재(the Transcendent)가 역사의 과정에 관여한다고 보지만 동시에 초월적 존재가 역사의 과정과 동일시되지는 않는 세계관의 견고한 토대다. 물론 창조신화는 단지 이 변증법의 토대일 뿐이라는 점을 분명히 깨달아야 한다. 또한 이 변증법의 정교화는 의미의 궁극적 성취에 대한 희망으로 특징지을 수 있는, 또한 존재의 근원인 하나님이 곧 이 성취의 보증자라는 믿음으로 특징지을 수 있는 계시 종교의 예언적·종말론적 성격을 낳는다는 점을 깨달아야 한다. 존 오먼은 실질적으로 셰데르블롬과 동일하게 구별하고 대비시키면서 "종말론적이라는 용어는 신비주의적이라는 용어와 대비해서 사용되었으며, 자연적인 것 속에서 초자연적인 것을 밝히려고 하는 종교를 의미한다"[27]고 말한다.

이 두 종류의 종교들은 "신비주의적"이라는 용어와 "신화적"이라는 용어로 가장 정확하게 구별할 수 있을 것이다. 셰데르블롬이 말한 "문화의 종교들(religions of culture)"은 출발점에서는 합리적이지만 궁극적으로는 신비주의적이다. 이러한 종교들은 끊임없이 변화하는 현세의 흐름 속에서 영원한 형상들을 추구하는 합리적 탐구로부터 출발한다. 하지만 합리적 탐구는 절대적인 것과 영원한 것의 궁극적인 모습을 포착하려 함으로써 신비주의적 사색으로 탈바꿈한다. 현세의 본체가 되는 영원한 형상들은 결과적으로 현세로부터 분리되며, 영원한 형상들은 구별이 없는 초월성, 즉 "어떤 구별도 없어서 헤아릴 수 없는 깊이, 혹은 우

---

26 같은 책, 61쪽.

27 존 어먼(John Oman), 『자연과 초자연』(*The Natural and the Supernatural*), 427쪽.

리의 이해를 능가하는 존재의 충만함"[28]이 된다. 절대적인 것(the abso-
lute)을 이렇게 이해하는 방식의 궁극적인 귀결은 불교에서 가장 분명하
게 드러나지만, 모든 신비주의적 종교는 이와 동일한 경향을 보인다. '신
비적인 것'은 '합리적인 것'이 '현세적인 것'을 초월하려고 노력함으로써
낳게 되는 최종 결과물이며, 이러한 노력은 '합리적인 것'마저도 초월하
도록 강요한다. '신비적인 것'은 완고한 사실들과 확고한 다양성들의 영
역인 외부로부터 영혼의 내면으로 눈을 돌리게 될 때까지 통일성과 일
관성에 대한 합리적 열정을 밀어붙이는데, 영혼의 내면에서 자의식의 통
일성은 절대자(the Absolute)의 상징이자 절대자에 도달하는 수단이 되
며, 이때 절대자는 "존재를 넘어서는" 실재이자 "의식과 형상을 용해하
는 신비하고 정적인 고요"다(히에로데우스). 이렇게 해서 삶의 의미와 삶
을 구성하는 중심점의 궁극적 근원을 추구하는 종교는 도리어 삶의 의
미를 파괴하게 된다. 역사적이고 구체적인 현존은 그 일시적이고 상대
적인 형상들이 절대자와 비교될 만한 가치가 없다고 받아들여짐으로
써 의미를 빼앗기게 된다. 그러나 절대자 역시 모든 형상과 구체적인 현
존의 범주를 초월하기 때문에 의미를 잃어버리게 된다. 신비주의란 결국
합리적인 형상들을 구체적인 실재로부터 추상화시키는 데서 시작하여
모든 합리적인 형상들 너머의 궁극적 실재를 상정하는 데서 끝나는 자
기소모적 합리주의다.

그러나 모든 합리주의가 반드시 신비주의로 이어진다고 단정할 수는
없다. 플라톤에서 헤겔에 이르기까지 서양의 이상주의적 일원론은 조금
이나마 더 냉정한 합리주의였으며, 역사의 생생한 흐름 속에서 세계의

---

28 모리스 코헨(Morris Cohen), 『이성과 자연』(*Reason and Nature*), 146쪽.

통일성을 파악하려고 했던 시도를 대변한다. 이상주의적 일원론에 의거하여 세계의 통일성을 역사의 흐름 속에서 이해하게 된다면 절대자를 사물들의 총체와 동일시하게 되는데, 이처럼 낙관적인 결론은 존재의 비극적인 현실과 모순되며 또한 고귀한 도덕적 열정에 해를 끼친다. 전체적으로 볼 때 서양이 궁극적 통일성에 대한 합리주의적 갈망을 철학적 일원론으로 해소하는 경향을 보이고 이로 인해 악의 문제를 난해하게 만들었다면, 동양은 (서양보다 더 오래되었고 현명하기 때문에, 혹은 조금은 더 환멸적(disillusioned)이기 때문에) 보다 더 이원론적이고 비관적인 대안을 선택했으며, 오직 현세를 완전히 탈피함으로써만 궁극적인 통일성과 의미의 중심을 발견해냈다. 그러나 서양에서도, 특히 기독교 신비주의에서도 일원론 철학의 완고하면서 낭만적인 낙관주의는 손쉽게 비관적인 내세주의로 변환된다. 플라톤에서 플로티누스 및 신플라톤주의까지의 전개는 바로 이러한 흐름을 보여준다.

합리주의적 종교가 철학적 일원론의 낙관주의로 향하는 경향이 있든 이원론적 신비주의의 비관주의로 향하는 경향이 있든, 합리주의적 종교는 본질적으로 이 세계를 짊어지고 가는 자들은 받아들일 수 없는 귀족 종교(aristocratic religion)다. 이 세계를 짊어지고 가는 자들은 이러한 종교가 요구하는 태도, 즉 사색을 통해 이 세계로부터 물러서는 사치를 받아들일 수 없으며, 그들의 삶에서 드러나며 구체화되는 아름다움과 비극의 흥미로운 결합은 그들로 하여금 순수한 비관주의나 순수한 낙관주의의 환상을 품을 수 없게 만든다.

기독교가 합리주의적이고 신비주의적인 종교들에 의해 부분적으로 형성되고 영향을 받은 것은 분명하지만, 기독교는 신비주의 종교가 아니라 유대교의 예언 운동이 지닌 신화에 기본토대를 두고 있다. 물론 신화는 유대교에만 있는 것이 아니다. 신화는 삶과 역사의 풍부하고 다양한 사실·사건들과 관련해서 인간의 상상력이 자유롭게 발휘될 수 있었던 시기, 또한 자연적 인과관계의 차원에서 세심하게 검토하지는 못하지만 이러한 사실·사건들이 근본 원인들 및 궁극적 의미들과 어떤 연관이 있는지 알아내려는 시기, 즉 모든 문화의 유년기에 발견된다. 이러한 의미에서 신화적 사고(思考)란 총체적인 그림을 그리기 전에 먼저 사물들의 상호관계를 분석하는 법을 배우지 못한 전(前)과학적(pre-scientific) 사고에 불과하다. 자연 세계의 자체적인 인과관계의 망(網)을 거의 이해하지 못하거나 아예 파악하지 못하며, 자연 세계의 모든 현상들이 일정한 의식적 혹은 영적 인과력(因果力, causal force)과 관련되어 있는 것으로 보는 원시인들의 물활론(物活論, animism)은 신화적 사고방식의 가장 단순한 형태일 것이다. 그러나 신화적 사고방식은 단지 과학 이전의 사고방식일 뿐만 아니라 초(超)과학적 사고방식이기도 하다. 신화적 사고방식은 과학이 분석·계량·기록하는 현실의 수평적 관계들을 초월하는 수직적 양상들을 다룬다. 그러나 기독교 신화[29]는 현존으로부터 추상화시키지 않고도 초월적 근원과 존재의 종말을 다룬다.

따라서 오직 기독교 신화만이 이 세계가 부조리하다는 사실을 무시하지 않으면서 동시에 이 세계를 일관성과 의미의 영역으로 바라볼 수 있다. 기독교 신화의 세계는 그 안에서 사실들이 모두 일정한 의미의 근원과 연관되어 있기 때문에 일관적이다. 그러나 기독교 신화는 즉자적인 합리적 통일성의 차원에서 모든 것들을 서로 연관시켜야만 한다는 미성숙한 요구에 구애받지 않기 때문에 합리적으로 일관적이진 않다. 결정적으로 신화적 종교의 신은 제1원인(the First Cause)이 아니라 창

---

29 * 원문은 the classical myth이다. 정확히는 유대교의 신화를 지칭하지만, 동시에 기독교 신화를 지시하고 있다.

조주(the Creator)이다. 만약 신이 제1원인(이성적 개념)이었다면 신은 사물들의 연속에서 관찰 가능한 수많은 원인들 중 하나일 것이며, 이 경우 신과 세계는 동일한 실재이다. 그렇지 않다면 신은 부동의 동자일 것이며, 이 경우 신이 세계와 맺는 관계는 생명력이 넘치거나 진정으로 창조적인 관계는 아니게 된다. 하나님을 창조주라고 말하는 것은 이성의 규범을 초월하지만, 이는 하나님이 세계와 맺는 유기적 관계는 물론 하나님이 세계와 구별됨을 표현하는 이미지를 사용하는 것이다. 하나님이 세계를 창조했다고 믿는 것은 세계가 완벽하게 선하다거나 사물들의 총체성이 반드시 신성한 존재와 일치해야 한다고 고집하지 않으면서도 세계가 의미와 일관성의 영역이라고 느끼는 것이다. 창조주 하나님에 대한 신화는 유대교의 기반이다. 종교를 합리화시킴으로 인해 신화의 미덕을 파괴하지 않고서도 유대교가 유년기에 지니고 있었던 편협함과 유치함을 일소할 수 있었다는 점은 유대교의 예언 운동이 이룬 중대한 성취다. 유대교가 순수한 일신교에 도달하면서 거쳐 갔던 정화 과정은 일관성에 대한 갈망보다는 도덕-종교적 열정에서 비롯되었다. 이에 따라 유대교는 깊이와 초월성에 대한 감각을 잃지 않으면서도 현존의 총체를 내포할 때까지 유의미한 세계의 규모를 넓게 확장해나갔다. 유대교는 깊이의 차원에서 하나님이나 물리적 세계를 탓하지 않고서도 악(惡)을 수용할 수 있었다. 타락신화에서 죄의 기원은 생명의 기원과 동일시되지 않는다. 그러므로 죄의 기원은 하나님이 예정하셨다는 의미로든 영(靈)이 물질과 자연 속에 육화(肉化)함으로써 피할 수 없는 결과였다는 의미에서든 창조와 동의어일 수 없다. 그리하여 유대교의 영성은 세계가 완전무결한 신성성(神聖性)과 선성(善性)을 지니고 있다고 바라보는 낙관주의에도 물들지 않고 역사 속의 현존을 무의미한 순환의 영역으로 격하시키는 비관주의에도 물들지 않을 수 있었다. 유대교는 악의 존재를 한편으로는 불가사의로 받아들였으며, 다른 한편으로는 (어쩌면 너무 지나치게) 인간의 사악함에 기인하는 것으로 보았다. 타락신화는 인간의 불순종으로부터 자연의 모든 부적절함을 도출한다는 점에서 인간의 사악함으로부터 악이 파생했다는 설명을 너무 과도하게 전개하는데, 이러한 설명은 자연의 무자비함을 비롯하여 생명의 덧없음과 필멸성(必滅性)에 대한 인간의 책임을 지나치게 과장한다.

유대교 세계관의 신화적 기반은 유대교의 영성으로 하여금 현생의 즐거움을 적절하게 즐길 수 있게 해주며, 한낱 인간적인 것들에 과도한 경외심을 품는 일 없이 인간 역사의 중요성을 긍정할 수 있게 해준다. "하늘이 하나님의 영광을 선포하고 궁창이 그의 손으로 하신 일을 나타내는도다"[30]라든가 "여호와여 주께서 하신 일이 어찌 그리 많은지요 주께서 지혜로 그들을 다 지으셨으니 주께서 지으신 것들이 땅에 가득하나이다"[31]라고 선언하듯이, 유대교의 세계에서는 자연과 역사가 창조주를 찬미한다. 유대인들의 경배문학에는 이러한 정서가 풍부하다. 선지자적 통찰로 유대교를 가장 숭고한 높이로 끌어올렸던 제2이사야는 하나님이 창조된 세계와 갖는 창조적 친밀함(creative nearness)에서도 하나님이 세계와 갖는 거리에서도 하나님의 위엄을 발견한다. 이사야는 하나님의 말씀을 "나는 여호와라 나 외에 다른 이가 없나니. 나는 평안도 짓고 환난도 창조하나니. 나는 여호와라 이 모든 일들을 행하는 자니라. 자기를 지으신 이와 더불어 다툴진대 화 있을진저. 진흙이 토기장이에게 너는 무엇을 만드느냐 말할 수 있겠느냐? – 구원자 이스라엘의 하나님이여 진실로 주는 스스로 숨어 계시는 하나님이시니이다(이사야 45장)"

---

30 * 시편 19:1

31 * 시편 104:24

라고 기록하며 "그는 땅 위 궁창에 앉으시나니 땅에 사는 사람들은 메
뚜기 같으니라 그가 하늘을 차일 같이 펴셨으며 거주할 천막 같이 치셨
고(이사야 40장)"라고 기록한다. 이처럼 숭고한 신화적 신념에서 하나님
은 창조주이기 때문에 창조물에서 그 존재가 드러나면서도 이 세계를
초월하고 있으며, 하나님의 초월성은 이해를 벗어나 지고한 높이에 도
달한다(진실로 주는 스스로 숨어 계시는 하나님이시니이다).

　　창조주 하나님에 대한 신화는 초월적인 하나님이 이 세계의 심판관이
자 동시에 구원자가 될 수 있는 예언적 종교의 가능성을 제시한다. 그러
나 이러한 가능성이 반드시 실현될 수 있다는 것은 아니다. 신화적 종교
가 창조신화를 지나치게 강조하여 세계의 불완전함을 신성한 존재(the
Holy)의 심판 아래에 두지 않고 주어진 세계를 신성한 것으로 찬양할 가
능성은 언제나 존재한다. 이 경우 신화적 종교는 예언적 종교보다는 성
찬중시주의(sacramentalism)[32]로 귀결된다. 모든 자연물을 신성한 초월
성의 상징과 이미지들로 보기는 하지만 예언적 종교가 제시하는 현재와
미래의 긴장 관계를 파괴하는 정통 기독교의 성찬중시주의는 예언적 종
교가 단순히 사제제도로 몰락한 형태에 불과하다. 진정한 예언적 종교
는 창조된 세계를 초월하는 하나님이 죄 많은 세계를 심판한다고 보며
또한 죄악으로부터 궁극적인 구원을 약속한다고 믿는다. 합리적 종교
및 신비주의적 종교와는 다르게, 진정한 예언적 종교에서 구원의 영역
은 결코 이 세계의 역사 너머에 존재하는 것이 아니며, 오히려 역사 내에
그리고 종말에 자리하고 있다. 비록 본래의 유대교 신화는 자연적 과정
과 역사가 결코 자족적이지 않고 자명하지 않으며 스스로를 구원할 수

---

32 * 예전(禮典)이 구원을 위해 필수적일 뿐만 아니라 그 자체로 구원의 효력을 갖고 있다
　　는 사상.

없다는 관점을 견지하지만, 유대교에서 현생(現生)의 신성성(神聖性)을 강조하는 부분은 자유주의적이든 급진주의적이든 현대의 모든 자연주의의 뿌리이다(의미심장하게도 유대교의 신화에서 영혼은 피 속에 존재한다). 하나님은 역사를 구속할 것이지만(역사의 구속은 자연주의와 비교했을 때 신화가 강조하는 점이다) 실제로 구원되는 것은 역사를 향유하는 이 세계이다(세계의 구원은 합리적-신비주의적 종교의 내세주의와 비교했을 때 신화가 강조하는 점이다).

유대교의 예언 운동은 초월성을 온전히 믿는 것이야말로 종교를 문화 너머로 끌어올리는 힘이며 사멸해가는 문화와 함께 운명을 맞이하지 않도록 해주는 힘이라는 논지에 대해 흥미로운 증거를 제시한다. 예언자들은 성전에서의 경배를 중심으로 하던 유대인들의 문화-종교가 바빌론 유수로 인해 종말을 맞이했을 때 유대교가 그와 함께 소멸되는 것을 막았다. 그들은 비단 종교를 살려냈을 뿐 아니라 재앙의 의미와 대속(代贖)의 구원사적 능력과 이스라엘 민족을 넘어서는 구원의 가능성에 대해 설명함으로써 유대교를 새로운 순수성으로 끌어올렸다. 비록 아우구스티누스의 신앙에서 헬라 사상의 내세주의적 요소들은 초월성을 지향하는 예언적 종교가 아닌 성찬중시주의적 종교의 기반을 놓게 되었지만, 아우구스티누스의 신앙은 예언자들의 신앙처럼 기독교를 사멸해가던 로마의 세계로부터 분리해냈다. 정통 가톨릭은 자신의 기반 체계 내에서 그리스-로마 문화를 이겨냈지만, 이사야가 세계의 종말에 이루어질 구원에 대해 품은 희망은 도리어 역사를 넘어선 초월성의 영역에 대한 선망으로 대체되었으며, 성찬중시주의적 기관[33]이 초월성의 영

---

33 * 교황청을 지시한다.

역과 자연-역사의 세계 사이를 중재하게 되었다. 그로 인해 정통 가톨릭은 예언적 종교가 미래에 대해 지닌 관심과 현존의 역동적인 성격에 대해 지닌 감각을 앗아가버렸다.

그러므로 활력이 넘치는 예언적 기독교가 되기 위해선 자연주의와 내세주의에 대항하여 독립성을 유지해야 할 뿐만 아니라, 기독교의 근본적인 예언적 신화가 성찬중시주의적으로 타락하지 않도록 순수성을 유지해야만 한다. 기독교는 성찬중시주의의 자기만족적인 측면이나 신비주의적 내세주의의 측면에서 예언적 종교를 탈피하려는 경향을 보이는데, 이는 한편으로는 헬라사상의 영향에서 비롯되었으며, 다른 한편으로는 예언적 종교의 종교적 긴장을 더 날카롭게 다듬어간 결과다. 예수의 종교는 제2이사야가 상술한 사랑과 대속의 도덕적 이상이 역사 속에서 실현될 가능성이 희박해질 정도로 극도의 순수성을 달성해내는 예언적 종교이다. 예수가 내세우는 '하나님의 나라'는 그 순수한 사랑의 지고함이 모든 인간의 삶 속에서 사랑의 경험과 연관되어있기 때문에 언제나 역사 속의 가능성이지만, 동시에 언제나 역사 속의 불가능성이며 모든 역사적 성취 너머에 있다. 자연 속에서 살아가며 육신을 갖고 살아가는 인간은 예수의 윤리가 요구하는 완전한 무사무욕, 즉 이기심의 승화와 희생을 향한 열정을 결코 이뤄낼 수 없다. 아모스 선지자가 요구했던 사회정의는 이상사회의 가능성을 대변했다. 하나님의 신성하심이 인간의 선함과 연관되어 있듯이, 예수가 내세운 순수한 사랑의 개념은 정의에 대한 신념과 연관되어 있다. 순수한 사랑은 가능한 관계들과 역사적 관계들을 초월한다. 어쩌면 이것이야말로 후기 예언의 종말론이 초기 예언의 종말론만큼 극명하게 현세주의적이지 않았던 이유인지도 모른다. 예수의 종말론은 비록 그 뼈대는 현세주의적이지만 분명히 자연적인 현존의 가능성들을 넘어섰다("하나님의 나라에선 장가도 아니 가고 시집도 아니 가느[니라]"³⁴). 따라서 기독교에서 자연의 가능성들과 종교-도덕적 이상 사이의 긴장이 유대교의 냉철한 현세주의를 위태롭게 할 정도로 고조된다고 말하는 것은 타당할 수도 있다. 어쩌면 그리스 밀의종교가 기독교 사상에 끼친 영향은 이원론적 측면에서 볼 때 현세주의와의 균형 관계의 근원이라기보다는 마침표였는지도 모른다. 그리스 밀의종교의 영향은 이미 바울의 사상에서 드러나며("혈과 육은 하나님 나라를 이어 받을 수 없고 또한 썩는 것은 썩지 아니하는 것을 유업으로 받지 못하느니라"³⁵), 초기 교부들이 기독교 신앙을 신학적으로 다듬어갈 때 지속적으로 증가했다. 그러나 기독교 사상의 신화적 토대는 기독교가 합리주의적 이원론이 최악에 도달한 형태로까지 전락하는 것을 막았으며, 마니교(Manichaeism)와 영지주의와의 싸움에서 정통 기독교가 승리한 것이 이를 증명한다. 그럼에도 오랜 세월을 거치고 고된 역사를 겪으면서 원(原)복음의 탄력적이고 격조 높은 예언적 긴장들이 완화되었던 것은 자연스러운 일이었다. 예언적 긴장들이 완화된 결과는 자연 세계(불행히도 인간 역사의 사회질서들을 포함하여)를 하나님의 작품으로 기리며 모든 자연적 사실들을 초월적인 것의 형상으로 올바르게 받아들이면서도, 자연적 사실들의 불완전함이 모호해질 만큼 그것들을 전적으로 신성하게 보는 정통 기독교의 성찬중심주의에서 찾을 수 있다. 이러한 성찬중심주의는 신화적 종교가 체질상 지니는 병이다. 기독교 사상에 때때로 스며들었던 비관주의, 금욕주의 그리고 신비주의적 자기몰두(absorption)는 기독교 고유의 것이 아니라 합리주의적이고 신비주의적인 종교들에

---

34 * 마태복음 22:30 참고. 원문은 "부활 때에는 장가도 아니 가고 시집도 아니 가고 하늘에 있는 천사들과 같으니라"이다.

35 * 고린도전서 15:50

서 유래했다. 그러나 자연주의는 기독교-유대교 신화의 외부에서 온 것이 아니라 그 자체에서 이탈한 것이다. 자연주의는 유대교가 역사의 역동적인 성격에 대해 지닌 관념을 유지하지만, 삶과 의미의 초월적 근원에 대한 지표들을 세계로부터 박탈해버리며, 따라서 자립적이고 자족적인 역사라는 결론에 도달하게 된다. 성찬중심주의가 현재와 미래의 수평적 긴장을 파괴한다고 한다면, 자연주의는 구체적인 사실과 초월적 근원의 수직적 긴장을 훼손시킨다.

따라서 기독교 신앙과 삶이 활력으로 넘쳐나기 위해선 기독교 자체 내에서 발생하는 질병들과 타락의 위험에 맞서 지속적으로 건강을 유지해야만 하며, 비(非)신화적 종교들이 저지르는 오류에 유혹당하지 않도록 스스로를 보호해야만 한다. 기독교 자체에서 발생하는 약점들은 대부분 기독교 신앙의 신화적 모순들이 해소될 때 발생하며, 외부에서 맞닥뜨리는 위험들은 대부분 신비주의적이고 합리주의적인 종교의 비관주의와 이원론에서 생겨난다. 오직 자신의 예언적 기원에서 젊음을 거듭 이어나가며 생명력이 넘치는 기독교 신앙만이 우리 시대의 도덕적·사회적 문제들을 적절하게 다룰 수 있으며, 이러한 신앙만이 현세적이고 역사적인 흐름의 상대성에 지나치게 굴복하지 않으면서도 일시적이고 세속적인 현존의 의의를 확언해줄 수 있다. 또한 이러한 신앙만이 "제 생(生)이 다하면 사라지는"[36] 조그마한 가치체계와 의미체계들을 초월하는 의미의 근원을 가리키면서도, 모든 역사가 의의를 상실하는 영원한 세계를 도피처로 삼지 않을 수 있다. 오직 이러한 신앙만이 구(舊)문화의 사멸이나 새로운 문명의 탄생을 이겨낼 수 있으며, 더욱이 문화와

---

36 * 알프레드 테니슨의 시 「*In Memoriam A.H.H.*」의 구절, "have their days and cease to be."

문명이 생존을 위해 투쟁하는 세계를 도덕적 책임의 측면에서 다룰 수
있다.

2장
예수의 윤리

2장

예수의 윤리

예수의 윤리는 예언적 종교가 맺은 완벽한 열매다. 예언적 종교의 하나님이 이 세상과 관계 맺듯이, 예수의 윤리가 내세우는 사랑의 이상(理想)은 인간 경험의 사실들 및 필수요소들과 관계 맺는다. 예수의 윤리는 모든 도덕적 경험을 근거로 삼으며 그것들과 관계된다. 하나님이 이 세상에 내재하듯이, 예수의 윤리 역시 삶 속에 내재한다. 또한 하나님이 이 세상을 초월하듯이, 예수의 윤리는 삶이 지닌 가능성들이 최종적으로 도달할 수 있는 정점을 초월한다. 그러므로 예수의 윤리를 내세지향적인 종교들의 금욕주의 윤리와 혼동해서는 안 되며, 또한 선량한 사람들을 현세에서의 성공과 행복으로 이끌도록 설계된 자연주의의 실용주의적 도덕성[1]과 혼동해서도 안 된다. 예수의 윤리는 본성의 모든 충동들에 대해 비타협적이기 때문에 자주 금욕주의 윤리와 혼동되지만, 예수는 결코 자연적 충동들을 본질적으로 악하다고 규탄하진 않는다. 또한 그

---

[1] * 원문은 prudential morality이다. 그러나 본문에서는 practical의 의미에 더 가깝기 때문에 '실용주의적'이라 옮기며, 문맥에 따라 '현실적', '실용적', '신중함' 등으로도 옮긴다.

의 윤리에서 사랑의 이상이 지닌 초월성은 그의 가르침에 명백하게 드러나기보다는 암시되어 있기 때문에 자연주의의 도덕성과 혼동될 수 있지만, 예수의 윤리는 예언적 종교의 전제들로부터 논리적으로 따라 나온다. 예언적 종교에서 하나님은 이 세계의 창조주이자 심판관으로서 현존의 근거가 되는 통일성이며, 동시에 -플라톤의 용어를 빌리자면- 현존의 피안에 있는 궁극적 통일성이자 선(善)이다. 존재란 통일과 질서를 통해 혼돈이 극복될 때에만 가능한 것이기 때문에, 세계는 존재하고 있는 한 그 자체로 선하다. 그러나 세계의 통일성은 혼돈의 위협을 받으며, 세계의 유의미함은 언제나 무의미함을 직면하고 있다. 따라서 삶의 유의미함에 대한 최종적인 확신은, 세계의 질서에 대한 확실한 바탕이자 세계의 혼돈을 초월하는 궁극적 통일성에 대한 신앙에 달려 있다.

하나님의 통일성은 정적(靜的)인 것이 아니라 강렬하며 창조적이다. 따라서 하나님은 사랑이다. 삶과 삶 사이의 통일성에 대한 의식적인 욕구는 하나님의 본성에 대해 가장 적합한 상징이다. 모든 삶은 사랑의 의지에 대해 의무를 갖는다. 모든 도덕적 요구는 통일성에 대한 요구이기 때문에, 사랑의 계명으로부터 파생되는 윤리는 어떤 의미에선 존재할 수 있는 모든 윤리체계와 연관되어 있다. 삶은 결코 서로 어긋나게 두어서는 안 된다. 사람은 반드시 충동들과 욕구들에 대해 내적 통일성을 이루어야 하며, 다른 이들 및 다른 구성체들과 조화롭게 관계 맺어야 한다. 따라서 홉하우스가 선(善)에 대해 "생명의 잠재력을 실현하는 가운데서의 조화"[2]라고 정의한 것은 옳은 말이다. 그러나 자연주의적 윤리는 혼돈 속의 조화, 즉 이기주의에 의해 제한된 가능성들 내에서의 사랑을 뛰

---

2 L. T. Hobhouse, 『합리적인 선』(*The Rational Good*), 161쪽.

어넘는 사랑을 요구할 수 없다. 본성의 수준에서 삶과 삶을 서로 연관시키려고 하는 실용주의 윤리는 삶과 삶 사이에 기본적으로 본능적인 조화가 존재한다는 환상(이기심과 이기심이 서로 무해한 상호작용 속에 균형을 이루기 때문이라고 가정하든, 합리적인 이기심이 덜 합리적인 충동의 낮은 단계들에서 존재하는 갈등들을 극복하기 때문이라고 가정하든)에 근거를 두고 있든지, 이기적인 개인들과 집단들의 갈등이 인간 본성의 본질이라고 인정할 수밖에 없다. 예수의 윤리가 모든 자연주의적이고 실용주의적인 윤리와 구별되는 지점은 바로 이기심의 파괴력을 대하는 태도에 있다. 예수의 윤리는 이기심이 예정조화(pre-established harmony)[3] 속에 포함되어 있기 때문에 무해하다고 간주하지 않으며(아담 스미스의 지론), 이성이 이기심의 혼란을 더 높은 차원의 조화로 바꿀 수 있기 때문에 이기심은 무력하다고 간주하지도 않고(공리주의의 지론), 이기심이 인간 실존의 기본 현실이라고 간주하지도 않는다(토마스 홉스의 지론).

예수의 윤리는 모든 삶이 지닌 즉자적인 도덕적 문제들을 -서로 갈등하는 다양한 파벌들과 힘들 간에 일종의 휴전 협정을 이끌어내는 문제들을- 전혀 다루지 않는다. 예수의 윤리는 정치와 경제의 상대성들에 대해 아무 말도 하지 않으며, 가장 친밀한 사회적 관계들 속에서도 존재하며 반드시 존재해야만 하는 힘의 균형들에 대해서도 아무 말을 하지 않는다. 예수의 사랑의 윤리가 드러내는 절대주의와 완벽주의는 본성적인 이기심의 충동들에 대해서 뿐만 아니라 타인들의 이기심으로 인해 반드시 요구되는 현실적인 자기방어들에 대해서도 비타협적이다. 예수의 사

---

3 * 라이프니츠 사상에서 핵심을 이루는 용어로, 본래는 상호독립적인 단자들로 이루어져 있는 우주가 그럼에도 질서와 조화를 이룰 수 있는 것은 신(神)이 단자들의 지각(知覺) 사이에 조화가 이루어질 수 있도록 예정했기 때문이라는 이론이다.

랑의 윤리는 정치적·사회적 윤리의 수평적인 지점들과 접점을 성립시키지 않으며, 실용주의적인 개인 윤리(individual ethic)가 도덕적 이상과 주어진 상황의 현실들 사이에 그리는 사선(斜線)과도 접점을 이루지 않는다. 예수의 윤리에는 오직 하나님의 사랑의 의지와 인간의 의지 사이의 수직적 차원만이 있을 뿐이다.

예수의 윤리에서 하나님의 전형적인 성품이 사랑이라는 점은 논증을 통해서 성립된 것이 아니라 당연한 것으로 전제되어 있다. 이는 예언적 종교의 신앙에서는 자명한 것으로 간주할 수 있다. 예수는 이와 관련해서 단 한 번만 논쟁했으며 하나님의 성품에 대해 "너희가 악한 자라도 좋은 것으로 자식에게 줄 줄 알거든 하물며 하늘에 계신 너희 아버지께서 구하는 자에게 좋은 것으로 주시지 않겠느냐"[4]라고 선언하였다. 이 구절이 중요한 이유는 예언적 종교의 통찰들에 정통한 예수가 비단 부모의 애정이라는 일상적인 현존에서 하나님의 성격에 대한 상징들을 발견할 뿐만 아니라, 하나님의 사랑에 대한 이 상징을 불완전한 인간들이 아닌 "악한" 인간들 가운데서 찾아내기 때문이다. 예언적 종교는 완전함과 불완전함, 일시적인 것과 영원한 것 사이가 아니라 선에 대한 의지와 악에 대한 의지 사이에 구별점을 둔다. 그러나 인간의 악한 의지는 오롯이 유한성에서만 기인하는 것이 아니기 때문에, 인간의 삶은 하나님의 상징들과 반향(反響)을 내포하고 있다.

또 다른 중요한 구절에서 예수는 자연의 공평함을 신의 은총에 대한 상징으로 말한다. 하나님이 악인과 선인 모두에게 해를 비추시고 의로운 자와 불의한 자 모두에게 비를 내려주시므로, 우리는 우리의 원수들

---

4 마태복음 7:11

을 사랑해야만 한다.[5] 여기서 내세운 논증이 중요한 이유는 비단 자연의 도덕이하적(道德而下的, infra-moral) 측면이 신의 은총의 초(超)도덕적(supra-moral) 성격의 상징으로 사용되었기 때문만이 아니라, 하나님의 성격을 본받아야 한다는 것이 원수를 용서하는 유일한 동기로서 제시되었기 때문이다. 하지만 예수는 용서라는 행위를 통해서 상호 간의 적대감을 친교로 변화시키는 가능성에 대해서는 지적하지 않는다. 그럼에도 자유주의 기독교는 예수의 가르침에 그러한 사회적·실용적 가능성들을 부여하려고 했던 것이다.

복음서들의 윤리가 보여주는 엄격함과 그 엄격함이 "본능적인" 자기 본위의 충동들도 용납하지 못한다는 점은 예수가 삶의 다양하고 자연스러운 표출들에 대해 취하는 태도를 분석함으로써 가장 잘 판단할 수 있을 것이다. 예수는 오해할 여지를 조금도 남겨두지 않는 단어들을 사용함으로써 자기주장의 모든 형태를 면밀하게 검토하고 지탄한다.

자기애의 근원은 다름 아니라 생존을 향한 본능적인 의지다. 생명을 유지하려는 사람의 동물적인 충동은 이웃에 맞서 자기 자신을 내세우려는 유혹으로 즉각 탈바꿈한다. 따라서 예수의 윤리는 육체적 현존에 대한 염려를 금지하며, 예수는 "그러므로 내가 너희에게 이르노니 목숨을 위하여 무엇을 먹을까 무엇을 마실까 몸을 위하여 무엇을 입을까 염려하지 말라 목숨이 음식보다 중하지 아니하며 몸이 의복보다 중하지 아니하냐 공중의 새를 보라 심지도 않고 거두지도 않고 창고에 모아들이지도 아니하되 너희 하늘 아버지께서 기르시나니 너희는 이것들보다 귀하지 아니하냐 … 그러므로 염려하여 이르기를 무엇을 먹을까 무엇

---

5 마태복음 5:45. "이같이 한즉 하늘에 계신 너희 아버지의 아들이 되리니 이는 하나님이 그 해를 악인과 선인에게 비추시며 비를 의로운 자와 불의한 자에게 내려주심이라"

을 마실까 무엇을 입을까 하지 말라 이는 다 이방인들이 구하는 것이라 너희 하늘 아버지께서 이 모든 것이 너희에게 있어야 할 줄을 아시느니라"[6]고 선포한다. 현실적이고 양심 있는 자라면 이에 대해 곧바로 회의적인 반응을 보일 것이다. 그 어떤 삶도 생명의 육체적 기반을 이토록 무시하면서 유지될 수는 없다. 따라서 이제까지 예수의 윤리를 현실적인 처신에 대한 지침으로 삼으려고 시도했던 자들은 예수가 내린 명령의 기반, 즉 하나님의 섭리적 돌봄에 대한 순진한 신앙은 현대의 도시적 삶보다 팔레스타인의 소박한 농경 생활에 더 적합하다고 지적하기에 급급했다. 그러나 예수의 윤리는 소박한 농경 생활에서조차 완전하게 따를 수 없다는 점을 분명하게 알아야 한다. 실제로 위의 구절은 예수의 윤리에서 지속적으로 드러나는 철저한 반(反)실용주의적(unprudential) 엄격함을 담고 있다.

자신을 확장시키는 가장 자연스러운 길은 소유를 통해서다. 따라서 예수는 자기주장의 형태인 소유에 집착하는 행태에 대해 마찬가지로 비타협적인 엄격함을 보인다. 예수가 선포하듯이, "너희를 위하여 보물을 땅에 쌓아 두지 말라 … 네 보물 있는 그 곳에는 네 마음도 있느니라 … 한 사람이 두 주인을 섬기지 못할 것이니 … 너희가 하나님과 재물을 겸하여 섬기지 못하느니라."[7] 여기서 예수의 윤리가 지닌 종교적 성향은 더할 나위 없이 분명하다. 소유에 대한 집착은 하나님에 대한 사랑과 순종을 불가능하게 만드는 방해물이다. 하나님은 절대적 순종을 요구하신다. 따라서 예수는 십계명을 모두 지킨 부자 청년에게 "가서 네 소유

6　마태복음 6:25~32
7　마태복음 6:19~24

를 팔아 가난한 자들에게 주라"[8]고 훈계한다. 이 구절은 오늘날까지도 금욕주의 윤리의 근거로 제시되곤 하지만, 예수가 이 구절을 규율로 생각하고 말하지는 않았을 것이다. 예수의 말은 오히려 하나님의 주권에 완전히 헌신할 수 있는지에 대한 시험이었을 것이다. 마찬가지로 풍족한 중에서 예물을 드린 자들 대신 가난한 과부가 칭찬을 받은 것은 "그 가난한 중에서 자기의 모든 소유 곧 생활비 전부를 넣었"[9]기 때문이다. 이와 비슷한 예로는 큰 잔치의 비유, 즉 밭을 샀거나 소를 샀거나 장가를 들었다는 이유로 잔치를 사양한 자들에 대한 비유가 있다.[10] 이 모든 사례에서 예수가 부에 대해 취하는 태도는 사회-도덕적 고려보다는 부가 신앙을 방해하는 근원이라는 확신에서 발생한다. 예수가 부에 대해 취하는 태도의 핵심은 "네 보물 있는 그 곳에는 네 마음도 있느니라"는 말에 가장 간결하게 명시되어 있다.

예수는 자기애의 성격을 날카롭게 분석하는데, 이에 대한 가장 좋은 예는 교만에 대한, 특히 선한 자들의 교만에 대한 비판에서 찾을 수 있다. 교만은 자기애의 미묘한 형태다. 교만은 탐욕스러운 사람들이 추구하는 물질적 이로움이 아니라 사회적 인정(social approval)을 먹고 자란다. 바리새인들을 향한 예수의 비난은 부분적으로는 그들의 사회적 교만을 겨냥한 것이었다. 예수가 지적하듯이, "그들[은] 모든 행위를 사람에게 보이고자 하나니 … 잔치의 윗자리와 회당의 높은 자리와 시장에서 문안 받는 것과 사람에게 랍비라 칭함을 받는 것을 좋아하느니

---

8 마태복음 19:21

9 마가복음 12:44

10 누가복음 14:16~24

라.”[11] 같은 맥락에서 예수는 바리새인 지도자의 집에서 “청함을 받은 사람들이 높은 자리 택함을 보시고 … 네가 누구에게나 혼인 잔치에 청함을 받았을 때에 높은 자리에 앉지 말라 … 무릇 자기를 높이는 자는 낮아지고 자기를 낮추는 자는 높아지리라”고 초청받은 자들을 훈계한다.[12] 이 경우 이기적인 교만에 대한 다스림은 종교적 측면에서 뿐만 아니라 실용적인 도덕성의 측면에서도 정당화된다. 여기서 예수는 “청함을 받았을 때에 차라리 가서 끝자리에 앉으라 그러면 너를 청한 자가 와서 너더러 벗이여 올라 앉으라 하리니 그 때에야 함께 앉은 모든 사람 앞에서 영광이 있으리라”[13]고 말하면서 사회에서 높은 위치에 올라가려는 노력은 실제로 사람들의 존경심을 잃게 하며, 반대로 겸손함이야말로 사람들의 존경심을 받는다는 점을 지적한다. 이와 같은 사려 분별은 예수의 윤리에서 일반적으로 드러나는 보다 더 순수한 종교적 경향과 상반적이다. “너희 중에 누구든지 크고자 하는 자는 너희를 섬기는 자가 되고 너희 중에 누구든지 으뜸이 되고자 하는 자는 모든 사람의 종이 되어야 하리라”[14]는 말에서 예수는 동일한 점을 강조한다. 교만은 탁월한 지식을 보유하고 있거나 성취를 이루었기 때문에 일반 사람들과 구별되는 사람들의 영혼을 타락시키는 이기심의 형태이며, 결국 그들로 하여금 하나님 앞에서 자신들도 다를 바 없이 평범하며 보잘것없다는 점을 잊어버리게 만든다. 그러나 도덕규범들을 지켜서 얻은 상대적 미덕에도 죄가 섞여있는 것을 알아차리지 못하는 영적 교만과 독선은 이와

---

11 마태복음 23:5~7

12 누가복음 14:7~11

13 누가복음 14:10

14 마가복음 10:43~44

또 다른 유형에 속하며 반드시 개별적으로 다루어야 한다.

복수심에 대한 예수의 태도와 원수도 용서하라는 명령은 예수의 윤리가 지닌 그 어떤 요소보다도 자연도덕(natural morality)에서라면 사회적·도덕적 승인을 받을 수 있는 자기주장의 형태들에 대해 예수가 비타협적이라는 점을 극명하게 보여준다. 불의(不義)에 대한 분노는 모든 형태의 시정적 정의(corrective justice)의 근거이자 시정적 정의의 자기중심적인 타락이다. 살인에 대한 모든 공동체적 처벌은 고대의 '피의 복수(blood vengeance)'를 정제한 형태에 불과하다.[15] 고대의 공동체는 공동체 내에서 생명을 파괴하는 것은 죄라고 여겼기 때문에 피의 복수를 허용했을 뿐만 아니라 장려하기도 했지만, 살인에 대한 공동체의 냉정한 반감보다 피해 입은 혈족의 복수를 향한 격정이 더 강렬했기 때문에 혈족의 손에 살인자에 대한 처벌을 맡겼다. 피의 복수를 처음으로 규제했던 때나 시정적 정의를 마지막으로 보정했던 때나, 복수심의 이기주의적인 측면은 정의를 향한 열정에 끼어든다는 점에서 여전히 불가피하고 위험한 요소로 남아있다. 복수심의 이기주의적인 측면이 불가피한 것은 사람들이 자신이나 자신과 친밀한 자들의 삶을 파괴할 정도로 불의를 엄격하게 심판하지 않기 때문이다. 또한 복수심의 이기주의적인 측면이 위험한 이유는 그것이 모든 삶에 대한 정열에 의해서가 아니라 특정한 삶에 대한 애착에 의해서 움직이므로 잘못을 바로잡으려고 하는 만큼이나 삶에 피해를 끼칠 수 있으며 자주 그러하기 때문이다. 그러나 아무리 위험할지라도 복수심의 이기주의적인 측면은 여전히 불가피한 요소다. 자아가 위험에 처해 있거나 불의의 피해자가 자신을 드러낼 때 이

---

15 * 민수기 35:10~34 참고. 고대 사회에선 살인자에 대해 살인으로 복수하는 것이 피해자의 혈족이 지닌 의무였다.

루어지는 자기주장은 자기주장의 위험성을 알며 그 밑바탕에 깔린 논리를 받아들이지 않는 사람들에게조차도 자연스런 충동이다.

그러나 당면한 상황에서 복수는 불가피하다거나 도덕적·사회적으로 정당하다는 점조차도 예수의 엄격한 기준을 통과하지 못한다. 예수는 "원수를 사랑하"고 "일곱 번뿐 아니라 일곱 번을 일흔 번까지도 용서하"며, 악에 저항하지 말고[16] 반대쪽 뺨도 내주며, 오 리 갈 것을 십 리를 동행하고, 우리를 저주하는 자들을 축복하며 우리를 싫어하는 자들에게 선을 행할 것을 명령한다. 이 모든 명령에서 예수는 저항하거나 분개하는 것을 금지한다. 사람은 자신에게 피해를 끼치는 자들에 대해 권리를 주장해선 안 되며, 자신이 겪는 불의에 대해 분개해서도 안 된다. 이러한 본문에 대해 매년마다 설파되는 수많은 설교들이 즉자적 상황에 놓인 본성적 인간에게 이러한 윤리적 요구들이 불가능하다는 점을 조금이라도 제시할 수 있었다면, 오늘날 종교계가 이토록 감상주의적이지는 않았을지도 모른다. 일반적인 사회적 상황에 놓인 평범한 사람의 충동들과 필요들에 대해서 예수의 윤리가 이보다 더 명백히 갈등에 놓인 본문은 없기 때문이다.

이러한 계명들에 대한 근거는 사회·도덕적 측면이 아니라 오직 종교적 측면에서 제시된다. 우리는 하나님께서 용서하시기 때문에 용서해야 하며, 하나님께서 모두를 차별 없이 사랑하시기 때문에 우리의 원수를 사랑해야 한다. 이때 평가의 기준은 수평적이지 않고 수직적이다. 자연스러운 충동이나 사회적 결과는 전혀 고려되지 않는다. 물론 윤리를 절대적으로 따르려는 태도가 더 바람직한 사회적 결과를 가져올 가능

---

16 *원문은 '악에 저항하고'라고 되어 있지만 문맥상 '저항하지 말고'가 맞다.

성은 언제나 있다. 원수에게 선을 베푸는 것은 미움을 극복하도록 인도할 수 있으며, 악을 용서하는 것은 가장 실용주의적인 자도 취할 만한 구원의 방식일 수도 있다. 그러나 사회적 결과에 대한 호소는 결코 예수의 계명들에 대해 완벽한 근거가 되지 못한다는 점을 인식해야 한다. 무저항(non-resistence)은 가해자를 부끄럽게 하여 선으로 이끌 수도 있으나, 가해자가 더 심한 공격성을 보이도록 자극할 수도 있다. 게다가 어떤 행위가 사회적 결과를 염두에 두고 행해졌다면, 그 행위를 정당화해 주어야 하는 결과를 확보할 수 있을 만큼 행위 자체가 순수한 경우는 극히 드물 것이다. 이 역설 앞에서 순수하게 실용주의적인 도덕성은 모두 무너진다. 따라서 예수는 "주의 이름이면 귀신들도 우리에게 항복하더이다"[17]라고 기뻐하던 제자들에게 "귀신들이 너희에게 항복하는 것으로 기뻐하지 말고 너희 이름이 하늘에 기록된 것으로 기뻐하라"[18]고 훈계한다. 이 명령은 '현존에서 악을 이겨냈다는 것에서 만족을 찾지 말고 삶이 그 궁극적인 본질에 순응한다는 것에서 만족을 찾으라'고 바꾸어 표현할 수 있을 것이다. 간음한 여인을 향해 보여준 태도와 독선적인 정죄자들을 당혹하게 만든 "너희 중에 죄 없는 자가 먼저 돌로 치라"[19]는 말은 예수가 회개와 용서를 어떤 관계로 생각하는지 보여준다. 사회에 죄지은 자들을 용서해야 하는 것은 하나님께서 그들을 용서하시기 때문만이 아니라 우리 역시 하나님 보시기에 죄인이기 때문이다. 의인들의 죄에 대한 통찰과 강조는 종교적인 관점에서 파생된 것이지만 사회의 문제들에 대해서도 매우 현실적인 연관성을 지니고 있다. 범죄자들

---

17 * 누가복음 10:17

18 누가복음 10:20

19 * 요한복음 8:7

을 처벌하는 사회는 자신이 혐오하고 심판하는 죄들에 스스로가 얼마나 물들어 있고 또 그 죄들에 대해 얼마나 책임이 있는지를 결코 깨닫지 못한다. 그럼에도 심판할 권리에 대한 전제 조건으로서 무죄성(無罪性, guiltlessness)을 고집하는 것은 부당하며, 이 경우 사회 질서의 유지를 위해 요구되는 모든 조치들은 정당성을 잃게 될 것이다. 그러므로 마치 톨스토이가 교도소나 다른 형태의 사회적 처벌들을 거부함으로써 시도했던 것처럼 예수의 종교적·도덕적 통찰로부터 사회적·도덕적 정책을 세우는 것은 불가능하다. 비록 심판의 집행자들이 억제하려고 하는 죄들에 스스로가 얼마나 개입되어 있는지 깨닫지 못하는 독선적인 죄인들이라 할지라도, 사회는 반드시 범죄자들을 처벌해야 하며 최소한 그들을 격리시켜야 한다. 그러나 이 사실은 심판자와 범죄자 모두의 상대적 선과 상대적 악을 더 고차원적인 관점에서 꿰뚫어보는 통찰을 반박하지는 않는다.

예수의 종교-도덕적 사상을 실용적인 사회-도덕적 혹은 정치-도덕적 체계로 다듬어가려는 노력은 대개 그의 도덕적 통찰의 예리함을 무디게 만드는 결과를 야기한다. 예를 들어 자유주의 기독교는 무저항의 교리를 단지 갈등 상황에서 폭력을 행사하지 말라는 명령으로 정의하는데, 그로 인해 이 교리는 모든 저항과 갈등과 강압 속에서 죄의 요소를 더 이상 발견해내지 못하게 되었다. 실제로 이 교리는 자기주장에서 비롯되는 악이 가장 은밀하게 흐르고 있는 바로 그 집단들을 회개보다는 도덕적 만족으로 이끈다. 이는 보다 폭력적인 형태의 강압을 취하지 않아도 되는 경제력을 가지고 있으며, 따라서 그러한 폭력적인 형태의 강압을 비기독교적이라고 비난할 수 있는 사회 집단에게 주로 일조하는 자유주의 기독교가 기독교 평화주의를 옹호하면서 드러내는 병리현상(pathos)이다.

예수의 윤리의 사랑 절대주의(love absolutism)는 가장 불가피하고 미묘한 형태의 자기주장에 대해서도 비판정신을 유지하는 완벽주의의 측면에서 표현되며, 인간적 연민의 모든 작은 형태들을 지양하는 보편주의의 측면에서도 표현된다. 사랑 절대주의의 보편적 요소는 자연스러운 동정심이 갖는 한계를 넘어서 이웃의 생명을 존중하라는 명령에서 드러난다. "너희가 너희를 사랑하는 자를 사랑하면 무슨 상이 있으리요 세리도 이같이 아니하느냐"[20]라는 말에서 볼 수 있듯이, 예수는 혈연관계나 친밀한 공동체 내에서의 사랑은 특별한 가치를 가지고 있지 않은 것으로 여긴다. 하나님의 사랑은 모두를 아우르므로, 예수는 그러한 사랑을 요구한다. 토레이(Torrey) 교수는 최근에 번역한 사복음서에서 "그러므로 하늘에 계신 너희 아버지가 모두를 아우르시듯이, 너희도 모두에게 선의를 행하라"[21]며 예수 사상의 전반적인 논리에 완벽하게 들어맞도록 마태복음 5:48을 해석한다.

예수의 윤리의 보편주의는 스토아학파의 보편주의와 유사하지만 중요한 차이가 있다. 스토아주의에서 계급이나 공동체 그리고 민족의 편협한 유대관계를 넘어서 생명이 존중되어야 하는 이유는 모든 생명이 통합적이고 신성한 원리를 드러내기 때문이다. 스토아주의에서 이 신성한 원리란 곧 이성이므로, 스토아주의의 논리에선 오직 지성인들만 신성한 공동체에 포함된다. 그 결과 스토아주의는 귀족적인 오만으로 물들게 된다. 반면 예수의 사상에서 타인을 사랑해야 하는 이유는 그들이 우리처럼 신성하기 때문이 아니라 하나님이 우리를 사랑하시듯 그들을 사랑하시기 때문이다. 또한 모두가(우리 자신을 포함하여) 하나님으로

---

20 마태복음 5:46

21 찰스 커틀러 토레이(Charles Cutler Torrey)의 『사복음서』(*The Four Gospels*), 12쪽.

부터 멀어져 있으며 하나님의 은혜를 필요로 하기 때문에 우리는 그들을 용서해야만 한다(사랑의 궁극적인 형태). 스토아주의와 복음 윤리의 차이점은 범신론과 예언적 종교의 실질적인 구별점을 보여주기 때문에 중요하다. 인간에게 부과되는 궁극적인 도덕 강령들은 결코 현존의 실재(actual facts)[22]의 측면에서 단언할 수 없다. 그것들은 오직 통일성과 가능성의 측면, 즉 현존을 초월하는 신성한 실재의 차원에서만 확언될 수 있다. 인간의 질서나 가치 혹은 가능성들을 도덕 강령의 확고한 근거들로 삼기에는 인간의 질서가 혼란으로 인해 너무나 위태로우며, 인간의 선함은 죄에 너무 물들어 있고, 인간의 가능성들은 본성의 장애물들로 인해 너무 불투명하기 때문이다.

예수의 사상이 지닌 보편주의적 어조는 가족을 향한 그의 비판적 태도에서 더욱 두드러진다. 예수는 그의 가족 윤리에 관해서는 엄격하지 않았기 때문에 이러한 태도는 특별한 의미가 있다. 예수는 오히려 가족 관계를 신성시하였다. 그럼에도 예수는 가족에 대한 충성심이 더 높은 차원의 충성심에 대한 걸림돌이 될 수도 있다고 여긴다. 함께하는 무리가 예수의 가족이 그를 찾아왔다고 말하자 예수는 단호하게 "누가 내 어머니이며 동생들이냐 … 누구든지 하나님의 뜻대로 행하는 자가 내 형제요 자매요 어머니이니라"[23]고 대답한다. 자식으로서의 효도를 다하고 나서 자신을 따르기를 원했던 젊은이에게 "죽은 자들로 자기의 죽은 자들을 장사하게 하[라]"[24]고 권고한 것이나, "아버지나 어머니를 나

22　* 직역하면 실제적 사실이다. 즉 현존의 자발적 행위든, 현존이 경험하는 사건들이든, 실질적으로 현존이 살아가는 차원에서는 궁극적인 도덕 강령들을 뒷받침할 만한 근거가 없다는 의미이다.

23　마태복음 3:32~35

24　누가복음 9:60

보다 더 사랑하는 자는 내게 합당하지 아니하[다]"[25]는 비타협적인 말 (누가복음 14:26에서는 "무릇 내게 오는 자가 자기 부모와 처자와 형제와 자매와 더욱이 자기 목숨까지 미워하지 아니하면 능히 내 제자가 되지 못하[리라]"고 더욱 단호하게 말한다)은 모두 같은 맥락이다. 분명 이는 가족, 공동체, 계급 그리고 국가에 대한 상대적인 주장들을 반드시 계속해서 따져보아야 하는 사회도덕의 세부적인 문제들에 있어서 우리에게 도움을 줄 수 있는 윤리는 아니다. 이러한 점은 예수의 윤리를 "현대 사회의 문제들에 적용할 수도 없고 그 어떤 사회에 대해서도 적용할 수 없다"는 칼 바르트(Karl Barth)의 말에 동의하고 싶게 만든다. 예수의 윤리는 단 하나의 수직적인 종교적 지표를 따라 하나님의 의지를 지향하며, 하나님의 의지는 보편적 사랑의 측면에서 정의된다. 그러한 의지의 관점 아래에서 이기심이 가득한 세상의 현실과 이기심으로부터 발생하는 불의와 억압은 모두 드러나게 된다. 우리는 실제 사실들을 더 명확하게 보게 되며, 본성의 세계가 곧 죄의 세계라는 것을 깨닫게 된다. 그러나 예수의 윤리는 하나님의 나라가 도래할 때까지 이 죄의 세계를 어떻게 억제할 것인지에 대해서는 아무런 조언도 주지 않는다. 예수의 윤리는 당면한 현실들을 다루는 실용적인 사회윤리에 대해 소중한 통찰들을 제공하고 그에 대한 비판의 근거들을 제공할지는 모르겠으나, 이처럼 순수하게 종교적인 윤리로부터 당면한 현실들을 다루는 사회윤리를 직접적으로 도출하는 것은 불가능하다.

예수의 윤리에서 두드러지게 수직적인 종교적 지표에 대해 조금이라도 의문이 든다면, 보상의 윤리적 문제들에 대한 그의 태도를 고려함으

---

25 마태복음 10:37

로써 이러한 의문점들을 완전히 해소할 수 있을 것이다. 보상의 윤리적 문제들에 대한 태도에서 예수의 윤리의 엄격함과 비(非)실용적인 성격은 완전히 드러난다. 예수의 가르침에 의하면 하나님에 대한 순종은 반드시 절대적이어야 하며 다른 고려사항들에 의해 좌지우지되어서는 안 된다. 사람들 앞에서 구제를 베풀면 안 되고 거리에서 기도를 드리면 안 되는 것은 종교적인 경건함과 선행들을 통해 사회적 인정을 얻으려는 유혹을 떨쳐버려야 하기 때문이다.[26] "잔치를 베풀거든 차라리 가난한 자들과 몸 불편한 자들과 저는 자들과 맹인들을 청하라 그리하면 그들이 갚을 것이 없으므로 네게 복이 되리"라 하듯이, 상호 간의 이익이 보장되는 선행은 삼가야 한다.[27] 또한 "자기 십자가를 지고 나를 따르지 않는 자도 내게 합당하지 아니하니라"[28]고 하듯이, 하나님을 섬기는 일은 구체적이고 분명한 보상에 대한 희망으로 하는 것이 아니라 희생과 절제와 손해를 각오하고 해야 하는 것이다. 하나님의 주권은 사람이 자기의 소유를 다 팔아서 살만큼 극히 값진 진주나 밭에 감추어진 보화로 그려진다.[29] "만일 네 눈이 너를 범죄하게 하거든 빼어 내버리라 한 눈으로 영생에 들어가는 것이 두 눈을 가지고 지옥 불에 던져지는 것보다 나으니라"[30]는 구절에서는 하나님에 대한 완벽한 순종에 방해가 된다면 자연적으로 주어진 선물이나 특권을 단호하게 거부하라고 말한다. 예수는 그가 강조한 모든 것들에서 올바른 행동으로부터 나오는 즉각적

---

26 마태복음 6:1~6

27 누가복음 14:13~15

28 마태복음 10:38

29 마태복음 13:44~46

30 마태복음 18:9

이고 구체적인 이점들은 전혀 고려하지 않거나 분명하게 배제시킨다. 예수의 윤리는 실용주의 윤리라면 관심을 둘 수밖에 없는 도덕적 행동의 결과들을 전혀 고려하지 않고 하나님의 뜻에 절대적으로 순종할 것을 요구한다.

물론 이러한 엄격함조차도 특정한 보상에 대한 약속을 단서로 달고 있는 것처럼 보인다. 이러한 보상은 두 가지 범주에 속하는데, 하나는 "의로운 자들의 부활" 때 주어질 궁극적인 보상이며, 다른 하나는 아마도 실용주의적 도덕성을 부분적으로 수용한 보상으로 볼 수 있을 것이다. 긍휼을 베푼 자들은 긍휼히 여겨질 것이다(그러나 이것이 하나님에게 긍휼이 여겨지는 것인지 사람들에게 긍휼이 여겨지는 것인지는 분명하지 않다). 사람들은 자신이 헤아리는 그 헤아림으로 헤아림을 받을 것이며, 비판하지 않는다면 비판 받지 않을 것이다.(마태복음 7장) 여기서 예수는 다른 이들을 어떻게 대했는지에 따라 하나님이 그 사람을 어떻게 대할지 결정한다는 뜻으로 말했을 수도 있지만(이는 마지막 심판의 비유에서 제시된다), "무릇 자기를 높이는 자는 낮아지고 자기를 낮추는 자는 높아지리라"[31]고 말하듯이 겸손이 다른 이들의 존중을 끌어내는 반면 타인에 대한 비판은 자신을 향해 비판적인 태도를 불러오고 자부심은 다른 이들의 멸시를 불러오는 사회생활의 역설적 성격을 환기시키는 것일 수도 있다. "자기 목숨을 얻는 자는 잃을 것이요 나를 위하여 자기 목숨을 잃는 자는 얻으리라"[32]는 말에서 드러나듯 예수의 윤리에서 매우 근본적인 윤리적 역설도 위와 동일한 범주에 속한다. 이 역설은 이기심은 자멸적이며 자기희생이야말로 더 숭고한 형태의 자기실현으로 이끈다는 사

---

31 누가복음 14:11

32 마태복음 10:39

실을 환기시킬 뿐이다. 따라서 예수는 자기애를 결코 정당하게 보지 않지만 이타적 행위의 비의도적이면서도 필연적인 결과로서의 자기실현은 용납한다.

이러한 점은 예수의 윤리와 사회적·실용주의적 윤리 사이의 연관성을 성립시킨다. 이는 심지어 "최대 다수의 최대 행복"을 고려하는 이기심의 형태를 성취함으로써 사랑과 자기애 사이의 갈등을 해소할 수 있다고 주장하는 공리주의 윤리와 예수의 윤리 사이에 접점을 성립시킨다. 그러나 자기실현이 이 세상의 삶 가운데서 일반적인 생존의지와 뚜렷이 구별되는 개념으로 받아들여지지 않는 한, 인간의 본성과 역사라는 현실은 자기희생을 통한 자기실현을 결코 보장해주지 않는다는 점을 상기해야 한다. 역사는 순교자에게 영원한 명성을 부여할 수 있을지는 몰라도, 정직한 자가 그의 정직함으로 인해 번성하고 이타적인 사람이 그의 긍휼로 인해 성공하는 것은 결코 보장하지 못한다. 물론 인간의 세계는 혼돈의 가운데서도 궁극적 통일성의 상징들을 내포하고 있기 때문에 그러한 가능성은 언제나 존재한다. 그러나 인간의 세계는 순수한 통일성의 세계가 아니므로 사랑의 계명은 자아를 더 높은 성취로 이끌면서 동시에 자아의 파괴로 이끈다.

어쩌면 예수는 이 모든 보상들을 단지 종말론적인 측면에서 생각했을 수도 있다. 예수는 단지 하나님이 긍휼한 자들에게 긍휼을 베푸시고, 스스로를 낮추는 자들을 높이시며, 하나님의 나라를 위해 목숨을 바친 자들을 다시 살리실 것이라는 뜻으로 말했을 수도 있다. 예수의 가르침에서 보상에 대한 약속들은 대부분 명백하게 이와 같은 궁극적 보상들의 범주에 속한다. 예수는 하나님의 나라를 위해 집과 가족을 버린 자는

"현세에 여러 배를 받고 내세에 영생을 받지 못할 자가 없[다]"[33]고 말한다. 달란트의 비유에서는 순종한 종에게 "열 고을 권세를 차지하라"[34]고 말한다. 또한 모욕을 겪은 자들에게는 천국에서 큰 상이 있음을 약속한다.[35] 부자 청년에게는 가진 것을 다 팔 만큼 완전히 순종하면 "하늘에서 보화가 있으리라"고 약속한다.

그러나 궁극적 보상에 대한 모든 약속들은 복음 윤리의 엄격함과 전혀 모순되지 않는다. 그러한 약속들은 단지 가장 비타협적인 윤리체계조차도 단순히 가능성의 세계가 아닌 현실의 질서(order of reality) 속에 도덕 강령들을 세울 수밖에 없다는 점을 증명할 뿐이다. 어디에선가 어떤 방식으로든 세계의 통일성은 반드시 단순한 가능성이 아니라 사실로서 정립되어야 하며, 세계의 통일성의 요구에서 비롯되는 행동들은 현실과 상충하지 않고 조화를 이루어야 한다. 궁극적인 보상에 대한 확언은 언제나 "내세지향적 향락주의(transcendental hedonism)"의 발단이 될 수 있으며, 궁극적인 보상을 위해 일시적인 손실을 자초하도록 신실한 자들을 유혹할 수도 있다. 그러나 궁극적인 보상을 이처럼 대할 수 있다고 해서 궁극적인 보상을 약속하는 종교의 신빙성이 떨어지는 것은 아니다. 이는 단지 인간의 이기심이 가장 궁극적인 희망들조차 타락시킬 수 있으며 그것들을 이기주의의 발판으로 삼을 수 있음을 증명할 뿐이다. 물론 인간의 죄가 결국 영혼의 궁극적인 희망조차 타락시키는 시도까지도 서슴지 않는다는 점은 자연스러운 일이면서도 동시에 비참한 사실이 아닐 수 없다.

---

33 누가복음 18:30

34 누가복음 19:17

35 마태복음 5:11

복음 윤리에서 궁극적인 보상에 대한 약속이 지니는 종말론적 성격은 복음 윤리가 종말론과 맺는 관계에 대한 의문으로 자연스럽게 연결된다. 만약 종말론적 윤리라는 말이 "일시적인(interims)" 윤리, 즉 하나님의 나라가 오기까지의 짧은 기간 동안 따라야 할 윤리나 종말이 다가온다는 이유로 이 세계의 문제들을 무관심과 경멸로 바라보는 윤리를 뜻한다면, 예수의 윤리는 결코 이러한 유형에 속하지 않는다. 왜냐하면 예수의 윤리가 지닌 종교-윤리적 엄격함이 가장 극명한 여러 본문들에서 종말론적 급박함에 대한 단서는 찾아볼 수 없기 때문이다.[36] 예수는 절대적 요구사항들을 준수해야 하는 이유로서 단순히 하나님께 순종해야 한다거나 하나님의 본성을 닮아야 한다는 것을 제시하며, 세계는 곧 사라져버릴 곳이므로 멸시해야 한다는 기미를 보인 적은 없다. 바울은 특히 그의 가족 윤리에서 세계의 일시성을 보다 더 강조하였다.[37] 현존하는 세계의 종말이 임박했다는 확신은 바울로 하여금 지속되는 동안만 가치 있는 관계들에 관심을 두지 말라고 종용하도록 만들었다. 그러나 예수는 가족에 대해 전혀 다른 태도를 취한다. 예수는 대체로 가족 관계를 신성시하였다("하나님이 짝지어 주신 것을 사람이 나누지 못할지니라"[38]). 욕정을 간음과 동일시하는 경우처럼 금욕주의에 가까운 태도를 취할 때에도, 예수가 보여주는 엄격함은 종말론적인 요소와 아무런 상관도 없다. 그가 보여주는 엄격함은 단지 그의 사상에서 동기의 절대적 순수성을 강조하는 것과 일관되는 부분일 뿐이다.

그럼에도 불구하고 예수의 윤리는 종말론적인 요소를 지니고 있을

---

36 마태복음 5:29, 6:20, 6:31, 10:37, 12:48, 누가복음 18:22을 비교해보라.

37 고린도전서 7:27~29

38 * 마가복음 10:9

뿐만 아니라 종말론에 근거를 둔다. 예수가 제시하는 윤리적 요구들은 인간의 현존에서는 결코 성취될 수 없다. 예수의 윤리적 요구들은 본질적 실재의 초월적이고 신성한 통일에서 비롯되며, 이 요구들의 궁극적 성취는 오직 하나님이 현존하는 세계의 혼돈을 궁극적인 통일로 변화시키실 때에만 가능하다. 이러한 사상의 논리는 "좋은 때"와 "성취의 때"에 대한 희망이 종말에 대한 기대로 탈바꿈하는 유대교의 후기 종말론들의 영향을 받은 것이 분명하다. 이 후기 종말론들은 도덕적 삶에 내재하는 논리, 즉 인간의 영혼에 대한 궁극적인 도덕적 요구들은 인간이 살아가는 자연과 역사의 이치에서 존재하는 모든 가능성들을 초월한 통일성에서 비롯된다는 점을 인식하는 논리의 결과물이다. 속세를 넘어서는 영역이 아니라 종말에 궁극적인 성취를 위치시킨다는 점은 예언적 종교의 탁월함을 고수하는 한편 합리적으로 말할 수 없는 것을 신화적으로 말하는 것이다. 궁극적인 성취가 합리적으로 서술된다면 세계는 현세(the temporal)와 영원한 세계(the eternal)로 나뉘게 되며 속세의 끊임없는 변화를 벗어난 영원한 형상들만이 가치를 지니게 된다. 사태를 신화적으로 서술한다는 것은 영원성(the eternal)이 오직 현세 안에서만 성취될 수 있다는 사실을 제대로 다루는 것이다. 하지만 신화는 실재의 역설적인 측면을 역사적 연속성을 내포하는 개념들로 표현할 수밖에 없기 때문에 항상 역사에 대한 환상들로 이어지게 된다. 예수도 바울과 마찬가지로 역사에 대한 환상들로부터 자유롭지 못했다. 예수는 자기 생전에 메시아 왕국이 도래할 것이라고 기대했거나 최소한 그가 사역하면서 위기에 봉착하기 전까지는 그러한 생각을 갖고 있었던 것처럼 보인다. 게다가 예수는 승리 대신 십자가를 마주하게 되었을 때에도 최종 승리

를 장차 다가올 가까운 미래로 연기시켰을 뿐이었다.[39]

따라서 역사에 대한 구체적인 해석의 측면에서 종말 신앙(apocalyp-ticism)은 예수의 믿음과 윤리의 결과이지 원인은 아니라고 볼 수 있다. 종말은 모든 삶이 종속되어 있는 불가능한 가능성에 대한 신화적 표현이다. 불가능성들이 정말로 가능하며 역사의 주어진 매순간 새로운 현실들(actualities)로 이끈다는 의미에서 하나님의 나라는 언제나 가까이 있다. 그럼에도 불구하고 역사의 모든 현실은 도래하고 나면 단지 이상의 근사치에 불과했다는 점을 스스로 드러내게 되며, 하나님의 나라는 그러므로 아직 임하지 않았다. 사실상 하나님의 나라는 언제나 다가오지만 결코 임하지는 않는다.

역사에 대한 환상들은 인간의 영혼이 처해있는 상황에 대한 신화적 서술로부터 불가피하게 발생하지만, 이러한 환상들은 이 신화에 담긴 진리를 파괴하지 않는다. 이는 인간의 타락이 실제 역사 속에서 일어난 사건이 아니라고 해서 타락신화에 담긴 진리가 파괴되지 않는 것과 마찬가지다. 그럼에도 불구하고 초기교회가 예수의 재림과 그의 나라가 임할 것이라는 희망을 통해 윤리적 엄격함을 유지했었다는 점은 인정해야 한다. 재림에 대한 희망이 시들해졌을 때 기독교 윤리의 엄격함은 점차 사라지게 되었으며, 정치와 경제의 상대성들 및 삶의 즉자적인 필요성들을 받아들여야만 했던 기독교는 예언적 종교의 특수성을 자주 위협했던 이 상대성들과 필요 이상으로 타협하였다. 그러나 역사의 흐름에 대한 환상 및 그러한 환상이 사라졌을 때 이루어진 조정에 기인하는 실수들은 예언적 종교의 기본 통찰들을 무효화시키지 않는다. 그러한

---

39 마태복음 10:23 참고. "이스라엘의 모든 동네를 다 다니지 못하여서 인자가 오리라."

실수들은 불가능한 가능성인 사랑의 율법이 삶에 대해 고발하는 점들을 유지하면서 동시에 기독교 윤리에 절충의 문제, 즉 인간이 처한 상황의 가능성들이라는 측면에서 이 세계에 존재하는 삶의 잠정적인 조화들을 생성해내고 유지해야 한다는 문제를 새롭게 제시할 뿐이다.

내가 이해하기로는 나의 강의 이전에 있었던 두 번의 라우센부쉬(Rauschenbush) 강의들은 콘스탄티누스 이후의 기독교가 예수의 윤리로부터 이탈했다는 학설에 대해 서로 다른 관점을 취했다. 그 중 한 강의[40]는 초기교회의 엄격함이 유지되었어야 하며 무슨 수를 써서라도 반드시 회복시켜야 한다고 주장한다. 그러나 이 논지는 초기교회의 특별한 윤리 전략이 얼마나 역사에 관한 환상에 의존하고 있었는지를 인식하지 못하고 있다. 또 다른 강의[41]는 기독교의 타협을 단지 교회의 양심이 새로운 환경들에 적응하기 위해 필요했던 일로 해석한다. 케이스 박사는 "기독교는 초기에 광범위한 사회적 과제들을 아주 희미하게 인식하고 있었거나 전혀 인식하지 못하고 있었다. 그러나 기독교 유산에 대해 각 사람이 얼마나 충실하든지 간에, 기독교인은 자신이 처한 상황에서 더 중대한 문제들을 마주할 때 기독교 유산을 그의 모든 행동들을 위한 지침으로 삼기에는 부족하다는 것을 자주 발견하게 된다. 예수의 시대 이후로 사회가 진화해온 역사 속에서 개인행동의 문제들조차도 새로운 양상들을 많이 취하게 되었다"[42]고 서술한다. 그러므로 케이스 박사는 복음 윤리의 고유한 엄격함을 시간과 공간의 특정한 상황들에 –

---

40 찰스 모리슨(Charles Clayton Morrison), 『사회복음과 기독교 제식』(*The Social Gospel and the Christian Cultus*), 6장.

41 셜리 케이스(Shirley Jackson Case), 『고대 교회의 사회적 승리』(*The Social Triumph of the Ancient Church*).

42 같은 책, 12쪽.

예를 들어 오늘날 산업시대의 복잡성과 비교하여 농경시대의 단순함에
- 기인하는 것으로 본다. 이 두 해석은 모두 우리가 복음에서 현실적으
로 가능하고 실용주의적인 윤리를 다루고 있다는 자유주의의 착각에서
비롯되었다. 전자의 해석은 우리 현존의 모든 순간들이 복음 윤리를 엄
격히 따르는 것이 불가능하다는 것을 드러내고 있음에도 불구하고 복
음 윤리의 엄격함을 전폭적으로 권장한다. 후자의 해석은 불가피한 타
협들을 그저 변하는 시대와 상황들에 맞춰가는 것으로 여긴다. 이로 볼
때 이 두 해석은 모두 기독교 윤리의 핵심 문제를 제대로 다루지 못하고
있다.

삶의 완전한 차원은 불가능한 이상(理想)을 포함할 뿐 아니라 단순한
불완전함으로 치부할 수 없는 죄와 악의 현실들, 즉 이상이 그저 병적으
로 민감한 종교적 상상의 산물이 아님을 증명하는 현실들도 포함한다.
인간의 삶에서 완전한 사랑에 못 미치는 것은 모두 삶을 파괴한다. 모
든 삶은 사랑의 율법을 따르지 않기 때문에 파멸을 맞이한다. 이기심은
언제나 파괴적이며, 죄의 삯은 곧 사망이다. 현대 문명이 문명 속에 내
재하는 불의(不義)와 서로 갈등하는 국가적 의지들의 충돌로 인해 파괴
되고 있는 것은 단지 세상의 죄로 인한 파괴의 한 측면이자 표출일 뿐
이다.

이러한 상황에 부딪힌 인류는 언제나 이중의 과제를 직면하게 된다.
그 중 하나는 세계의 혼란을 가능한 한 지금 당장 받아들일 수 있는 모
종의 질서와 통일로 이끌어나가는 것이며, 또 다른 하나는 이처럼 잠정
적이고 불안정한 통일성과 성과들을 궁극적 이상의 비판 아래 두는 것
이다. 이러한 통일성과 성과들이 비판되지 않는다면 그 속에 있던 선
한 요소는 타락하게 되며 잠정적인 조화는 새로운 혼란의 원인이 되어
버린다. 우리는 아우구스티누스에게서 세계의 평화는 투쟁을 통해 얻

어진다는 점을 배워야 한다. 그러나 그러한 사실은 우리가 잠정적인 평화를 거부하거나 최종적인 것 마냥 받아들이는 것을 정당화해주지 않는다. 하나님의 나라(the city of God)의 평화는 이 세계의 미약하고 불안정한 평화를 사용하고 변화시킬 수 있지만, 이는 오직 이 세계의 평화가 하나님이 주시는 궁극적인 평화와 혼동되지 않을 때에만 가능한 일이다.

3장 기독교적 죄의 개념

3장
기독교적 죄의 개념

기독교가 삶의 모든 차원을 얼마나 성공적으로 다루었는지는 한편으론 기독교의 사랑 완벽주의를 기준으로, 다른 한편으론 기독교의 도덕적 현실주의와 비관주의를 토대로 판단할 수 있다. 자유주의 기독교는 인간의 본성 속에 복음이 명령하는 것들을 완수할 수 있는 능력이 있다고 은연중에 추정한다. 따라서 자유주의 기독교는 "나는 해야 한다, 그러므로 나는 할 수 있다"는 칸트의 격언을 도덕적 문제에 대한 모든 분석의 토대로 받아들인다. 그러나 전통 기독교의 복음 완벽주의는 인간의 능력에 대해 그보다 훨씬 더 까다로운 시각을 취한다. 전통 기독교에서 사랑의 계명은 죄의 현실과 나란히 놓여 있다. 아닌 게 아니라 사랑의 계명은 죄에 대한 의식을 고양시킨다. 공리주의처럼 자아의 이해관계에 타인의 이해관계를 포함시킬 수 있는 현명한 이기주의로 도덕적 이상을 서술하는 경우, 죄의식은 있을 필요가 없다. 왜냐하면 모든 행위는 이해관계들 사이 및 삶과 삶 사이를 얼마나 합리적으로 조정하는가의 측면에서 평가될 뿐이기 때문이다.

종교학자들이 꽤나 정확하게 주장하듯이, 죄의식은 종교적 상상력

고유의 산물이다. 죄의식은 삶을 그것이 지닌 총체적 차원에서 평가한 결과이며, 자아가 삶의 본질과 관련되어 있으며 동시에 분리되어 있다는 것을 발견한 결과물이다. 현대인들에게 죄의식이 아무런 의미도 없는 것은 현대의 세속주의에서 현실은 단지 일시적인 사건들의 흐름이기 때문이다. 반면에 예언적 종교에서 유한한 세계의 흐름은 영원한 창조원리(creative principle) 및 창조의지를 드러내는 계시이자 동시에 그것들을 가리는 베일이다. 현세의 사건들은 모두 사건들 자체를 넘어서는 것들, 즉 이 사건들이 비롯되는 근원과 이 사건들이 향해가는 결말을 지시한다. 다시 말해 예언적 종교는 창조주이자 삶의 완성으로서의 하나님을 믿는다.

인간의 영혼은 이처럼 총체적 차원을 인지할 수는 있지만 이해할 수는 없는 방식으로 깊이의 차원에 놓여있다. 인간의 정신은 모든 유한한 사건들을 넘어서는 원인과 결말로 이 유한한 사건들을 연관시키도록 되어 있다. 따라서 인간의 정신은 끊임없이 총체적 실재와의 연관 속에서 모든 구체적인 것들을 받아들이며, 오직 "사물들의 끊임없는 흐름을 넘어서고, 그 배후에 있으며, 그것을 초월하는"(화이트헤드) 통일성의 원리라는 측면에서만 총체를 제대로 인식할 수 있다. 그러나 인간의 이성은 동시에 현세의 흐름에 속해 있으며, 유한한 유기체의 도구이자 육체적 필요성을 채우는 수단이고, 제한된 시공 속에서 부분적인 관점들에 얽매여 있다. 그 결과 인간의 이성은 육체적 현존의 임시적이고 임의적인 현실들을 초월하는 질서·통일·조화의 가능성들을 언제나 구상할 수는 있지만 포착해낸 모든 고차원적 가치들을 실현시키지는 못하며, 모든 임시적 가치들의 토대이자 목표라고 어렴풋이 인식하는 절대적 선에 대해서도 제대로 정의내리지 못한다.

유한성과 무한성의 역설적 관계와 그에 따른 자유와 필연성의 역설적 관계는 피조물들 사이에서 인간의 영혼이 유일무이함을 나타내는 표적이다. 인간은 자신이 필멸자라는 사실을 알고 있는 유일한 동물이며, 이는 인간이 어떤 면에선 필멸자가 아님을 증명한다. 인간은 유한의 흐름에 예속되어 있으면서 그것이 자신의 운명이라는 점을 인지하는 유일한 피조물이며, 이는 인간이 어떤 면에선 유한의 흐름에 속할 운명이 아님을 보여준다. 그러므로 삶을 그 총체적 차원에서 관조할 때, 하나님에 대한 의식과 죄에 대한 감각은 자신을 의식하는 행위에 동시에 수반되어 있다. 왜냐하면 자신을 인식한다는 것은 스스로를 본질적 실재로부터 분리된 유한한 대상으로 본다는 것이지만, 또한 스스로를 본질적 실재와 관계되어 있는 존재로 본다는 것이기 때문이며, 그렇지 않을 경우 본질적 실재로부터 분리되었다는 것에 대한 지식은 있을 수 없기 때문이다. 도덕적 용어로 이러한 종교적 감정을 표현한다면 곧 사랑의 원칙과 이기심의 충동 사이의 갈등, 삶의 궁극적 통일성을 긍정해야 하는 의무와 삶의 경쟁하는 형태들[1]에 대항하여 자아를 확고히 하려는 욕구 사이의 갈등이라 할 수 있다. 그러나 기독교는 죄의 문제를 단지 유한성에 대한 인식의 측면에서만 접근하지 않는다. 그러한 인식은 어떤 면에서는 모든 도덕이론과 철학이론에 내포되어 있다. 현대의 모든 도덕이론들은 간단히 말하면 유한성에 대한 만족이라 할 수 있다. 현대인들의 좌우명은 르네상스 정신을 대표하는 메디치(Cosimo de Medici)[2]의 말, "그

---

1 * 원문은 all cometing forms of life이며, 자아가 취할 수 있는 삶의 형태(무저항주의, 이타주의 등등)에 대해 자아를 내세우는 이기주의를 고집한다는 것과, 자아가 다른 자아들을 상대로 스스로를 내세운다는 두 가지 의미로 볼 수 있다.

2 * 코시모 데 메디치(1389~1464). 르네상스 시대를 열어가는 데 정치·경제적으로 핵심적인 역할을 했다. 예술가들을 지원하기 위해 재산을 아끼지 않았기 때문에 후에 피렌체 공화국의 국부(國父)로 추앙받았다.

대는 무한한 사물들을 따르라, 나는 유한한 사물들을 따르리니. 그대는 그대의 사다리를 하늘에 두라, 나는 너무 높이 추구하거나 너무 낮게 떨어지지 않도록 내 사다리를 땅에 두리라"에 간결하게 제시되어 있다. 신플라톤주의와 불교처럼 보다 고전적인 문화 종교들의 특징은 유한성을 비극적으로 바라본다는 것, 즉 죄와 악을 일시성(temporality)과 동일시한다는 것이며, 이러한 종교들에서 구원은 일시적인 세계에서 영원한 세계로의 탈출로 받아들여지는데, 이때 개별성(individuality)은 유한한 현존의 산물이므로 영원한 세계로의 탈출은 개인의 인격을 제거하는 것을 필연적으로 수반하게 된다. 그러나 예언적 종교에서 죄의 개념은 현대의 도덕이론들이나 고전적인 문화 종교들의 죄의 개념보다 훨씬 더 복잡하다.

예언적 종교는 현대의 세속주의와는 다르게 현실이 단순한 흐름이 아니란 것을 알기 때문에 유한성에 만족하지 않는다. 만약 현실이 그저 하나의 흐름일 뿐이라면 유의미한 존재란 있을 수 없다. 왜냐하면 이 세계의 흐름이란 악으로 가득하며, 혼돈의 한가운데서 유의미성을 지켜내기 위해 인간이 전념하는 고차원적 질서의 원리들을 분석해보면, 그 안에는 새로운 악의 가능성들이 내포되어 있다는 사실이 발견되기 때문이다. 역사 속의 고등 가치란 결국 국가처럼 일종의 잠정적인 통일성이겠지만, 이는 질서의 궁극적인 원칙이 되기에는 충분히 고차원적이지도 포괄적이지도 않으므로 언제나 새로운 혼란의 근원이 될 수도 있으며, 혹은 인류공동체와 같은 것이 보다 더 궁극적인 질서의 개념이 될 수도 있겠지만, 이 또한 언제나 편파적인 관점들과 제국적인 욕망들을 개입시킬 수밖에 없는 특정 인물들, 집단들 그리고 국가들을 통해서만 이루어지기 때문에, 이러한 이상에 대한 꿈은 실현되는 순간 바로 타락하게 된다.

타락한 종교가 초래한 대대적인 피해를 고려했을 때 메디치처럼 "우리는 너무 높이 추구하거나 너무 낮게 떨어지지 않으리"라고 열변하는 현대인들과 매우 공감하게 되는 것은 분명하지만, 무한성(the unqualified)의 견디기 힘든 중압을 벗어나기 위해 유한한 목적들에 머무르는 것은 애당초 인간의 영혼에게 불가능하다는 점을 깨닫게 될 때 이러한 공감대는 사라질 것이다. 그러한 노력들은 모두 한정적인 목표들(민주주의, 국제연맹, 사업상의 정직함, 자유 등등)을 무조건적인 목적으로 탈바꿈시키게 되는 결과만 낳을 뿐이다. 인간은 유한하면서도 영원한 피조물이기 때문에 단순히 궁극적인 것을 부정한다고 해서 그의 문제를 벗어날 수 없다. 영원성은 모든 도덕적 판단에 개입되어 있으며, 자세히 살펴보면 현대 문화의 도덕 이론들이 표면적으로는 절대적인 것(the unconditioned)의 타당성을 부정하면서도 암묵적으로는 절대적인 것을 다루고 있다는 점을 알 수 있다. 현대의 모든 도덕 이론들은 인간의 이성이 공정한 판단과 행동의 조화들에 있어 점점 더 높은 수준에 도달할 수 있다는 가정에서 출발하지 않았던가? 현대의 도덕 이론은 표면적으로는 인간의 유한성을 뿌듯해하면서도, 실제로는 인간의 이성이 서서히 무형(無形)의 완전함에 도달하고 있다는 맹신에 빠져있다. 또한 마치 인간의 판단이 유한한 피조물의 편파적인 관점들에 의해 조건 지어지지 않고 자연인의 생존 의지에 의해 물들지 않은 마냥, 적절한 교육이 궁극적으로는 이웃과의 쟁점들을 해결할 수 있게 해줄 것이라고 믿는다.

현대의 자연주의가 표면적으로는 초월적인 것과 절대적인 바탕과 역사의 성취[3]를 부정하면서 실제로는 그것들이 역사 속에서 현실화되기

---

3 * 원문은 fulfillment of the temporal flux이다. 니버는 현세의 흐름이 지닌 궁극적인 의미에 대해 지적하고 있으며 결국 기독교적으로 볼 때 이는 종말론과 관계되는 것이기 때

를 희망한다면, 보다 더 고전적인 형태의 비신화적 종교들은 죄를 유한성과 동일시하고 구원을 현세에서의 탈출과 동일시하는 경향을 보인다. 현대의 자연주의는 실제로는 포괄적인 범신론의 일종이며, 이보다 더 철저한 합리주의 종교들은 내향적이고 무우주론적(無宇宙論的, acosmic)[4] 범신론으로 귀결된다. 이러한 범신론에서 선과 악의 차이는 곧 영원한 것과 일시적인 것 사이, 그리고 영혼계와 물질계 사이의 형이상학적 차이다. 창조야말로 타락이었다는 산타야나[5]의 비난은 이러한 신앙이 지닌 종교적 감정을 정확히 대변한다. 죄의식이란 무한한 것을 대면할 때 발생하는 유한성의 감각이며, 이러한 감각에선 형이상학적 강조점이 윤리적 함의를 위협하게 된다.

신비주의와 금욕주의는 모두 이러한 종교적 신념들로부터 자연스럽게 파생되는 결과물이다. 신비주의는 먼저 합리적인 것을 꿰뚫어보고 그 다음으로 초이성적인 현존의 본질을 꿰뚫어보려고 노력하는데, 이는 그러한 깨달음을 통해 생명의 절대적 본질인 신을 인식할 수 있다고 믿기 때문이다. 따라서 영혼은 신의 표징(表徵, manifestation)이며 육체적 존재라는 악에 갇혀 있지만, 합리적 사색과 신비주의적 소극성(passivity), 직관과 금욕주의적 단련을 통해 해방될 수 있다고 받아들여진다. 이에 대해 플로티누스는 "영혼이 순수한 이성과 순수한 사색일 경우에만 자연의 사술(邪術)로부터 자유로울 수 있다"고 선언한다. 그러므로 영원성에 도달하는 길은 곧 육체적 충동을 벗어나 이성으로 향하는 것이

문에 본문과 같이 옮긴다.

4 * 세계나 현존의 실재성을 부정하는 이론. 실제로 존재하는 것은 오직 절대자뿐이라고 주장하며 이 세계를 절대자의 그림자나 가상(假像)으로 본다.

5 * George Santayana(1863~1952). 미국의 철학자로 물질의 존재는 합리적으로 증명할 수 없다고 주장했으며 기본적으로 물질계에 관해선 플라톤주의의 노선을 따랐다.

며, (이성은 그 자체가 육체적 현존의 기능이며, 그 기능의 대상은 분열되어 있고 불확정적인 세계이기 때문에) 이성으로부터 존재의 통일성에 대한 초이성적인 사색에 이르는 것이다. 이러한 신비주의적 사색은 실제로는 의식의 통일성에 대한 즉자적인 인식이며, 의식의 통일성은 곧 초월적인 것(the transcendent), 신성한 것(the divine) 그리고 영원한 것(the eternal)의 상징이자 표징이다. 수피(Sufi)교의 한 성자(聖者)는 "그대의 중심에 앉으라, 그리하면 그대는 '있는 그대로의 것'과 '되어야 하는 것'을 보리라"고 말했으며, 같은 맥락에서 시에나의 성녀 카타리나[6]는 "그대가 영원한 진리에 대한 완전한 지식에 도달하길 원한다면, 결코 그대의 외부로 향하지 말라"고 했다. 이처럼 의식의 내적 통일성을 영원한 것에 대한 진정한 계시로 강조하는 데서 소극성을 향한 신비주의적 욕구와 금욕주의를 향한 경향성이 파생된다. 또한 모든 본능적인 이해관계는 방해물로 여겨지게 되고, 모든 육체적 기능과 욕구들은 내적 삶의 통일성에 대한 위협으로 느껴지게 된다. 신플라톤주의의 창시자인 플로티노스의 생애를 기록한 사람은 그가 "육체에 그의 영혼이 머무르고 있다는 것에 대해 부끄러워하는 것처럼 보였다"고 서술하기도 한다. 신플라톤주의자들은 금욕적인 규율들을 통해 가능한 한 그들의 영혼을 번거로운 육체에서 탈피시키려고 한다. 불교에서는 이처럼 이원론적 다신주의의 다양한 경향성들이 논리적 귀결까지 나아가며, 그리하여 궁극적인 구원은 일종의 유사존재(quasi-existence)의 삶, 즉 생명과 의식이 모든 유한한 것들을 벗어났지만 또한 역동적이고 의미 있는 것들로부터도 탈피하게 되어버린 상

---

6 * Catherine of Siena(1347~1380). 도미니코 제3회 수녀회의 일원으로 교황 그레고리 11세(1370~1378) 사후 아비뇽에서 분열이 일어나자 후임 교황인 우르바노 6세(1378~1389)를 도와 추기경들과 군주들을 회유하였다.

태로 여겨진다.

그러므로 순전히 합리적인 종교들이 악의 문제를 다루려고 노력하는 데에는 깊은 정념(pathos)이 도사리고 있다. 현대의 자연주의적 형태의 합리적(rational) 종교들은 현존의 영원한 통일성과 일시성(temporality) 의 악함이 빚는 갈등을 부정한다. 그보다 더 엄격하고 고전적인 형태의 합리주의적(rationalistic)[7] 종교에서는 유한한 것과 무한한 것 사이의 갈 등, 그리고 상대적인 것(the conditioned)과 절대적인 것 사이의 갈등은 세계를 분열시키는 지경에 이른다. 이러한 종교에서 유한한 현존은 의미 나 중요성을 상실하게 되며, 영원성은 내용을 상실하게 된다. 또한 순수 성을 보존하기 위해 정신은 육체로부터 분리되며, 따라서 개별성(indi- viduality)을 상실하게 된다. 그리고 의식의 통일성은 실재의 영적인 본질 로 떠받들어지게 됨으로써 현실성을 잃어버리게 된다.

그러므로 죄와 악의 문제에 대한 신화적 접근의 탁월함을 이해하고 자 한다면, 예언적 종교와 구별되는 종교들의 오류를 반드시 이해해야 한다. 타락신화에서 우리는 예언적 기독교가 죄악의 실상에 대해 제시 하는 분석이 탁월하다는 점을 발견할 수 있다. 물론 예언적 종교의 모든 중요한 신화들과 마찬가지로, 우리는 타락신화에서 영속성을 지닌 통 찰을 원시적인 통찰들로부터 구별해내야 한다.[8]

타락신화의 미덕은 특히 인간의 악에 내재된 역설적 관계, 즉 영혼과 본성의 역설적 관계를 제대로 다룬다는 점에 있다. 타락신화의 해석으 로부터 파생된 종교적 사상은 이성과 의식을 선의 절대적 도구들이자

---

7 * 니버는 여기서 rational과 rationalistic을 구분하여 사용하고 있으나, 그가 단어를 의미 상 실질적으로 구별하여 사용했는지는 불분명하다.

8 * 1장을 참고.

신성(the divine)의 표징들로 간주하지 않는다. 또한 육체나 물리적 존재를 악한 것으로 보지도 않는다. 따라서 (특정한 형태들의 종말론적 금욕주의를 제외한다면) 금욕주의는 예언적 종교에 생소한 것이다. 금욕주의는 대개 예언적 종교의 독자성과 본질적으로 동떨어진 신비주의의 영향으로 기독교에 유입되었다. 타락신화에 의하면 악은 인간으로 인해 세상에 들어오게 되었다.[9] 이는 하나님에 의해서 예정된 것도 아니고 일시적인 존재의 불가피한 결말도 아니었다. 이렇듯 형이상학적 문제를 남겨두는 대가를 치러야 했지만, 기독교는 일원론과 이원론의 함정들에 빠지지 않을 수 있었다. 기독교는 악이 인간의 반항에서 유래한 것으로 간주하였다. 현존의 통일성을 위협하는 악에 대한 책임은 인류에게 지워졌지만, 이러한 책임에는 인간이 유혹 당했다는 작은 단서가 달려 있다. 타락서사에서 악의 원리를 상징하는 뱀의 존재는 인간의 반항이 이 세상의 악의 원인과 근원이 아니라는 점을 명확히 보여준다. 인간의 죄가 혼란을 야기하기 전에 이 세상은 이미 완벽한 조화를 이루고 있지 못했다. 유대인들의 신화에서 사탄이 하나님의 적이면서도 궁극적으로 하나님의 주권 아래 놓여있다는 사상은 한편으로는 악이 단순히 질서의 부재가 아니라는 것과, 다른 한편으로는 악이 질서에 의존한다는 역설적 사실을 드러낸다. 무질서는 오직 통합된 세계에서만 존재할 수 있으며, 무질서의 세력들도 그 자체로 질서를 이루고 통합되어야지만 영향력을 발휘할 수 있다.[10] 고도로 응집된 국가만이 세계의 평화를 위협할 수 있는 것처럼, 악마 또한 하나님이 통제하시는 세상 속에서만 존재할 수 있으며, 그가 신성의 능력(potency)을 어느 정도 지니고 있을 때에만 영향력

---

9 * 로마서 5:12

10 * 마태복음 12:25~26

을 발휘할 수 있는 것이다. 다시 말해 악은 선의 부재가 아니라 선의 타락이며, 선에 기생한다. 이러한 신화적 개념은 일원론 철학보다 악을 더 긍정적으로 바라보며, 종교적·철학적 이원론보다 선에 대한 악의 의존성을 더욱 강조한다. 따라서 타락신화는 깊은 비관주의와 궁극적인 낙관주의가 혼합되어 있는데, 깊은 비관주의와 궁극적인 낙관주의의 혼합은 예언적 종교를 다른 형태의 신앙들 및 세계관으로부터 구별시키는 특징이다. 다른 형태의 종교들과 비교했을 때, 예언적 종교의 신앙에서 현존은 확실히 다른 종교에서보다 유의미하며, 현존의 의미는 분명히 악의 위협에 더 노출되어 있고, 악에 대한 선의 승리는 궁극적으로 보다 더 확실하다.

그러나 정통 기독교가 타락신화의 역설들에 항상 충실했다고는 말할 수 없다. 정통 기독교는 언제나 악의 문제에 대해 타락신화의 역설들보다 일관적이지만 그만큼 심오함을 잃어버린 분석들을 배제해왔으나, 기독교 사상에 일원론과 이원론의 물결이 스며드는 것을 완전히 막아내지는 못했다. 정통 기독교는 기독교 신앙의 탁월함을 올바르게 직관하였기 때문에 악을 하나님 탓으로 돌린다고 해서 그것이 선하게 되는 것은 아니며, 유한성으로부터 죄가 유래했다고 주장한다고 해서 자연이 악하게 되는 것은 아니라고 줄곧 견지해왔다. 그럼에도 불구하고 기독교 신학자들은 하나님의 전능하심과 위엄을 떨어뜨릴지도 모른다는 두려움 때문에 자주 하나님이 타락을 예정하셨다고 주장하는 오류에 빠지곤 했다. 처음에는 죄에 대한 하나님의 책임을 부정하면서도 "하나님의 섭리가 예정하신 바, 인간은 타락했으니"[11]라며 최종적으로는 하

---

11 『기독교 강요』(*Institues*), iii, 23:8

나님의 책임을 인정했던 칼뱅(John Calvin)은 어떤 면에선 정통 기독교의 경향성을 대표한다고 할 수 있다. 신학자들에게 하나님의 전능하심은 이 세계의 기본적이고 궁극적인 통일성과 일관성의 상징이며, 철학에서의 일원론적 경향과 일맥상통한다. 그러나 하나님의 전능하심을 과도하게 강조할 경우 도덕적 현실주의와 도덕적 활력은 통일성과 일관성이라는 관념을 위해 희생되게 된다. 이성은 일관적인 세계를 고집하는데, 이는 모든 사물들을 하나의 일관된 체계 속에서 서로 연관시키려고 하는 것이 이성의 본성이기 때문이다. 반면에 도덕성은 선악의 갈등이 현실로서 받아들여지고 중요하게 여겨질 때에만 그 활력을 유지할 수 있다. 칼뱅보다 덜 철학적이었지만 기질상 보다 예언자적이었던 루터는 기독교의 본질적인 역설을 칼뱅보다 성공적으로 유지하였다. 루터에게 있어서 마귀란 "하나님의 마귀"다. 하나님은 본인의 목적을 위해 마귀를 사용하셨다. 루터의 하나님은 "마귀야 너는 살인자요 범죄자이나 나는 내 원하는 바대로 너를 사용하리라. 너는 내가 사랑하는 포도밭을 위한 비료가 될 것이며 나는 포도들을 위한 일에 너를 사용할 수 있으며 사용하리라 … 그러므로 너는 다듬고 자르고 파괴할 수 있으나, 내가 허용하는 것을 넘어서지는 못하리라"[12]고 선언한다. 그러나 루터는 이러한 사상의 잠재적인 일원론을 최종적이고 일관적인 귀결로까지 이어가는 것은 거부했다.

정통 기독교는 일원론적 낙관주의의 카리브디스(Charybdis)를 피해가는 것만큼이나 이원론의 스킬라(Scylla)를 피해가는 데에 많은 어려움

---

12 헤르만 오벤디에크(Herman Obendiek)가 『루터의 악마』(*Der Teufel bei Martin Lu-ther*)에서 인용.

을 겪었다.[13] 사망이 죄로부터 비롯된 것이지 죄가 사망에서 비롯된 것이 아님에도 불구하고, 정통 기독교는 때때로 원죄의 이론에서 말하듯 유한한 세계가 그 자체로 악한 듯이 말한다. "내 속 곧 내 육신에 선한 것이 거하지 아니하는 줄을 아노니"[14]라는 사도 바울의 말에서 정신과 육체의 구분이 명확히 드러난다. 많은 신약 학자들이 주장하듯이, 바울이 육신(sarx)이라는 단어를 문자적 의미보다는 '악이 거하는 자리'라는 상징적 의미로 사용했을 수도 있겠지만, 이러한 개념 속에 최소한 이원론적 그리스 신비 종교들의 영향이 보인다는 것은 부정하기 힘들다. 유대 사상은 후기 헬라 사상과는 다르게 영혼과 육체를 분리시키지 않고 하나의 통일체로 받아들였던 심오한 통찰을 지니고 있는데, 이러한 통찰은 유대교 고유의 신화적 개념의 토대를 마련했을 것이며, 기독교적 삶이 종종 만들어냈던 금욕주의의 유형들은 어찌되었든 유대교 고유의 신화적 개념이 이원론적 영향을 받아 변질된 형태라는 측면으로 설명할 수밖에 없다.

그러나 우리가 다루는 문제에서 타락신화의 형이상학적 의미들은 그 심리학적·도덕적 의미들보다 중요하지는 않다. 타락신화가 도덕·종교 이론에 가장 크게 기여하는 부분은 흔히 말하는 질서와 혼돈의 관계에 대한 간접적 통찰보다는 인간 본성의 사실들에 대한 해석에 있다. 이 고

---

13 * 스킬라와 카리브디스는 호메로스의 『오디세이아』에 나오는 괴물들이다. 고향으로 돌아가는 오디세우스에게 키르케는 '한쪽에는 무시무시한 이빨을 가진 스킬라가, 다른 쪽에는 하루에 세 번 바닷물을 들이마시는 카리브디스가 있다'고 경고한다. 이는 메시나 해협의 거친 물살과 험한 조류를 문학적으로 표현한 것이며, 진퇴양난의 상황을 나타낸다. 여기서 '스킬라와 카리브디스 사이를 지나가다'는 속담이 유래되었다. 니버는 바로 이 속담을 통해 정통 기독교가 일원론적 낙관주의와 이원론이라는 양난(兩難)의 적을 맞닥뜨렸다고 표현하고 있는 것이다.

14 * 로마서 7:18 참고.

대 신화로부터 파생되는 가장 기본적이고 유익한 개념은 악이 본성과 영혼의 교차점에 위치하고 있다는 생각이다. 악은 단순히 유한성의 결과로서 받아들여지지 않으며 본성의 필수성이 맺는 열매로서 받아들여지지도 않는다. 죄는 이성의 자유라는 측면으로서만 파악할 수 없으며, 인간의 육체가 속해 있는 제한된 조화의 측면으로서 파악할 수도 없다. 죄는 영혼과 본성의 교차점에 놓여 있는데, 이는 인간 영성의 독특하고 고유한 특징들이 선한 경향성과 악한 경향성 모두에서 자유와 필연성 사이의 역설적 관계를 분석함으로써, 또한 무한성을 향한 갈망과 유한성 사이의 역설적 관계를 분석함으로써만 이해될 수 있기 때문이다.

인간의 유한성이 무한자와 무조건자의 관점 아래에 놓여 있으며 자연 질서의 임시성이 이상적인 자유의 세계와 비교될 수밖에 없다는 점은 인간이라는 존재가 어째서 죄의식 없이 스스로의 한계들을 받아들일 수 없는지 설명해준다. 자연 질서의 필연성에 의해 인간이 "이끌린" 행동들도 죄의식을 안긴다. 이러한 죄의식의 요소를 부정하는 도덕 이론들도 있지만, 죄의식은 여전히 인간의 삶에서 거듭되는 경험이며 표면적으로는 부정되면서도 대체로 암암리에 긍정된다. 우리는 결코 우리의 이웃들을 단순히 자연과 역사의 힘 앞에 책임이 없는 피해자로 대하거나 자연과 역사의 힘이 사용하는 도구들로 대하지 않기 때문이다.

예언적 종교는 도덕적 악이 본성적인 인간의 한계들에 기인하는 것이 아니라 악한 의지에 기인하는 것으로 본다. 악한 의지에 대한 강조는 인간의 이성이 실제로 도덕적 선택의 매 순간마다 도덕적 가능성들을 그려낼 수 있다는 사실, 즉 실제로 취한 선택보다 더 포괄적인 충성심을 그려내고 삶과 충동 사이에서 더 적절한 조화를 그려낼 수 있다는 사실에서 정당성을 얻는다. 그러므로 실질적으로 모든 도덕적 행위에는 사악한 요소, 즉 덜 선한 쪽에 대한 의식적인 선택이 들어있으며, 이러한 의식적인 사악함이 행위의 지배적 동기인 경우도 분명히 존재한다.

그러나 기독교가 도덕적 악에 대해 제시하는 해석에서는 개인이 더 고차원적인 가능성을 자유롭게 선택할 수 있으면서도 그렇게 하지 않는 행위들뿐만 아니라, 자유롭게 선택할 수 없는 고차원적인 가능성들이 개인에게 강제된 행위의 불완전함을 드러내는 경우에도 죄의식이 수반된다. 이렇듯 단순히 의식적인 악에 대해서만 느끼는 도덕적 죄의식은 개인이 즉각적으로 책임이 없는 상황에 대해서도 전반적인 책임감을 느끼도록 하는 종교적 죄의식의 감각으로 전환된다. 물론 본성의 필요로부터 파생되는 행위들에 죄의식을 부여하는 것은 도덕적·종교적 병폐를 야기할 수도 있으나, 인간이 처한 상황에 비추어보았을 때 그러한 행위들에 대한 도덕적 만족은 오히려 훨씬 더 큰 잘못이다. 우리가 통제할 수 없는 힘들은 국가를 전쟁으로 내몰 수도 있지만, 그렇다고 해서 전쟁이 불가피하게 만드는 모든 도덕적 대안들을 우리에게 강제된 운명이라고 받아들여야 하는가? 사업가는 온전한 정직함이 자기 파괴로 이끌게 될 경제 체제 안에서 그의 생계를 꾸려나간다. 그의 영혼이 얼마나 세심한지에 따라 그는 자신이 활동하는 사회 체제의 필수성에 의해 그가 취하도록 유혹 당하는 비도덕적 행위들과 그의 양심이 보여주는 이상적인 가능성들 사이에서 절충안을 찾을 것이다. 그러나 그가 만족할 수 있는 타협이란 존재하지 않는다. 최상의 도덕적 가능성은 그의 불완전한 자유의 한계를 초월함에도 불구하고, 그가 즉각적으로 취할 수 있는 보다 고차원적인 가능성은 언제나 존재하기 때문이다. 따라서 종교적 죄의식에 대한 보편적인 감각은 즉각적인 상황에서 도덕적 책임감에 대한 감각을 낳게 되는 근원이다.

그러므로 가령 두 개인이나 사회 집단 사이의 공평성에 관한 문제는 서로 상충되는 판단들을 이끌어내게 되는데, 이는 각 진영이 편파적인 관점에서 문제를 바라보기 때문이며, 관점의 편파성은 지리적으로 결정될 수도 있다. 그러나 인간의 정신은 지리적인 한계에 완전히 묶여있지는 않다. 미국이나 일본 간의, 혹은 프랑스와 러시아 간의 정치적 논쟁들에서 성숙한 지성은 시공의 한계 너머에 있는 상대방의 관점을 이해하고 인정할 수 있는 방법이 있다. 만일 이러한 방법들이 충분하지 않다면, 문제를 바라보는 장소를 바꾸는 제한된 가능성은 언제든지 열려있다. (또 다른 예를 들자면) 상아탑에 앉아있는 학자가 아프리카 흑인들의 어려움을 이해하리라고 기대하기는 매우 힘들 것이다. 친밀한 공동체들과 친근한 관계들에서 나타나는 동정심이 발휘되기에는 그러한 학자와 아프리카 흑인들 사이의 거리는 너무 멀다. 그러나 슈바이처(Albert Schweitzer) 같은 은둔학자가 아프리카인들의 어려움에 대한 책임감과 백인들이 흑인들에게 저지른 죄에 대한 죄의식으로 인해 원시 밀림의 끝자락에서 아프리카인들과 함께 운명을 같이하는 것으로 속죄하겠다고 결정할 때, 그는 본성의 한계를 초월하는 영혼의 자유를 보여주고 있는 것이다. 바로 이러한 자유 때문에 본성의 한계들은 아무렇지 않게 받아들여질 수 없다. 그렇다고 해서 현대 문화에서 종종 그러하듯이 이성의 점진적인 발전이 유한한 인간의 편파적인 이해와 본성의 한계를 완벽하게 넘어설 수 있다고 가정해서는 안 된다. 필연성의 피조물이자 자유의 피조물인 인간은 반드시 모세처럼 약속된 땅의 바깥에서 죽어야만 한다. 인간은 그가 도달할 수 없는 곳을 볼 수 있기 때문이다.

현대 문화는 현대인들이 종교적 차원의 죄의식에 대해 보인 반응 때문에 종종 도덕적 책임감이라는 개념을 철저히 부정하곤 했다. 현대 문화는 과학적 방법의 영향 아래 있기 때문에 이는 충분히 자연스러운 일이었지만, 행위에 대한 과학적 설명은 결코 서로 다른 선택들이 가능되는 자유의 영역을 밝혀낼 수 없다. 행위에 대한 과학적 설명은 외면적이

면서도 소급적이다. 과학적 설명에 따르면 모든 행위는 자연적인 원인
및 결과들의 끝없는 사슬 속에서 앞선 행위와 조건들에 결정론적으로
연관되어 있다. 따라서 청소년의 범죄는 불만족스러운 환경이나 아버지
의 요절 혹은 아데노이드(adenoids)[15]나 요오드 결핍[16] 등의 과학적 원
인들로 설명된다. 실제로 사회과학은 부모의 요절과 청소년 범죄의 명
확한 관계를 증명하는 통계를 낼 수 있다. 그러나 이러한 통계들은 그
어느 것도 아버지의 이른 죽음으로 인해 어린 소년이 문제아가 될지 조
숙아가 될지를 사건 발생 전에 밝히는 데에 도움을 주지 못한다. 외부의
관찰자는 결코 악의 의식적인 선택을 분간해낼 수 없다. 왜냐하면 행위
의 불가피성에 대해 완벽한 설명을 제공하는 것처럼 보이는 선행 조건이
나 충동의 영향은 언제나 존재하기 때문이다.

　　모든 인간의 행위가 발생하는 영역인 깊이의 차원은 오직 자기성찰
을 통해서만 완전하게 드러난다. 인간이 선택하게 되는 선악의 가능성
들은 자기성찰 속에서 완전하게 드러나기 때문에 치열한 자기성찰은 언
제나 종교적인 경험이다. 자기성찰을 통해 영적 세계의 높이와 깊이가
측정된다. 가장 높은 단계의 자기성찰에서 선악의 가능성들은 자아 속
에 내재하는 힘들처럼 보이다가도 곧 자아를 초월하는 힘들이라는 점이
드러나게 된다. 그러므로 자아의 한계가 어디까지고 본성과 신성함이
어디서부터 영향력을 발휘하는지는 말할 수 없으며, 사도 바울은 이를
"그런즉 이제는 내가 사는 것이 아니요 오직 내 안에 그리스도께서 사시

15　* 인두원개(咽頭圓蓋)의 임파 조직의 증식을 말하며, 아동에게서 많이 발생한다. 주로
　　코가 막혀 호흡장애나 수면장애 등을 유발하는데, 정신발육 지체나 주의력 산만 그리
　　고 기억력 쇠퇴 등의 현상을 보이기도 한다.
16　* 요오드 결핍은 갑상선기능저하증을 유발하며 이는 피로감, 체중 증가 등의 증상을
　　일으킨다. 아동의 경우 성장 장애를 비롯하여 정신발달장애(크레틴병)를 유발한다.

는 것이라"[17]와 "이제는 그것을 행하는 자가 내가 아니요 내 속에 거하는 죄니라"[18]는 대조적인 말들로 정확하게 서술한다. 자아의 총체적 차원은 한편으론 실재 세계에 존재하지 않는 가능성들을, 다른 한편으로는 "자신이 살아온 과거에 대한 관점들이 육체적 본성의 광대한 형태와 서서히 융합되는 어둡고 텅 빈 배경"[19]을 포함한다.

상식적인 도덕적 판단들이 도덕적 행위에 대한 과학적 설명을 항상 받아들이진 않는다는 점은 흥미롭다. 상식적인 도덕적 판단들은 관찰자가 타인의 행위를 통해서 밝혀내는 것이 아니라 자기 자신의 내적 성찰을 통해 밝혀내는 자유와 책임의 요소를 언제나 도입한다. 심지어 부르주아계급의 사회적 행동을 사회학적 문제의 측면에서 설명하곤 했던 마르크스와 같은 철저한 결정론자조차도 도덕적 책임감을 가정할 때에만 정당화될 수 있는 경멸의 언사로 부르주아계급의 사회적 행동을 언급하곤 했다. 이러한 의미에서 마르크스주의가 의식의 흐름을 물리적 세계의 "운동의 법칙"에 연관시킬 수 있는 용어로 축소시키기에 급급하면서도[20], 공산당들의 전략이 언제나 자신들의 적이 도덕적으로 부정하다는 비난을 포함한다는 점 역시 흥미롭다.

일반 상식이 행위에 대해서 도덕적 책임이라는 개념을 유지하면서 반사회적 행위들에 도덕적 죄의식을 부과하는 데에 반해, 고등종교는 최

---

17 * 갈라디아서 2:20

18 * 로마서 7:17

19 윌리엄 호킹(W. E. Hocking), 『자아와 육체와 자유』(*The Self, Its Body and Its Freedom*), 110쪽.

20 엥겔스가 서술하듯이, "머릿속에서 사고의 과정이 일어나는 인간의 삶이 지닌 물질적 조건들이 바로 그 과정의 방향성을 궁극적으로 결정 짓는다는 사실은 인간들에게 필연적으로 불분명하게 남아있다. 그렇지 않다면 관념이라는 것 자체가 더 이상 존재하지 않을 것이다."

상의 행위조차 죄의식으로부터 배제하지 않는다는 점에서 상식을 뛰어
넘는다. 이는 종교가 인격을 포함하여 모든 실재를 깊이의 차원에서 바
라봄으로 인해 각각의 현실들을 뛰어넘는 초월적 가능성들이 언제나 현
실 속의 성취들이 부적합하다고 판단되는 지점으로서 존재한다는 사실
에 기인한다. 그러므로 완벽한 사랑이라는 이상은 모든 인간의 행위에
대해 "우리는 모두 무익한 종이 아니던가?"라는 고백을 이끌어내는 관
점을 제공한다.

합리적이고 비신화적인 종교들은 이상을 무욕적인 형상의 측면에서
정의하고 현실 세계를 전적으로 악하게 보는 반면, 신화적 종교들의 미
덕은 초월적인 것(the transcendent)과 현실을 서로 분리시키지도 동일
시하지도 않으면서 초월적인 것의 상징을 현실 속에서 발견해낸다는 데
에 있다. 시간 속에서 무시간적인 것(the timeless)을 지시하고 현실적인
것(the actual) 속에서 이상적인 것(the ideal)을 지시하는 한편, 범신론이
그러하듯 일시적인 것(the temporal)을 영원한 것(the eternal)의 범주로
끌어올리지도 않고, 이원론이 그러하듯 일시적인 것 속에 명백히 비치는
영원한 것과 이상적인 것을 부정하지도 않는다는 점이 신화의 가장 본
질적인 탁월함이라 할 수 있을 것이다. 우주의 본성을 설명할 때 신화
는 이러한 관계들을 드러내지만 보다 일관된 철학들은 이러한 관계들
을 은폐하는데, 인간의 특징을 묘사할 때 신화적 해석을 적용한다면 신
화적 해석의 역설은 이 관계들을 인격 속에서 드러내준다. 인격의 본질
은 결코 시간 안에 한정되어 있지도 않고 역사적 현실(actuality)에 한정
되어 있지도 않다. 그럼에도 그것은 본성의 수준에서 작용하는 충돌들
의 혼잡함 사이에 존재하는 통일의 원리이다. 인격의 비밀이 결코 완전
히 밝혀지지 않는 것은 바로 이러한 이유 때문이며, 과학자보다 예술가
가 인격에 대한 단서를 더 잘 찾아내는 것도 이 때문이다. 예술가는 자

신이 발견한 것을 상징화하려고 할 때 초상화와 같은 신화적 기법을 이용할 수밖에 없다. 초상화와 사진의 차이점은 곧 신화와 과학의 차이점이다. 후자의 경우 즉자적인 실재들은 충실하게 정확히 기록되지만, 사진이 포착해낸 순간의 분위기는 인격의 진정한 마음을 가리거나 왜곡할 수도 있다. 반면에 초상화가는 그가 바라본 인격의 초월적 통일성과 영혼을 표현하기 위해 인상의 세세한 부분들을 왜곡하고, 과도하게 강조하며, 선택한다. 초상화와 풍자화(caricature) 사이의 모호한 경계는 더 높은 진실을 드러내기 위한 속임수와 궁극적인 진실을 왜곡하는 속임수 사이를 구별하는 것이 얼마나 어려운지를 보여준다.

예언적 종교가 역동적인 윤리를 보존하고 충동을 낭만주의적으로 미화하는 행태에 빠지지 않을 수 있는 것, 그리고 무욕적인 내세지향주의를 불러일으키지 않으면서도 역동적이고 충동적인 삶을 초월적 기준 아래에 둘 수 있는 것은 예언적 종교가 인간의 영혼이 지닌 문제들을 신화적으로 접근하기 때문이다. 불교가 사랑에 대해 보여주는 이해와 기독교가 사랑에 대해 보여주는 이해의 차이는 곧 합리적 접근과 신화적 접근의 차이다. 불교에서 사랑은 통일성과 조화의 원리로 받아들여지지만 역동적인 충동으로 여겨지기도 한다. 따라서 불교는 사랑이라는 이상을 서술할 때 무기력한 모호성을 맞닥뜨릴 수밖에 없다.

예언적 종교의 이해에 따르면 도덕적 악은 본성과 영혼의 접점에 놓여 있다. 도덕적 죄책감의 현실성이 강조되는 것은 본성의 힘과 충동이 결코 절대적 필요성을 따르지 않고 정신의 자유에 의해 유동(流動)하기 때문이다. 그러나 타락신화에는 도덕적 책임에 대한 주장을 넘어서는 통찰이 담겨 있다. 타락신화는 인간에 내재하는 도덕적 악의 성격에 대한 정의를 담고 있거나, 최소한 도덕적 악의 성격에 대한 단서를 담고 있다. 죄는 하나님에 대한 반항이다. 만약 유한성이 자유와 혼합되어 있고 이상적인 가능성들 아래에 놓여 있기 때문에 죄책감과 분리될 수 없다고 한다면, (조금 더 정확한 의미에서) 사람은 유한한 가운데서 자신이 절대적이라고 허세 부리므로 유한성은 죄와 분리될 수 없다. 인간은 그의 유한한 존재를 조금 더 영구적이고 절대적인 형태의 존재로 바꾸려고 한다. 사람들은 이상적으로는 그들의 임의적이고 임시적인 존재를 절대적 실재의 영역에 두려고 노력하지만, 현실적으로는 언제나 유한한 것과 영원한 것을 뒤섞으며 자기 자신, 자신이 속한 국가, 자신의 문화 그리고 자신이 속한 계급이 현존의 중심이라고 주장한다. 이는 모든 제국주의의 뿌리이며, 동물계에서는 제한되어 있는 포식자적 충동이 어째서 인간의 삶에서는 끝없는 제국주의적 야망으로 변하는지를 설명해준다. 따라서 삶 속에서 질서를 구축하려는 도덕적 욕구는 자기 자신을 그 질서의 중심으로 만들고자 하는 야망과 뒤섞이게 되며, 모든 초월적 가치들에 대한 헌신은 개인의 이해관계를 그 가치 속에 개입시키려는 시도에 의해 변질된다. 시간과 역사 속에 나타나는 모든 것들은 삶과 역사의 중심이 되기에는 너무나 편파적이고 불완전하므로, 삶과 역사를 조직화하는 중심은 반드시 삶과 역사를 초월해야만 한다. 그러나 인간은 지식의 불완전함과 유한성을 극복하고자 하는 욕구로 인해 그의 편파적이고 유한한 가치들이 절대적이라고 주장할 수밖에 없다. 간단히 말해 인간은 스스로 하나님이 되려고 한다.

이러한 설명은 인간이 지닌 악의 본성적 성격보다는 영적 성격을 강조할 뿐만 아니라 악의 불가피함에 대한 교리를 담고 있다. 인간의 영혼이 품는 가장 이상적인 열망에도 언제나 그 열망을 이상화시키는 허영심이 섞여있다. 열망이 높으면 높을수록 죄스러운 허영심이 더 많이 동반된다. 현대 국가들은 아마도 원시 국가들보다 세계 평화를 더 갈망하고 있을 것이다. 원시 국가들은 국가들 사이의 궁극적인 조화에 대한 관심 없이 다른 집단들을 대적하여 그들의 집단의지를 내세웠었다. 그러나 현대 국가들은 원시국가들보다 평화를 더욱 갈망하면서도 그들의 '평화'[21]를 세계에 강요하는 일에 더 야심차다. 따라서 스토아주의적 보편론과 로마의 제국주의는 함께 성장했으며, 우리의 시대에는 프랑스혁명의 보편주의적 꿈들이 곧바로 나폴레옹의 제국주의를 초래했고, 이 꿈들이 궁극적으로는 백인들의 제국이 세계의 보다 무기력하고 덜 "영적인" 영역들로 잔혹하게 침입하는 결과를 야기했다.

타락신화에서 하나님은 선악과를 금지하는 하나님, 즉 질투하는 하나님으로 그려진다. 뱀은 "너희가 그것을 먹는 날에는 너희 눈이 밝아져 하나님과 같이 되어 선악을 알 줄 하나님이 아심이니라"[22]고 말하며 하나님이 선악과를 먹지 못하게 하는 이유가 순전히 질투심 때문이라고 폄하한다. 호메로스 서사시에 나오는 프로메테우스 신화에서 질투하는 신은 선악의 지식이 아니라 응용과학의 성취를 –즉, 자연의 힘을 정복하는 능력을– 봉쇄하려 하지만, 이 신화 역시 타락신화와 유사한 주제를 담고 있다.

질투하는 하나님이라는 개념에서 인간을 넘어서는 힘들에 대한 원시적 두려움의 표현 외에는 아무것도 이해하지 못하는 현대 문화의 무능함은 현대 문화의 피상성에 대한 또 하나의 단서다. 인간의 영적 문제의 핵심은 이 신화에서 폭넓게 제시된다. 인간의 죄의 근원은 하나님이 되고자 하는 허영심에 있기 때문에 하나님은 필연적으로 시기하는 하나님일 수밖에 없다.[23] 이러한 허영심은 인간이 "하나님의 형상"을 따라 창

---

21 * 원문에는 강조가 없다. 그러나 바로 앞의 평화와 구별하기 위해 강조를 덧붙인다.

22 * 창세기 3:5

23 * 이는 '질투하는 하나님'이란 모습 자체가 인간의 어쩔 수 없는 자기중심성과 허영심에

조되지 않았다면 ―즉, 영원한 본질의 관점 아래에 자신의 유한한 현존을 바라볼 수 있도록 허용해주는 자기-초월의 능력이 인간에게 없었다면― 불가능했을 것이다. 또한 인간의 유한성이 그로 하여금 최고의 가치들을 타락시키도록 만들지 않았다면 이러한 허영심은 불가능했을 것이다. 인간이 최고의 가치들을 타락시킨다는 점은 단순히 유한한 인간이 삶의 실질적인 중심을 이해할 수 있을 만큼 충분히 멀리 내다보지 못한다거나 현실을 폭넓게 가늠하지 못한다는 사실에만 기인하지 않는다. 이는 또한 인간이 스스로를 무한한 존재로 만듦으로써 자신의 유한성에 저항하려는 유혹에 빠진다는 사실에 기인한다. 따라서 악이 가장 타락한 형태는 언제나 실제로 그러한 것보다 자신이 더 뛰어나다고 생각하거나 허세를 부리는 선(善)이다. 악마는 언제나 스스로 하나님인 체하는 천사다. 그러므로 죄의 원동력은 이기심이지만, 부정직이야말로 죄의 최종적인 표출이다. 이 문제의 핵심은 악의 기원이 다음과 같이 묘사되어 있는 제2에녹서(Slavonic Enoch)에 잘 드러나 있다.

천사들의 무리들 중에 한 이가 있어, 있을 수 없는 마음으로 자기 밑에 있던 무리들로부터 돌아섰으니, 이는 자신의 보좌를 땅 위의 구름보다 높게 두어, 나와(즉 하나님과) 동등하게 되려고 함이라. 그러므로 내가 그를 따르는 천사들과 함께 하늘에서 쫓아냈노라.[24]

서 파생되는 개념이라고 이해할 수 있다. 다시 말해 인간의 자기중심성과 허영심에 비치는 하나님의 모습이 곧 '시기하는 하나님', 즉 인간의 자기중심성과 허영심에 대한 가장 선(善)한 제한으로 드러난다는 것이다.

24 『타락과 원죄의 개념』(*The Ideas of the Fall and of Original Sin*) 161쪽에 노만 윌리엄스 (N. P. Williams)가 인용.

사람이 선악의 지식을 얻는 것을 막으려는, 즉 질투하는 하나님이라는 개념이 현존의 불확실성에 대한 인간의 어둡고 무의식적인 두려움에 대한 표현일 가능성도 결코 간과할 수 없다. 인간을 무죄의 원시적 상태로 보존하려고 경계하는 하나님은 어쩌면 인류의 모든 발전이 새로운 재앙을 불러일으키고 모든 미덕이 타락의 가능성들을 안고 있으므로 사람이 그의 원상태로 돌아갈 수 있다면 좋았을 것이란 생각, 혹은 정신 분석가들이 표현하듯이 사람이 자궁으로 돌아갈 수 있다면 더 좋았을 것이란 생각을 드러내고 있는 개념일 수도 있다. 이러한 두려움은 여러 고대 신화들에서 나타나며, 최소한 인간의 합리성이 점진적인 도덕적 성취의 확실한 보증이라고 생각하는 자들이 가정하는 것보다 인생의 불확실성은 훨씬 더 위협적이라는 점에서 그 신화들은 타당성을 지니고 있다.

질투하는 하나님과 하나님에 대한 인간의 반역이란 개념으로 표현되는 타락신화의 근본 주제가 원시적 공상(空想)의 산물이 아니라 삶의 비극적 현실의 계시라는 점은 인간 역사의 매 장면에서 입증된다. 인간이 이루어낸 모든 사회적 평화들과 여전히 얻으려고 노력하는 모든 사회적 평화는 언제나 팍스 로마나(Pax Romana)[25]의 한 형태에 불과하다. 필요한 사회질서는 실제로 정립될 수 있지만, 그것은 결코 온전한 평화와 온전한 정의와 온전한 질서일 수가 없다. 그 안에 혼란의 뿌리가 존재할 수밖에 없는 이유는 그것이 언제나 현실보다 더 온전한 척하는 평화이기 때문이다. 그것은 일부 인간들이 세운 질서기관(instrument of order)

---

25 * 팍스 로마나는 '로마에 의한 평화'라는 뜻으로, 강대국의 강요로 이루어지는 평화를 비유한다. 또한 본문에서는 conceivable peace라고 표현하고 있으므로, 정확한 의미는 '인간이 생각할 수 있는 모든 가능한 평화들 중 인간이 이루어낼 수 있고 이루어냈으며 또 이루어내고자 하는 평화'이다.

이 강요한 평화이며, 그 기관에는 평화에의 의지(will to peace)의 베일 아래 힘에의 의지(will to power)를 감추고 있는 제국주의적 야망이 내재되어 있다. 세계 평화, 즉 현존의 보다 더 포괄적인 화합은 로마인들에 의해, 혹은 국제연맹(이는 패권 세력들을 일컫는 것이다)에 의해, 혹은 지난 몇 십 년 동안 국가들을 지배한 상업·산업적 과두층(oligarchy)에 의해, 혹은 미래에 있을 공산주의적 과두층(한층 더 높고 정의로운 평화를 이룰 수 있지만, 또한 보다 더 절대적이고 그에 따라 훨씬 악마적인 허영심을 부릴 수 있는 이들)에 의해 유지된다. 대영제국이 인도를 지배하고 일본이 중국을 계속해서 잠식하듯이, 보다 정연하고 통합된 문명들이 보다 혼란스러운 사회단위들을 정복한다. 이 모든 것들은 질서와 화합을 위해 행해지며 따라서 고결하다고 보아야 한다. 그러나 이러한 행위들은 그것이 가장하는 것만큼 고결하지는 않으며, 또한 그러한 허영심을 덜 부렸더라면 도달할 수 있었을 상태보다 덜 고결하다. 그럼에도 불구하고 허영심은 인간이 처한 상황에서 불가피하게 흘러나온다.

개개인들이 이처럼 죄스러운 허영으로부터 구원받는 것은 가능하지만, 이는 삶 속에서 완벽한 관점을 달성해내는 것을 통해서가 아니라 자신이 그렇게 할 수 없다는 것을 인정함으로써 이루어진다. 개인은 은혜로 이어지는 회개를 통해 구원받을 수 있다. 다시 말해 피조성과 유한성에 대한 고백은 자신의 한정됨을 받아들임으로써 인간이 하나님과 화해하는 기반이 될 수 있다. 그러나 인류의 공동체적 삶은 인간이 스스로를 하나님으로 미화하고 숭배하도록 유혹하는 위(僞)보편성(pseudo-universality)의 상징들을 제공하기 때문에 이와 같은 구원의 희망을 제공하지 못한다.

이러한 분석이 지닌 비관적인 시각은 정통 기독교의 "원죄" 개념과 유사하다. 불행히도 정통 기독교는 죄의 불가피성이라는 개념으로부터 죄의 역사를 구성해내려고 시도함으로써 대체로 이 교리에 큰 장애가 되었다. 모든 신화적 종교의 단점은 그 종교를 믿는 해석자들이 종교의 초월적 역사(supra-history)[26]를 현실 속의 역사로 축소시키려 한다는 것이다. 따라서 창조신화는 실제로는 현존의 특성에 관한 묘사이지만 기원에 관한 실제 역사로 그려지게 되었다. 타락신화는 실제로는 악의 본질에 관한 묘사이지만 악의 기원에 관한 기록이 되어버렸다. 정통 기독교의 "원죄" 교리는 죄의 역사를 인류의 세대 세대마다 그 기원에서부터 추적해가려는 노력일 뿐이다. 따라서 "원죄" 교리는 "상속된 타락"이라는 교리로 이어지게 되었으나, 신학자들은 상속된 타락의 정확한 성격을 결코 알아낼 수 없었음에도 불구하고 대다수가 이를 생식의 과정에 수반되는 성욕으로 여기곤 했다. 만약 원죄가 상속된 타락이라면, 원죄의 상속은 자유를 훼손시키게 되며 그에 따라 죄의 개념에 근간이 되는 책임성을 훼손시키게 된다. 따라서 정통 기독교의 교리는 자멸적이다. 아우구스티누스는 이 문제에 직면했지만, 그가 내세운 전제들의 조건 내에서 문제를 해결할 수 없었다. 원죄는 상속된 타락이 아니라 인간 현존의 불가피한 실상이며, 이 원죄의 필연성은 인간 영성의 본성에 의해 정해진 것이다. 원죄는 현존의 모든 순간들에서 참인 교리이지만, 원죄에는 역사가 없다.

정통 기독교에서 사람이 지닌 "하나님의 형상"이 완전히 타락했다고

---

26 * supra-history는 두 가지의 의미를 내포하고 있는 것으로 보인다. 이 단어는 우리가 살아가는 현존의 역사성을 초월하는 역사를 뜻할 수도 있으며, 또한 현존의 역사성을 초월하지는 않지만 연대를 가늠하는 것이 불가능한, 즉 인간이 추적하는 것이 실증적으로 불가능한 역사를 의미할 수도 있다. 어느쪽이든 간에, 니버는 창조와 타락을 실제 있었던 사건처럼 재구성해내려는 시도는 불가능할 뿐만 아니라 무익하며 나아가 유해하다고 보고 있다.

하는 "전적 타락(total depravity)"의 교리는 정통 기독교의 "원죄" 교리와 마찬가지로 그것이 완성시키려는 통찰에 대해 파괴적이다. 이러한 비관주의는 아우구스티누스-루터 신학에서 가장 지속적으로 발전해왔다. 따라서 루터파의 "일치 신조(Formulary of Concord)"는 "신인협력주의자들(synergists)"[27]을 규탄하는데, 이는 "그들이 인류의 타락으로 인해 본성이 매우 쇠약해지고 부패했다고 말하면서도 우리가 선성(善性, goodness)을 모두 잃은 것은 아니라고 말하기 때문이다 … 아무리 작고, 사소하고, 빈약하고, 약화됐을지라도, 그들은 사람이 태어날 때부터 여전히 어느 정도의 선성을 지니고 있다고 말한다."[28] 칼뱅은 보다 뛰어난 통찰력으로 이성이 전적으로 타락했다는 것을 거부했다. 인간이 지닌 자기초월(self-transcendence)의 능력, 즉 눈앞의 세계 너머로 더더욱 포괄적인 충실함(loyalties)과 가치들을 직시할 수 있는 능력은 인간의 삶에서 선한 모든 것과 악한 모든 것의 근간이다. 만약 이러한 능력이 그저 악할 뿐이고 타락한 것에 불과하다면, 자기초월의 능력은 인간이 스스로 책임져야 한다고 느끼는 악의 토대가 될 수 없다. 따라서 인간이 전적으로 타락했다고 한다면 그는 전혀 죄가 없는 것이다. 결국 죄는 죄의식의 함의를 잃어버리게 되었으며, 다르게 말하면 죄의식은 도덕적 책임감의 함의를 박탈당하게 되었다.

아우구스티누스파 기독교[29]와 현대 문화는 모두 이 중요한 문제와 관련해서 인간의 악행 속에서 영혼과 본성의 역설적 관계와 이성과 충

27　* 개인의 구원이 하나님과 사람의 협력을 통해 이루어진다는 사상.

28　같은 책, 428쪽에서 노먼 윌리엄스가 인용.

29　* 원문은 Augustinian Christianity이다. Augustinian이라는 단어는 교리 신봉자들을 비꼬는 표현으로 사용되기도 한다.

동의 역설적 관계를 포착하지 못했다. 전자는 이성과 충동 간의 현저한 차이를 구별하지 못하며, 후자는 이성 속에서 미덕의 절대적 토대를 파악하고 충동 속에서 모든 악의 뿌리를 파악하는 잘못을 저지른다. 전자의 이론은 악행의 상당 부분은 인간의 유한성에 기인한다는 사실을 모호하게 만든다. 인간의 유한성은 이성의 불완전한 통찰과 충동의 맹목성을 모두 포함한다. 물론 유한성에서 파생되는 악에 제국주의적이거나 악마적인 허영심이 언제나 내재되어 있는 것은 아니다. 이러한 악에서 파생되는 혼란은 개개의 생명이 스스로를 현존의 중심으로 내세우려 하는 것이 아니라 단지 자기존재의 중심으로 내세우려고 하는 자연 세계의 혼란과 더 유사하다. 그러나 자연에서나 인간의 역사 속에서 이처럼 분리되어 있고 단자(單子)로서 존재하는 생명은 없으므로, 이렇듯 자기중심적으로 살아가는 것은 언제나 현존의 조화와 상호연관성을 어지럽히게 된다. 그럼에도 불구하고 이는 자기 자신을 현존의 중심으로 만들려는 행위의 결과, 즉 영적인 악과는 다른 차원의 악이다. 엄격한 의미에서 죄란 바로 이 후자의 경우, 즉 영적 악이다. 바로 이러한 영적 악 속에서 고등종교가 항상 죄의 본질이라고 여겨왔던 하나님에 대한 반역이 저질러진다. 죄와 연약함 사이의 차이는 바로 이러한 허영심의 정도에 있는 것이지 몇몇 신학자들이 주장하는 것처럼 선에 대한 의식적인 거부에 부수적으로 딸려오는 것이 아니다.[30]

아우구스티누스파 기독교는 상술한 유한성을 유한한 피조물들이 신성한 체하는 허영심에서 파생되는 죄와 구별하지 않기 때문에 미덕의 합리적 근원들을 견고히 다지지 못했으며, 이로 인해 이성의 시대와 현대

---

30 테넌트(Frederick Tennant)의 『죄의 개념』(*The Concept of Sin*) 245쪽과 그 다음 장을 각별히 비교하라.

문화의 반발을 불러왔다. 이들의 반발은 이성과 미덕을 동일시하는 결과로 이어지게 되어 역시 위험성을 안게 되었지만, 이성과 미덕의 동일화는 삶과 삶 사이의 더 큰 조화를 목적으로 하는 현대 사회교육의 다양한 형태들을 장려하게 되었다는 장점을 지니고 있다. 진정으로 심오한 종교의 폐단 중 하나는 인간 영혼의 궁극적인 문제들에 대해 제공하는 통찰들이 자주 인간관계에서 당면하는 정의와 공평의 문제들에 대해 무관심한 것으로 드러난다는 점이다. 이러한 경향성에 대해서는 교육받은 지성인들이 어느 정도의 상상력과 통찰을 갖고 주변인들의 문제에 뛰어들고, 또한 인간의 행위가 자리하는 이해관계의 영역을 얼마나 확장해 가느냐에 따라 행복과 사회적 조화를 실질적으로 향상시킬 수 있다는 점이 강조되어야 한다. 특히 인류의 총체적인 생존의 문제가 너무도 난해하게 변했고 사회 불화의 사악함이 너무도 거대하게 다가오기 때문에 이러한 문제들을 조금이라도 완화시키는 게 인류를 위해 요긴하다고 바라보는 세대 속에서, 이러한 성취들을 경멸하는 종교적 도덕은 스스로 신용을 잃게 될 것이다.

반면에 현대 문화에선 이성과 미덕을 절대적으로 동일화한 것이 실로 엄청난 악과 혼란으로 이끌게 되었다. 현대 문화의 착각에 대해서는 삶의 자연스러운 충동들이 그렇게 무질서한 것은 아니며, 이성은 현대 문화가 예상한 만큼 절대적으로 종합적이지 않다는 점을 반드시 지적해야 한다. 이성의 규율이 없는 자연적 충동은 자아와 사회를 혼란으로 이끌 수 있지만, 무의식적·자연적 조화의 측면에서 자아와 타인을 연관시켜주는 본성적인 사회적 충동들도 있다는 점은 반드시 인정해야 한다. 본성의 미덕은 합리성에 의해 훼손될 수 있다. "창백한 사색이 드리워 시들어버리는 마음의 본 빛깔"[31]이란 이를테면 자식을 향한 어머니의 염려나 타인의 고통에 대한 연민 같은 본성적 충동의 자극일 수도 있다. 그러므로 아리스토텔레스의 (혹은 어빙 배빗의) 중용의 법칙(law of measure)에 대해 모든 것을 알고 있는 현명한 사람들이 이루지 못하는 온유함을 단순한 사람들은 흔히들 지니고 있다. 베르그송(Henri Bergson)은 "원시 종교란 인간이 사고하는 순간부터 유아적(唯我的)으로 생각하게 되는 위험에 대한 방비책이다. 따라서 원시 종교는 지성에 대한 본성의 방어 작용"[32]이라고 말했다.

지성(intelligence)은 본능적인 사회성의 영향력에 대해 이기주의적 충동들을 강화시킴으로써 도덕적 행위를 약화시킬 수 있다. 또한 어떤 행동도 취할 수 없는 지경에 이르기까지 가치들의 균형을 고려하려고 하거나, 아니면 모든 사회적 상황을 제대로 다룰 수 있을 만큼 폭넓지 않으면서도 편협한 화합들을 더 폭넓은 화합으로 바꾸려고 함으로써 도덕적 행위를 약화시킬 수도 있다. 더 높은 단계에서 무질서를 불러일으키는 것은 다름 아니라 충동들의 무질서를 조화시키려고 하는 지성이다. 오직 내적 화합과 통합을 이루고 국경 너머를 바라볼 수 있는 상상력을 지닌 국가만이 제국주의적일 수 있다. 오직 성인들과 성숙한 국가만이 완고한 복수심으로 다른 이들과 교섭할 수 있다. 복수는 기억력을 요구하며, 기억력은 지성의 작용들 중 하나이기 때문이다. 동물들과 어린이들과 원시 국가들은 잘 잊어버리며, 따라서 그들의 분노는 이내 소멸된다. 독일이나 프랑스처럼 높은 수준의 문화를 갖춘 나라만이 수 세기에 걸쳐 쌓인 분노에 의거해 그들의 현재 정책을 결정할 수 있다.

31　*『햄릿』에 나오는 문구.

32　베르그송,『도덕과 종교의 두 원천』(*The Two Sources of Religion and Morality*), 113쪽.

현대 문화가 인간의 영적 문제에 대해 이해하지 못하는 측면은 바로 이런 것이다. 이 점을 이해하지 못하기 때문에 자유주의적이든 급진적이든 현대의 모든 도덕·사회 이론은 감성과 환상에 젖어있는 것이다. 현대 도덕성의 낙관주의와 일면성은 너무도 만연해 있어서 앵글로가톨릭 신학자[33]조차도 이 영향을 받아 기독교가 사랑에 대해 제시하는 개념이 실질적으로 "군중심리(herd complex)"와 다를 바 없으며, "내 속에 거하는 죄"에 대한 바울의 고백은 "군집 본능이라는 선천적인 약점"을 의미한다고 해석하는 어리석음을 보인다. 그는 현대의 여론을 따라 죄는 "하나의 결점이자 틈이며, 공백이자 흠에 불과"하다고 간주한다.[34] 이러한 분석에 따르면 군중심리는 사회 전체를 포용하고 "도덕 감정" 일반과 동일해질 때까지 점차적으로 발달해간다. 이처럼 피상적인 분석은 공동체를 구성하는 집단들이 전체 공동체를 포함할 만큼 거대하지는 않지만 타인들을 정복하고 파괴할 수 있을 만큼 확장된 바로 그 순간에 인간의 삶에서 가장 완고한 악이 나타난다는 사실을 제대로 다루지 못하고 있다.

현대 문화가 프로이트 심리학처럼 인간 사회의 보다 비극적인 측면들을 깨닫고 기존의 단순하고 낙관적인 분석들을 거부하게 되는 순간, 선악의 변증법적 관점에 대한 이해 부족은 현대문화를 새로운 이원론, 즉 인간의 영혼(psyche)이 정신과 충동으로 분류되지 않고 판이하게 다른 두 종류의 충동들로 나뉘게 되는 이원론으로 이끌게 될 것이다. 프로이트가 서술하듯이, "(문화의) 과정은 개개인을 하나로 묶고, 그 다음에는 가족들, 부족들, 인종들, 나라들을 하나의 거대한 인류 통합체로 묶으려

---

33 * 노먼 윌리엄스를 지칭한다.
34 윌리엄스, 같은 책, 480~482쪽.

고 목적하는 에로스(Eros)를 위해 존재한다. 어째서 이러한 일이 이루어져야 하는지는 알 수 없다. 이는 단순히 에로스의 작업일 뿐이다. 사람들은 반드시 성적 충동으로 결속되어야 하는데, 이는 단순히 필요성만으로나 협동의 이익만으로는 수많은 사람들을 결속시킬 수 없기 때문이다. 인간이 지닌 공격 본능, 즉 만인의 만인에 대한 적의는 문명의 이러한 구상을 거스른다. 이 본능은 에로스와 함께 온 땅을 지배하는 죽음본능에서 비롯되었으며 그것을 대변한다. 그리고 이제 문화의 발전은 더 이상 우리에게 수수께끼가 아닌 듯하다. 그것은 분명 우리에게 에로스와 죽음(Death) 사이의, 즉 인류 안에서 스스로 실마리를 풀어나가는 생명에 대한 본능과 파괴에 대한 본능 사이의 투쟁을 보여주는 것이다. 모든 삶은 본질적으로 이 투쟁으로 이루어져 있으며, 따라서 문명의 발전은 생존을 향한 인류의 투쟁이라고 설명할 수 있다. 간호사들과 가정교사들이 천국에 대한 자장가를 부르는 것은 바로 이러한 거인들(Titans)의 전쟁을 진정시키려고 하는 것이다."[35]

　"문화발전"의 의미에 대한 단서를 제공하는 체하며 심오한 것처럼 보이는 프로이트의 서술은 인간의 실제 상황을 이해하는 데는 별 도움이 되지 않는다. 프로이트의 글이 지닌 유일한 장점은 "간호사들과 가정교사들"의 "자장가"에 도전한다는 데에 있다. 분명하게 구별되는 죽음본능[36]이 생명에 대한 본능과의 갈등 속에서 신비롭게 작용한다는 생각은 이 세상에 존재하는 악의 역동적인 성격에 주의를 환기시키는 장점이 있다. 그러나 모든 사회적 상황은 파괴만을 목적으로 하는 충동이 오

35　지그문트 프로이트, 『문명 속의 불만』(*Civilization and its Discontents*), 102~103쪽.

36　* 니버는 instinct 대신 impulse라는 단어를 사용하나 문맥상 의미의 차이는 없으므로 이하 프로이트의 용어를 지시하는 단어들은 모두 동일하게 옮겼다.

직 정신병자들에게만 존재한다는 것을 보여준다. 정상적인 삶에서 죽음본능은 생명에 대한 본능에 부속되거나 그로부터 무의식적으로 흘러나온다. 어느 동물이나 사람도 순전히 파괴만을 위해 죽이는 경우는 없다. 그들은 자신의 생명을 유지하기 위해 다른 생명을 죽이며, 에로스가 확립한 공동체에 도전해오는 경우에만 적을 말살한다. 다시 말해 악이란 프로이트 심리학이나 예언적 기독교의 분석을 대체하게 된 현대의 이론들이 이해하는 것보다 훨씬 더 불가분하게 선(善)과 얽매여 있다. 프로이트가 가정하는 것만큼 죽음본능이 순수하다고 해도, 죽음본능은 그가 말한 대로 오직 강력한 성적 결합으로 묶여있는 집단에 의해서만 만족될 수 있을 것이다.

기독교가 삶에 대해 보여주는 분석은 여전히 진화론적 낙관주의에 빠져 있는 현대인들에겐 병적으로 비관적인 듯한 결론으로 이끈다. 현대인들이 심리상 가장 혐오하는 결론은 악의 가능성들이 선의 가능성들과 함께 자라난다는 것이며, 그러므로 인류의 역사는 악에 대한 선의 승리, 즉 혼돈에 대한 질서의 점진적 승리의 연대기라기보다는 계속 증가하는 질서가 계속 증가하는 혼돈의 가능성들을 만들어내는 이야기라는 것이다. "곧 율법이 탐내지 말라 하지 아니하였더라면 내가 탐심을 알지 못하였으리라"[37]는 바울의 말에는 도덕적 이상이 죄의 영향력을 향해 도전한다면 비단 죄에 대한 굴복을 야기할 뿐만 아니라 더 의식적이고 신중한 저항을 초래한다는 생각을 암시하고 있으며, 인류의 역사를 더 단순하게 설명하고자 했던 세대들의 입장에서 이러한 생각이 아무리 불쾌하다고 할지라도, 인류 역사의 비극적 사실들은 이 생각을 입증해

---

37 로마서 7:7

준다.

당연한 얘기지만 기독교의 사랑 완벽주의와 이러한 현실주의 사이에 발생하는 긴장의 측면에서 현존이 당면하는 사회문제들에 적절한 윤리를 제시하기란 쉽지 않은 일이다. 보다 더 신비주의적이고 이원론적인 종교들에서는 고등종교가 지닌 긴장이 소멸되며 일상 속의 현존이 무의미해져버린다. 기독교는 예언적 유산을 물려받았음에도 불구하고 이러한 결과에 종종 도달하곤 했다. 이러한 관점에서 볼 때 인간의 삶을 오직 단일한 차원에서 바라보는 현대 문화는 인류를 역사적·사회적 현존의 즉자적 문제들에 무관심하도록 만든 종교에 대한 정당한 항거였다. 그러나 선의 궁극적인 가능성들과 그 속에 담긴 악의 심연을 드러내는 삶의 수직적 차원은 순진한 철학이 도외시할 수는 있어도 파괴할 수 없는 현실이기 때문에, 우리 세대는 당면한 문제들을 해결하기 위해선 예언적 기독교의 신앙으로 돌아갈 필요가 있다. 동시에 예언적 기독교는 그것이 지닌 예언적 성격을 더 강조하는 한편 합리주의적인 유산을 덜 강조하여 인간이 처한 총체적 상황에 대한 기독교적 이해의 측면에서 조금 더 적절한 사회 윤리를 개발해야 할 것이다. 기독교 교회가 삶의 도덕적 문제들에 대해 역사적으로 취해온 접근은 예상보다 도움이 되지 못했는데, 이는 부분적으로는 기독교의 신화적 토대에 대한 문자적 해석이 예언적 종교의 탁월함을 파괴했기 때문이며, 부분적으로는 기독교가 신화들을 합리화하려고 노력하는 와중에 지나치게 낙관주의적인 범신론을 맞닥뜨렸거나 지나치게 비관주의적이고 내세주의적인 이원론을 맞닥뜨렸기 때문이다.

4장 불가능한 도덕적 이상의 타당성

4장

불가능한 도덕적 이상의 타당성

예언적 기독교는 인간의 총체적이고 궁극적인 상황에 대한 통찰을 지니고 있으나, 이러한 통찰로 인해 모든 인간이 직면해야 하는 문제, 곧 즉자적인 도덕적·사회적 상황들을 다루어야 한다는 문제를 도리어 복잡하게 만들며, 이는 예언적 기독교가 마주하게 되는 난제다. 도덕적 삶에서 일반적으로 통용되는 생각은 상대적인 선과 상대적인 악을 "대략적으로 잘 헤아리는 것"[1]이다. 일상적인 관계에서 인간의 행복은 정의와 자유의 정도, 즉 자아가 어느 정도의 공감적 통찰(imaginative insight)을 갖고 삶을 살아가며 이웃의 이해관계를 이해하는지에 달려 있다. 반면에 예언적 기독교는 불가능한 이상을 요구하며, 그러한 요구를 통해 인간 본성의 무력함과 타락을 강조함으로써 사람들이 "내가 원하는 바 선은 행하지 아니하고 도리어 원하지 아니하는 바 악을 행하는도다 …

---

1   * 워즈워스의 시 *Inside The King's College Chapel, Cambridge*의 구절을 따온 것이다. 여기서 니버는 "nicely calculated less and more"라고 인용하고 있지만 원문은 "nicely calculated less or more"이다.

재앙이로다 나여 … 이 사망의 몸에서 누가 나를 건져내랴"[2]라고 괴로워하며 참회하게 만든다. 산봉우리와 골짜기 사이의 거리를 가늠한 후 높은 산들은 모두 삶이 유지될 수 없는 "수목 한계선"[3]이 있다는 결론에 이르게 되기 때문에, 예언적 기독교는 산허리에 길을 놓는 과제와 인간의 생명이 충분히 유지될 수 있는 질서로 불모지를 개간하는 과제를 항상 무시하려 한다. 따라서 후자의 과제는 삶의 총체적인 차원에 대해 부분적으로 눈이 먼, 즉 삶의 총체적인 차원의 장엄함과 비극들에 무지하여 당면하는 과제들에 뛰어들 수 있는 사람들이 맡게 된다.

그러므로 예언적 종교는 두 가지 상반된 종교 유형들로 해체되는 경향이 있다. 그 중 한 유형은 삶의 비극이 반드시 도덕적 성취를 넘어서는 무언가로 해결돼야만 한다고 확신하여 사랑의 이상이 현존의 일상적인 문제들과 갖는 연관성을 부정한다. 다른 한 유형은 수많은 세대들이 상식과 경험을 통해 정교하게 다듬어온 실용주의적 행동원칙들과 일치하도록 종교적 이상을 축소시킴으로써 종교적 이상이 현존의 일상적인 문제들과 연관된다는 것을 증명하려고 애쓴다. 일반적으로 이 두 세계관 사이의 갈등은 정통 기독교와 현대 세속주의 사이의 갈등이라 할 수 있다. 자유주의 기독교는 적어도 예언적 종교와 세속주의가 혼합된 종교이므로 다소 모호한 입장에서 이 논쟁에 이끌리지만, 전체적으로는 세속주의자들과 자연주의자들의 편에 서있다.

기독교의 예언적 전통은 정통 기독교에 맞서서 사랑의 이상이 모든 단계에서 인류의 도덕적 경험과 관련 있음을 관철해야 한다. 사랑의 이

2 * 로마서 7:19~24
3 * 원문은 timber line이다. 고산지대에서 수목이 자라날 수 있는 경계선을 수목 한계선
   이라고 한다.

상은 인간의 총체적 경험과 아무런 관련이 없는 계시에 의해 삶에 마술처럼 첨가되는 것이 아니기 때문이다. 기독교 신앙의 십자가(the Cross)가 삶에 대해 드러내는 전체적인 이해는 "본성적인 인간"의 도덕적 이상들에 대한 순수한 부정도 아니고 그것들과 완전히 무관하지도 않다. 사랑의 이상의 최종적인 초월성[4]은 상식이 제시하는 도덕규범들을 준수하면서도 이를 규탄하지만, 사랑의 이상은 모든 도덕적 열망과 성취에 수반되어 있다. 현존의 바탕이자 성취인 초월자(the transcendent)와 역사 속의 현존 사이의 유기적 관계를 고수하는 것은 예언적 종교의 탁월함이자 과제이다.

도덕적 삶은 오직 유의미한 현존에서만 가능하다. 의무란 오직 특정한 일관성의 체계와 질서를 향한 의지에서만 느낄 수 있는 것이다. 따라서 도덕적 의무란 언제나 화합을 장려하고 혼돈을 극복하려는 의무이다. 그러나 이 세계에서 생각할 수 있는 모든 질서는 무질서(anarchy)의 요소를 담고 있다. 이 세계는 우연과 변덕에 달려있기 때문이다. 그러므로 이 세계를 옹호하고 개선하려는 의무는 도덕적 삶이 모든 즉자적인 상황에서 보여지는 것보다 더 심원한 통일성의 부분적인 열매라는 믿음의 바탕 위에서만, 또한 도덕적 삶이 더 완벽한 조화에 대한 약속이라는 믿음의 바탕 위에서만 생겨나고 유지될 수 있다. 만약 도덕적 행위가 이보다 약한 믿음에서 비롯된다면, 그것은 절대적 가치를 상대적인 가치관들에 부여함으로써 그 가치관들의 상대적 가치마저 파괴하는 유형의 도덕적 광신주의를 초래하게 된다. 따라서 현존의 바탕이자 궁극적 성취이며 이 세계의 창조주인 동시에 심판관이신 하나님을 믿는 예

---

4 * 원문은 final hights of love idea이다.

언적 신앙은 모든 도덕적 상황과 관련되어 있다. 예언적 신앙이 없다면 이 세계는 무의미한 곳으로 받아들여지거나 절대적으로 선하면서 단순한 의미들을 드러내는 곳으로 받아들여지게 된다. 어느 경우에도 도덕적 행위의 긴장은 결국 파괴된다. 예언적 신앙의 주된 태도는 감사와 회개이며, 이는 창조(Creation)에 대한 감사이자 심판(Judgement) 앞에서의 회개이다. 다시 말해 이는 삶이 악함에도 불구하고 선하다는 확신이며, 삶이 선함에도 불구하고 악하다는 확신이다. 이러한 신앙은 감상벽과 절망을 모두 방지한다. 이러한 신앙에서 삶의 유의미함은 미숙한 만족으로 이끌지도 않으며, 의미의 세계를 위협하는 혼돈은 모든 도덕적 행위의 바탕이 되는 신앙과 희망의 긴장을 파괴하지도 않는다.

삶과 현존의 유의미함이 그것들을 넘어서는 근원과 목적을 암시한다고 믿는 예언적 신앙은 하나의 도덕성을 산출해내는데, 이 도덕성은 모든 도덕적 가치와 기준이 역사 속에서는 결코 실현될 수 없는 통일성과 조화의 궁극적 완성에 바탕을 두고 있으며 동시에 그것들을 지향하고 있음을 지시한다. 인류의 사회적 역사에 대한 분석은 이 해석이 타당하다는 것을 뒷받침한다.

도덕의 상대성에도 불구하고 모든 도덕규범과 도덕철학은 다른 이들의 삶과 안녕을 고려할 것을 요구하며, 다른 이들에 대해 자아의 이해관계를 무조건적으로 행사하는 사태를 억제하려고 한다. 따라서 도덕의 일반적인 원칙들이 구체적으로 적용된 기준은 시간과 장소에 따라 크게 차이나지만, 모든 도덕 체계는 일반적으로 이웃의 생명과 재산을 취하는 것을 잘못으로 본다는 점에서 일치한다. 이와 같은 도덕적 행위의 최소기준은 사랑의 율법에 바탕을 두고 있으며 사랑의 율법을 궁극적인 성취로 지목한다. 다른 이들의 삶을 긍정하고 보호해줘야 한다는 의무는 오직 삶과 삶이 현존의 일정한 통일성과 조화 속에서 연관을 맺고 있다고 간주할 때에만 생겨날 수 있다. 물론 그 기준을 강화하는 동기가 투철한 의무감이 아니라 가장 계산적인 사려분별일 경우도 얼마든지 있을 수 있다. 인간은 단지 자신의 생명을 보호해주는 상호관계의 절차들을 보존하기 위해 이웃의 삶을 보호할 수도 있기 때문이다. 그러나 이는 그들이 총체적 상황에 대한 분석보다는 자기 자신에 대한 고려를 통해 삶의 상호관계성을 발견했다는 것을 의미할 뿐이다. 순전히 실용주의적인 접근은 가장 일관된 사회적 행위를 유발하지는 않지만, 여전히 그러한 접근이 표면상으로는 부정하는 것, 즉 삶의 법칙은 사랑이라는 점을 은연중에 긍정한다.

사랑의 율법이 최소한의 사회기준들에조차도 그 바탕으로서 수반되어 있다는 가장 분명한 증거는 아마도 최소한의 기준들을 더 높은 기준들로 정교화할 때 언제나 암묵적인 관계가 보다 분명해진다는 사실에서 발견할 수 있을 것이다. 살인과 절도에 대한 금지는 부정적(negative)이다. 그러한 금지는 한 사람이 다른 사람을 파괴하거나 다른 사람으로부터 이득을 취하지 못하도록 한다. 어떤 사회도 이처럼 순전히 부정적인 금지들에 만족하지 못한다. 이러한 금지들의 법적 규정들이 부정적인 측면들을 넘어서지 못하는 것은 최소한의 기준들만이 법적으로 시행될 수 있기 때문이다. 그러나 모든 고등사회의 도덕률과 도덕적 이상들은 절도와 살인을 단순히 금지하는 것 이상을 요구하며, 이에 따라 정의에 대해 더 높은 구상이 전개된다. 그러므로 생존권은 삶을 유지시키는 재산의 보호권을 내포하고 있다는 점이 인정된다. 이 권리는 이미 단순하게 절도를 금지시키는 것 이상을 포함하고 있다. 이웃이 삶의 유지에 대해 공평한 기회들을 가질 수 있도록 공동생활을 구성하는 일에 대해서는 아무리 어렴풋할지라도 어느 정도의 의무를 느끼게 되어 있다. 이러한 의무에서 파생되는 다양한 제도들, 즉 정의와 형평성에 관한 제도들은 의식적이든 무의식적이든 그것들을 초월하는 평등의 이상을 암시하고 있다. 평등은 언제나 정의의 규정적 원리(regulative principle)이며, 평등의 이상에는 "네 이웃을 네 자신과 같이 사랑하라"는 사랑의 율법이 공명하고 있다. 만약 이웃이 공동생활의 특혜들과 기회들을 어느 정도까지 스스로를 위해 활용할 권리가 있냐는 질문이 제기된다면, 평등주의 원칙에 기반을 둔 답변, 즉 '그는 당신이 지닌 만큼의 권리가 있다'라는 것 외에 만족할 만한 합리적인 답변은 없다.

이것은 언젠가 어떤 사회는 완벽한 평등을 이룰 수 있을 것이라는 의미는 아니다. 사랑의 율법의 합리적이고 정치적인 형태로서의 평등은 사랑의 율법과 마찬가지로 초월적 성격을 지니기 때문이다. 평등은 '그러해야만 하는 것'이지만, 결코 완벽히 실현될 수 없다. 사회적 실용성이 평등을 제한하게 된다. 아마 가장 평등주의적인 사회조차도 성실함을 장려하는 일환으로서의 특혜를 생략할 수는 없을 것이다. 일부 사회적 기능들의 수행을 가능케 하기 위해서는 일정한 특권상의 차등이 필수적이다. 엄격히 평등주의적인 사회는 이러한 특혜가 사회적 기능에 대한 고려 없이 한 세대로부터 다음 세대로까지 이어지는 것을 막을 수는 있겠지만, 그러한 사회도 특혜를 완벽히 제거할 수는 없다. 또한 사회적으로 허락된 특혜가 남용되지 않도록 완벽히 보장해줄 수 있는 정치적 기술도 존재하지 않는다. 중요한 사회적 기능들은 그 성격상 일정한 정도의 사회적 권력이 부여되어 있다. 이러한 권력을 가진 자들을 사회적으로 아무리 제한시킨다 해도 권력자들은 언제나 그들이 수행하는 기능이 모든 이상적인 정의의 제도가 용납할 수 있는 것보다 더 많은 특권을 누리도록 결정할 수 있는 기회를 항상 갖고 있다. 따라서 모든 사회에서 평등의 이상은 사회화합의 필요성에 의해 제한되며 인간의 죄성에 물들게 된다. 그럼에도 불구하고 평등의 이상은 모든 정의의 제도들을 비판하는 원칙으로 남아 있으며 모든 도덕적 판결에 수반되는 사랑의 원리를 상징한다.

그러나 평등의 원리가 정의의 최소기준에서도 수반되어 있는 도덕적 이상의 가능성들을 모두 소진시키는 것은 아니다. 상상력이 풍부한 정의(imaginative justice)[5]는 평등을 넘어서 다른 이들의 특별한 필요를 고려하는 행위로 이끈다. 세심한 부모는 서로 다른 아이들을 돌보는 데 있어 변덕스러운 차별을 두지 않을 것이다. 그러나 가장 이상적인 가족관계를 주도하는 유형의 상상력은 이러한 평등의 원칙을 곧바로 초월하여 장애아동을 위한 특별한 보살핌을 정당화하고 특별히 재능 있는 아이를 위한 특혜도 정당화한다. 사람들로 하여금 한 사람의 고유한 필요와 가능성들을 고려하도록 만드는 "권리"는 법적으로는 최소한의 조건에서만 인정되며 도덕적으로는 매우 고등한 공동체들에서만 인정된다. 그럼에도 모든 아이들에게 교육의 기회를 동등하게 제공하려는 목적으로 출발했던 현대의 공립학교들은 장애아동이나 재능이 뛰어난 아이들이 특혜를 받을 수 있도록 자신의 영역을 확장해왔다. 정의의 영역에서 이루어낸 각각의 성취들은 모두 한편으로는 정의의 최소기준들과 논리적으로 연관되어 있으며, 다른 한편으로는 완전한 사랑이라는 이상과, 즉 자기 자신의 삶과 이해관계들만큼이나 이웃의 삶과 이해관계들을 긍정해야 할 의무와 논리적으로 연관되어 있다. 초기 공동체에서의 기본생명권과 기본재산권, 보다 발전된 공동체들에서의 권리와 의무의 법적 최소치, 이 모든 공동체들에서 법적으로 시행되는 것들을 넘어 인정되는 도덕적 권리들과 의무들, 일반적인 공동체에서 인정되는 가족의 기

---

5 * 니버는 전반적으로 상상력을 '자기 자신을 넘어서 타인을 고려할 수 있는 능력'이라는 의미로 사용하고 있다.

준을 넘어서도록 정제된 가족의 기준 등은 각각 사랑의 율법에 더 근접해가는 도덕적 가능성들의 상승 단계들이다.

시정적 정의의 역사는 분배적 정의의 역사와 마찬가지로 이 가능성들의 상승 단계들을 보여준다. 사회는 복수를 규제하는 데서 시작하여 얼마 지나지 않아 사적 앙갚음을 공의(公義, public justice)로 대체하는 단계로 발전한다. 공의는 피해를 입은 고소인의 심판보다 더 객관적인 심판을 받을 권리가 피고인에게 있음을 인식한다. 따라서 현대의 처벌적 정의의 기준에서 복수의 요소는 환원되지만 소거되지는 않는다. 그럼에도 사적 앙갚음의 환원(reduction)을 강제하는 논리는 사적 앙갚음의 소거를 향해 나아간다. 범죄자들은 사회에 대한 의무를 위반했음에도 불구하고 인간으로서의 권리를 지닌다고 인정된다. 따라서 현대 범죄학은 반사회적 행위들이 교정될 수 있도록 정신의학적 기법을 통해 그 원인을 발견하고자 한다. 교화를 향한 목적의식은 순전히 처벌적이기만 한 의도를 대체하려고 한다. 이러한 발전은 "너희 원수를 사랑하라"는 계명에 도달해야만 하는 논리를 따른다. 물론 가장 훌륭한 범죄학자들이 꿈꾸는 보다 상상력이 풍부한 이상들은 실현되지 않은 희망들의 영역에 속한다. 그것들은 결코 완전히 실현되지 않을 것이다. 복수심을 향한 일말의 열정은 최상의 사회가 지닌 시정적 정의를 변질시키기에 충분할 것이다. 인류의 집단행동은 이상에 대해 최소한의 근사치를 넘어서는 것을 보장할 정도로 상상력이 풍부하지 않다. 원수를 진정으로 용서하는 것은 자신의 죄성을 뉘우치고 원수의 죄에 대해 상호 책임이 있음을 인정해야 가능해진다. 그러나 이러한 영적 통찰은 집단적 인간의 능력 밖에 있다. 이는 오직 극소수의 개인들만 성취할 수 있다. 그럼에도 이러한 이해에 대한 권리는 가장 기본적인 인권에 포함되어 있으며, 삶에 대한 기본권이 합리적으로 설명될 경우 논리적으로 따라 나온다. 따라서 시정적 정의의 모든 기준들은 한편으로는 원시적인 앙갚음에, 다른 한편으로는 용서를 베푸는 사랑의 이상에 유기적으로 관련되어 있다. 인간 사회가 이러한 이상에 근접해가는 정도에는 절대적인 제한을 둘 수 없다. 그러나 모든 성취가 근사치의 영역에 자리할 것이라는 점은 확실하다. 완벽한 형태로서의 이상은 인간 본성의 능력을 넘어서기 때문이다.

도덕적·사회적 이상들은 순수성의 측면에서 뿐만 아니라 적용의 폭의 측면에서도 언제나 무한한 가능성들의 일부이다. 가장 정답고 상상력이 풍부한 사고방식들은 혈연관계와 친밀관계가 삶과 삶의 통일성을 뒷받침하는 사회에서만, 또한 조화를 창조하는 데에 있어서 본성이 영혼에 협력하는 사회에서만 가능하다. 법률과 도덕성은 모두 공동체에서는 인정되지 않는 권리와 의무들을 가족 내에서는 인정해주며, 공동체 너머에서는 인정되지 않는 권리와 의무들을 공동체 내에서는 인정해준다. 부모는 자식을 방기할 시 법적으로 책임을 지지만 다른 이들의 자식에 대해서도 그런 것은 아니다. 현대의 국가들은 자국의 실업자들에 한해서 지원의 책임을 맡지만 다른 국가의 실업자들에 대해서도 그런 것은 아니다. 이러한 책임의식은 굶주린 자들이 사회의 평화를 어지럽힐 수도 있다는 두려움과 같은 정치적 동기들이 동원되지 않는다면 적절하게 기능하기엔 미약할 수도 있다. 그러나 이러한 책임감은 아무리 미약할지라도 그 자체를 넘어서는 책임들을 제시하기에 충분하다. 오늘날 모든 인간의 삶에 대해 책임감을 전혀 느끼지 않는 사람은 없다. 이러한 포괄성의 측면에서 보면 의무는 특수한 경우들을 제외하고 행위의 기반이 되기에는 매우 미약하다. 관용이 국경을 넘어 표출되기 위해서는 먼저 타국인들의 어려움이 어떤 큰 재앙으로 인해 극적이고 강렬하게 드러나야만 한다. 그러나 관용이 그런 드문 순간들에서조차 표출될 수 있는 이유는 모든 사람이 삶의 궁극적인 율법에 대해 -즉, 사랑의 율법에 대해- 원초적인 책임감을 느끼기 때문이다. 인류 공동체는 사회 결합을 위한 기관이나 사회기준들을 집행할 수 있는 수단을 지니고 있지 않다(인류 공동체는 어쩌면 매우 미숙한 수단들 외에는 다른 수단들을 갖지 못할지도 모른다). 그러나 인류공동체는 그보다 작은 공동체들에서 모든 도덕적 책임의 기초가 되는 책임감, 즉 만인을 향한 막연한 책임감 속에 존재한다.

예수의 윤리에 대한 분석에서 드러나듯이, 예언적 종교의 윤리(prophetic ethics)가 지닌 보편주의는 합리적 보편주의의 요구들을 넘어선다. 합리적 보편주의는 인간의 생명을 윤리의 기본 가치라고 받아들이기 때문에 모든 삶에 대한 의무를 말한다. 그러나 인간의 삶은 대부분 잠재적 가치에만 해당하기 때문에 합리적 보편주의는 자신의 입장을 제한하는 경향이 있다. 따라서 아리스토텔레스의 윤리학에서 노예의 생명은 가능태적(potentially)으로 가치가 덜하기 때문에 자유인과 동등한 권리를 지니지 못한다. 심지어 모든 인간에게 주어진 이성에 의거해 만인의 신성성(神聖性)을 주장하는 스토아주의에서도 사람들 간에 명백한 지능의 차이는 스토아 교리로 하여금 "우둔한 자들"을 향한 귀족적 우월감으로 물들게 만든다. 반면에 예언적 종교에서 의무는 하나님의 사랑의 의지를 향해, 즉 본성과 역사의 힘들에 의해 인간이 언제나 서로 분열되어 있는 자연 세계에서 발견할 수 있는 모든 것들보다 더 초월적인 통일성의 근원을 향해 있다. 따라서 기독교의 보편주의는 스토아학파의 보편주의보다 훨씬 더 불가능한 가능성을 대변하고 있다. 그럼에도 기독교의 보편주의는 스토아학파의 보편주의만큼 인간의 통일성과 형제애(brotherhood)에 의존하지 않기 때문에 사랑의 더 높은 실재들(actualities)을 유도해낼 수 있다. 예언적 종교의 윤리에서 삶의 초월적 통일성은 하나의 신념이다. 예언적 종교의 도덕적 의무란 바로 이 신성한 통일성에 대한 것이며, 따라서 이 세계의 무질서에 더 효과적으로 저항할 수 있다. 그러나 예언적 보편주의와 합리적 보편주의의 차이로 인해 둘 사이의 근본적인 연관성을 잊어서는 안 된다. 예언적 보편주의와 합리적 보편주의는 모두 삶의 모든 단계에서 이루어지는 도덕적 경험이 하나의 삶이 다른 삶에 대해 갖는 의무의 실현 불가능한 폭을 지시한다고 주장한다.

사랑의 계명이 일반도덕성의 문제와 관련되어 있다는 추가적인 증거는 부정의 논거를 통해서도 제기될 수 있다. 즉, 사랑의 율법의 관점에서만 죄가 되는 인간의 본성적인 이기심은 이러한 종교적 관점이 옳다는 것을 증명하는 사회적 결과를 야기한다. 정통 기독교는 사랑의 율법이 모든 인간의 상황들과 부정적으로 관련되어 있다는 것을 항상 인정해왔기 때문에, 이 점은 사랑의 율법이 병적 완벽주의의 표출일 뿐이라고 간주하며 "우리는 너무 높이 추구하거나 너무 낮게 떨어지지 않으리"라고 선언하는 자연주의에 대해 제기되어야 한다. 현대 자연주의의 논지에 의하면 오직 과도한 이기심만을 잘못이라 할 수 있다. 인간 본성의 자연스러운 자애(自愛)적 충동들은 윤리학의 기본단위[6]로 받아들여지며, 현대 자연주의는 이러한 충동들을 사회적 조화와 결속의 힘으로 구성해내기 위해 노력한다. 그러나 예언적 기독교는 현대의 자유주의와는 다르게 도덕적 권고로는 이기심의 영향력을 꺾을 수 없다는 점과 특정한 단계들에서는 갈등하는 이기심들을 세력 균형 속에 편입시킴으로써 제한된 조화들이라도 반드시 이루어내야 한다는 점을 알고 있다. 하지만

---

6 * 원문은 the data of ethics이다. 현대의 자연주의는 자애적 충동들을 윤리학의 바탕이 되는 기본요소로 본다는 것이다.

예언적 기독교는 현대의 자연주의와도 달라서 이기심의 영향력을 아무렇지 않게 받아들일 수도 없다. 예언적 기독교는 아무리 자연스럽고 필연적인 것일지라도 이기심이 죄라는 점을 알고 있으며, 이기심의 죄성은 사회적 결과들에 의해 증명된다. 다른 가족보다 자신의 가족을 사랑하는 것은 분명 자연스러운 것이며, 아무리 많은 양의 교육이라 할지라도 사랑의 힘과 그것이 작용하는 범위 사이의 역비례를 해소할 수는 없을 것이다. 그러나 한정된 충성심들과 제한적인 동정심이 불가피하다고 해서 그것들로 인해 발생하는 도덕적·사회적 위협이 사라지는 것은 아니다. 오직 자기 자신만 생각하는 이기심은 결코 있을 수 없지만, 설령 그것이 존재한다 해도 가족에 대한 편협한 충성심은 순전한 이기심보다 훨씬 더 유력한 불의의 근원이다. 한정된 공동체를 향한 사람들의 충성심은 충분히 자연스럽지만, 이는 또한 국제적 혼란의 뿌리이기도 하다. 특정 계급이 지닌 선입견으로서의 도덕적 이상주의 역시 자연스럽고 불가피한 것이지만, 이는 독재와 위선의 기반이기도 하다. 자신의 노력의 산물들과 재산을 물려줌으로써 자식들의 미래를 보장해주려는 부모들의 바람보다 더 자연스럽고 고결하기까지 한 것은 없다. 그럼에도 이러한 갈망은 사회적 특권이 사회적 기능과 분리되는 유증(遺贈)법들을 초래한다. 사회적 불의와 인류 역사 속의 갈등들은 순전한 이기심으로부터, 혹은 어떤 논리성에 의거해 명백히 과도하다고 판단되거나 터무니없다고 판단되는 종류의 이기심으로부터 솟아나는 것이 아니다. 그것들은 자연스러운 동정심이 불가피하게 자연스러운 이기심과 결합하게 되는 본성적인 인간의 고결한 태도들로부터 솟아난다. 과도한 질투심뿐만 아니라 그 어떤 영혼도 자유로울 수 없는 사소한 질투심 또한 삶과 삶 사이의 조화를 파괴시킨다. 지나친 복수심뿐만 아니라 가장 상상력이 뛰어난 사람들의 삶으로도 스며드는 미묘한 복수심 또한 정의를 파괴시킨다. 전쟁은 악한 국가들의 도덕적 행태뿐만 아니라 의로운 국가들(역사 속의 모든 도덕적 규범들이 허용하는 선 안에서 그들의 이해관계를 보호한다는 의미로 의로운 국가들)의 도덕적 행태가 불러일으키는 결과다. 하지만 모든 인간이 어떤 의미에서든 자기 목숨을 보전하기 위해 자기 목숨을 잃어버리게 된다는 것은 분명하다고 할지라도, "무릇 자기 목숨을 보전하고자 하는 자는 잃을 것이요"[7]라는 판결은 여전히 모든 도덕적 상황에 대해 적합하며 진리로 남아 있다.

영적 삶의 진정한 변증법을 이해하지 못하는 자연주의 윤리학은 사랑의 계명을 실현가능한 것으로 간주하여 유토피아주의로 빠지거나, 사랑의 계명이 무해하든 유해하든 현실과 무관한 것이라고 격하시키게 된다. 기독교 자유주의의 특정 분파는 산상수훈에서 제시된 윤리의 절대주의를 동양적인 과장법(Oriental hyperbole)이자 무해한 과언(過言, extravagance)이며 교육상의 강조라는 측면에서 일정한 가치를 지니는 것으로 해석한다. 반면에 순전히 세속적인 자연주의는 산상수훈의 절대주의를 유해한 과언으로 간주한다. 따라서 프로이트는 "문화적 초자아(super-ego)는 … 인간의 정신구조에 대해 별로 고민하지 않는다. 그것은 하나의 명령을 지시하고는 인간이 그 명령을 따르는 것이 가능한지에 대해서는 결코 의문을 가지지 않는다. 문화적 초자아는 오히려 인간의 자아가 모든 요구사항을 심리학적으로 수행할 수 있다고, 다시 말해 인간의 자아가 이드에 대해서 무한한 통제력을 지니고 있다고 추정한다. 이러한 추정은 오류이며, 일반 사람들에서조차 이드에 대한 통제력은 일정한 한계를 넘어설 수 없다. 이 한계를 넘어서 요구하는 것은

---

7 * 누가복음 17:33

사람들에게 반항이나 신경증(neurosis)을 유발하고 그들을 불행하게 만든다. 이웃을 우리 몸과 같이 사랑하라는 명령은 인간의 공격성에 대해 가장 강력한 방어물이며, 이 명령은 문화적 초자아가 지닌 비(非)심리학적 태도의 가장 좋은 예이다. 이 명령을 수행하는 것은 불가능하다. 그러한 자아의 비대화는 단지 자아의 가치를 낮출 뿐이며 자아가 지닌 악을 해결하지 못한다”[8]고 서술한다. 이는 지나치게 도덕주의적이고 낙관적인 사랑 완벽주의에 대해서는 더할 나위 없이 타당한 반론이다. 그러나 이러한 주장은 사랑의 율법이 불가능한 가능성이라는 것을 알며 “내 지체 속에서 한 다른 법이 내 마음의 법과 싸[우노라]”[9]고 고백할 줄 아는 종교의 통찰들에 도달하지는 못한다. 프로이트가 사랑의 계명에 대해 “인간의 공격성에 대해 가장 강력한 방어물”이라고 인정한 것은 공교롭게도 그의 사상이 어느 정도 애매모호하다는 점을 드러낸다. 불가능한 계명이 비록 위험한 명령이라고 하더라도 하나의 필수성이라는 점이 공인된 것이다. 예언적 종교가 도덕적 긴장을 유발하는 자원들은 물론 도덕적 긴장을 완화시킬 수 있는 자원들을 지니고 있다는 점을 깨달을 만큼 프로이트가 예언적 종교의 진정한 탁월함에 대해 충분히 알고 있었다면, 그는 사랑의 계명이 그토록 위험하다고 생각하지는 않았을 것이다.

만약 사랑의 계명이 타당성을 지니고 있다는 점이 정통 기독교와 특정 종류의 자연주의에 대해서 제기되어야 한다면, 유토피아적 환상을 만들어내며 역사의 점진적 근사화(progressive approximation)에는 한계가 없기 때문에 사랑의 계명이 궁극적으로 실현가능하다고 간주하는

---

8 지그문트 프로이트, 『문명 속의 불만』(*Civilization and its Discontents*), 139~140쪽.
9 * 로마서 7:23

모든 형태의 자연주의, 자유주의 그리고 급진주의에 대해서는 이 이상이 실현 불가능하다는 점이 제기되어야 한다. 18세기 이후의 현대 문화는 사랑의 계명이 궁극적으로 실현가능하다는 환상들을 특히나 많이 자아냈는데, 그것들의 기저를 이루는 논리는 이미 4세기에 펠라기우스가 아우구스티누스와 논쟁할 때 나타났다. 펠라기우스가 말하듯이,

> 우리가 '이것은 힘들고 어렵노라. 우리는 할 수 없으며, 한낱 인간일 뿐이다. 우리는 연약한 육신을 걸치고 있구나'라고 말한다면 우리는 주님의 면전에서 그분을 부정하고 있는 것이오. 이 무슨 눈먼 광기란 말이오! 이 무슨 불경스러운 뻔뻔함이란 말이오! 우리가 이렇게 말하는 것은 전지하신 하나님에 대해 이중으로 무지하다고, 그가 스스로 무엇을 만들었고 무엇을 명령했는지 모르는 것처럼 보이며, 마치 스스로가 정해놓은 인간의 연약함을 잊어버리기라도 한 듯, 인간이 견뎌낼 수 없는 율법들을 부과했다고 비난하는 것이오.[10]

펠라기우스의 말에 담긴 논리에는 어느 정도 타당성이 있지만 불행히도 인간 역사의 사실들과 모든 사람들의 경험이 그의 논리를 반박한다. 사랑의 계명을 불가능한 가능성이 아니라 단순한 가능성으로 간주하는 신앙은 인간 본성에 대한 잘못된 분석, 즉 인간이 비록 언제나 무한한 가능성들 아래에 서있으며 현존의 총체성에 가능태적으로 연관되어 있지만, 여전히 유한한 피조물이며 언제나 유한한 피조물로 남아있을 것이란 점을 이해하지 못하는 분석에 근거를 두고 있다. 인간의 합리성

---

10 노먼 윌리엄스가 같은 책 342쪽에서 인용.

이 얼마나 고양되든 인간은 언제나 그가 관여되어 있는 총체적 상황을 제한된 관점에서만 바라볼 수밖에 없으며, 본성이 부여한 자연스러운 생존충동과 맺는 유기적 관계로부터 그의 이성을 결코 분리시킬 수 없을 것이다. 또한 영원한 것을 향한 그의 갈망은 그로 하여금 스스로의 유한성을 저항하라고 유혹하는데, 그는 바로 그러한 저항을 통해 본성적인 삶에의 의지(will-to-live)를 제국주의적 힘에의 의지(will-to-power)로 강조해나가는 죄로부터 결코 벗어날 수 없을 것이다.

그러므로 인간의 삶에는 현대 문화가 완전히 망각해버린 악의 불가사의함이 담겨 있다. 현대 사상의 낙관주의적인 신조를 많이 차용하는 자유주의 기독교, 특히 미국의 자유주의 기독교는 이러한 낙관주의를 복음 속에서 읽어내려고 했다. 자유주의 기독교가 이렇게 할 수 있었던 데에는 불가능한 가능성(impossible possibility)이 지닌 불가능성(impossibility)이 예수의 사상에서 명시적이지 않고 암시적이라는 상황도 예기치 않게 한몫했다. 이 불가능성은 오직 바울의 신학에서 명시적으로 드러나게 되었다. 따라서 현대 기독교는 "예수의 재발견"을 새로운 낙관주의의 상징이자 토대로서 내세울 수 있었던 것이다. 예수의 언명에서 사랑의 이상이 지닌 초월적 성격이 명시적이지 않고 암시적이었던 것은 이 초월적 성격이 종말론적인 틀에서 형성되었기 때문이다. 그러므로 예수는 이러한 상황을 명시적으로 인정하지 않으면서도 유한한 인간이 결코 수행할 수 없는 요구들을 했던 것이다. 이로 인해 현대의 자유주의는 예수의 언명들을 순전히 낙관주의의 측면에서 해석할 수 있게 되었다.[11] 현대의 자유주의는 이러한 낙관주의를 토대로 예수 본인의 삶과

---

11 복음 윤리에 대한 전형적인 자유주의적 해석은 특히 쉐일러 매튜스(Shailer Matthews)의 『복음과 현대인』(*The Gospel and Modern Man*)과 프란시스 피바디(Francis Pea-

성격을 해석하였다. 자유주의 기독교에서 그리스도란 그의 매력적인 삶에 빠져들기만 한다면 모든 사람이 모방할 수 있는 이상적인 인간이다. 반면에 참된 기독교 신학에서 신인(神人, the God-man) 그리스도의 계시란 곧 영원한 것(the eternal)이 역사와 맺는 역설적 관계의 계시이며, 이를 강조하는 것이 곧 신화적·예언적 종교의 탁월함이다. 따라서 그리스도는 산상수훈이 윤리적 측면에서 서술하는 바로 그 불가능한 가능성의 계시다. 정통 기독교가 때때로 인간과 역사에 관련되는 특성들이 제거된 그리스도상(像)을 통해 이 역설을 해소하려고 한다면, 자유주의 기독교는 인간 본성의 충만한 가능성들을 드러내는 영웅적인 사랑의 인물로 그리스도를 축소시킴으로써 이 역설을 해소하려고 한다. 어느 경우든 그리스도와 십자가에 대한 신앙이 계시하는 인간의 총체적 상황은 가려지게 된다. 현대의 자유주의는 "그[의] 자취를 따라[가라]"[12]고 격려하는 감상적이고 도덕주의적인 권고들에서 "그리스도"라는 이름을 대부분 "예수"라는 이름으로 대체한다. 이 논문의 범위 내에서 기독교 신앙의 그리스도와 역사 속의 예수 사이의 관계를 오해의 여지없이 다룬다는 것은 불가능하다. 그러나 역사 속의 예수가 실제로 초기교회의 삶 속에서 기독교 신앙의 그리스도를 생성해냈으며, 예언적 종교가 바라보는 관계, 즉 모든 삶과 역사가 초월자(the transcendent)와 맺는 관계에 대한 최종적이고 궁극적인 상징으로서 예수의 역사적 삶이 초월적인 그리스도와 관계된다고 말해도 무방할 것이다. 진정한 예언적 기독교에서 그리스도의 도덕적 자질들은 우리의 희망일 뿐 아니라 우리의

---

body)의 『예수 그리스도와 사회문제』(*Jesus Christ and the Social Question*)에서 찾을 수 있다.

12 * 베드로전서 2:21 참고.

절망이기도 하다. 바로 그 절망으로부터 그리스도 안에 하나님이 계시된다는 것을 중심으로 새로운 희망이 솟아난다. 이러한 신앙에서 그리스도와 십자가는 인간의 유한성이 지닌 가능성들뿐만 아니라 한계들을 드러내는데, 이는 한계들에 대한 회개를 통해 보다 궁극적인 희망이 솟아날 수 있도록 하기 위해서다. 다시 말해 기독교 신앙은 인간의 사랑이 아닌 하나님의 사랑에, 인간의 재주로 용케 고안해내는 현존의 피상적인 조화들이 아니라 실재의 궁극적이고 초월적인 통일성에 궁극적인 확신을 두는 낙관주의다. 기독교 신앙은 꽤나 논리적으로 이 궁극적 희망이 오직 인간적일 뿐인 가능성들에 확신을 두지 않는 자들에게만 주어진다고 주장한다. 그렇기 때문에 회개는 하나님의 나라로 향하는 관문인 것이다.

진정한 기독교와 현대 문화 사이의 논쟁의 핵심은 바로 이 점에 놓여 있다. 갈등은 인간의 본성이 뒷받침 해주지 못하는 자신감, 즉 인간의 미덕에 대한 자신감을 가진 자들과 그토록 상한 갈대[13]에 믿음을 두기에는 삶과 자신의 영혼을 너무 깊게 들여다본 자들 사이에 놓여있다. 바로 이러한 절망, 즉 "하나님의 뜻대로 회개에 이르게 하는 근심"[14]으로부터 신앙이 솟아난다. 비록 과학이 지닌 형이상학적 허영심들과 종교적 신화가 지닌 과학적 허영심들이 문제를 더 복잡하게 만들었지만, 갈등은 현대 과학과 신빙성을 잃어버린 신화 사이가 아니라 바로 이점에 놓여 있다. 물론 역사의 변천은 과학이나 신화의 잠정적인 승리를 결정할 수 있다. 따라서 스스로 과학의 성취들에 뿌리를 두고 있다고 믿는 현대의 자연주의는 실제론 인간의 이성이 이 세계에서 보편적인 사회적 조

---

13 * 상한 갈대(broken reed)란 연약한 존재를 상징한다. 이사야 42:3, 열왕기하 18:21 참고.
14 * 고린도후서 7:10

화를 만들어낼 수 있다는 희망에 대해 과학기술의 성취들과 팽창하던 자본주의가 일시적인 타당성을 부여했던 시기에 맞은 결과물일 뿐이다. 그 시대는 최소한 자본주의 문명의 잔인함을 겪지 않은 계급들에게는 그러한 희망이 타당한 것처럼 보이게 만들었다. 자유주의의 유토피아주의는 자연스럽게 소멸되었지만, 자연주의의 유토피아주의는 프롤레타리아계급이 부르주아 문명에 대항하여 건설하려는 문명이 그들이 기대하듯 완벽한 정의를 이루어내지 못하리라는 점이 입증되기 전까지는 사라지지 않을 것이다. 기독교-예언적 종교가 삶에 대해 제시하는 해석은 삶의 총체적 차원들이 구체적인 위험들과 즉자적인 가능성들에 의해 가려지는 시기에는 불리한 입장에 있다. 때때로 기독교-예언적 해석은 그것이 지닌 총체적 관점을 인류가 역사의 고비들에서 당면하는 긴급한 문제들에 구원사적으로(redemptively) 연관시키지 못하여서 불리함만 더해간다. 이러한 위기들 속에서 격분한 본성은 필연적으로 헛된 희망이라는 진통제를 찾게 되지만, 심오한 종교가 스스로의 심오함을 즉자적 상황들과 단절시켜 아무런 연관이 없게 만들 때 그러한 경향성은 더 두드러지게 된다.

이처럼 어떤 환상이 주도권을 잡고 어떤 환상이 자리를 내주게 되는지를 결정하는 것은 역사의 변천이지만, 이러한 환상들의 기저가 되는 오류들을 발견해내는 것은 결코 불가능하지 않으며, 따라서 그러한 환상들이 무르익는 시기에도 오류들에 대비해 경계하는 일이 불가능한 것도 아니다. 이제까지의 인류사는 인간의 유한성과 죄가 인간의 행동과 사고방식들에 얼마만큼 개입하는지를 보여주었다. 마르크스 이론의 경제 결정론은 자유주의 문화도 간과했고 심지어 역사적 종교조차 잊어버린 인간 영성(靈性)의 특징에 주의를 환기시킨다. 이 특징은 모든 도덕적 열망과 문화적 성취들에서 스스로를 드러낸다. 도덕적·종교적 이상들과 법률과 문화적 성취는 그것들이 어떤 식으로 허세를 부리든지 간에 결코 역사적·사회적으로 단절된 상태에서 발생하지 않는다. 객관적이고 냉정하다고 간주되는 문화계의 이념들도 특정한 관점들에서 비롯되며 관찰자의 사회적 위치(locus)에 의해 결정된다. 이러한 이념들은 동일한 정신 내에서 이성의 능력과 나란히 존재하는 본성적인 격정들에 의해 영향을 받으며, 언제나 인간의 영적 허영심, 요컨대 인간의 죄에 속박되어 있다. 마르크스주의가 영적 성취와 허영심의 실제 기반으로서 생산 수단을 강조한다는 점은 육체적 존재의 필수요소들이 인간의 이념들에 가장 막강한 영향력을 끼친다고 간주하는 한에서는 옳다. 그러나 마르크스주의의 실수는 인간의 유한성에 두는 인위적인 제한들에 있다. 지배계급뿐만 아니라 지배국가와 한 계급 내에서의 과두층(oligarchy), 종속계급의 반항적인 지도층, 한 계급 내에서의 기능집단(functional group)[15] 그리고 그 기능집단 내에서의 소수 인종 혹은 다수 인종 등, 이 모든 집단과 그 밖의 수많은 집단들은 자신의 특정한 관점에서 인간의 총체적인 문제를 판단할 수밖에 없다. 현대 문명의 계급투쟁에서 이성의 유한성과 마음의 부정직함의 결합이 매우 악마적인 힘으로 표현된다는 점은 아마도 사실일 것이다. 그러나 그 결합이 거기에서 그치는 것은 아니다. 그 어떤 상황에서도, 심지어는 가장 개인적인 관계에서도, 지독히 부당한 사회에서든 약간이나마 정의를 구축한 사회에서든, 이 결합이 스스로를 드러내지 않는 곳은 없다. 마르크스주의가 다행히도 현대 문화에 제공해준 인간 본성에 관한 통찰들은 예언적 종교의 잊혀진 통찰들에 속한다. 우리는 그 통찰들이 재발견됐다는 점에 감사하고 그것

---

15 * 2차 집단이라고도 한다. 어떤 특정한 기능을 목적으로 구성된 집단을 일컫는다. 대표적인 예로는 정당과 노동조합 등을 들 수 있다.

들을 재평가해야만 한다. 그러나 예언적 종교는 인간의 총체적인 상황을 다루어야만 하기 때문에 이러한 통찰들을 단지 특정한 사회갈등에 적용할 무기로써 받아들일 수 없다. 그렇게 하는 것은 이 통찰들을 새로운 영적 허영심의 기반으로 격하시키는 것이다. 마르크스주의적 영성의 문제점은 그것이 모든 종류의 영성이 지닌 제한적이고 완고한 성격을 파악하면서도 스스로에 대해서는 그러한 성격을 파악하지 못한다는 점이다. 따라서 인간의 유한성에 대한 인식은 유한성이 극복되었다고 하는 새로운 허영심의 기반이 되어버린다.

인간의 유한성과 죄는 특히 집단적인 관계들에서 영향력을 행사하지만, 가장 개별적이고 개인적인 관계들에서도 존재한다. 특정한 공동체의 범위 안에 속한 개인들은 집단적 유기체들(collective organisms)과 비교했을 때 세 가지 장점들을 지니고 있다. 개인들이 자신의 삶을 다른 삶과 연관 지을 때 내리는 판단은 공통된 전제들로부터 비롯되며, 따라서 개인들은 자신들만의 상황에 기인하고 자신들에게만 적용가능한 판단의 기준들로 다른 이들을 규탄하는 위험에 덜 노출된다. 또한 개인들은 공동체들보다 자기초월의 능력이 더 뛰어나며, 마지막으로 공동체의 보다 친밀한 관계들은 집단적인 관계들에서는 불가능한 삶과 삶의 상호침투(interpenetration)[16]를 이루게 한다. 그러나 이 모든 장점들은 유형의 차이가 아니라 정도의 차이일 뿐이다. 우리 안의 보다 나은 자아, 즉 일관된 목적들을 따르는 자아는 우리 안의 보다 나쁜 자아, 즉 일시

---

16 * 하나님의 세 위격(성부, 성자, 성령)이 상호 구별되는 동시에 동일한 하나님이라는 점을 설명할 때 상호내재라는 용어를 사용한다. 다마스쿠스의 요한이 이에 대해 삼위의 상호침투라고 설명하기도 하였다. 니버는 바로 이러한 맥락에서 개인들이 서로 다른 개체임에도 일정한 상호침투가 가능하다고 주장하고 있다. 엥겔스가 『자연변증법』에서 내세운 '대립물의 상호침투의 법칙'과는 관련이 없음을 유의하라.

적인 욕정들에 사로잡힌 자아를 재단할 수는 있겠지만, 자기초월은 여전히 불완전한 상태로 남게 된다. 우리는 언제나 자신만의 기준들로 스스로를 판단하며 우리에게 특별한 이점들을 주는 쪽으로 우리 자신을 저울질한다. 따라서 사도 바울이 "내가 자책할 아무 것도 깨닫지 못하나 이로 말미암아 의롭다 함을 얻지 못하노라 다만 나를 심판하실 이는 주시니라"[17]고 판결한 것은 타당하다. 그러므로 특정한 공동체에서 개인들 간의 갈등을 중재하는 일반적인 도덕적 전통들로부터 파생된 판단의 공통 기준들은 서로 다른 공동체들의 다양한 기준들보다 중재와 유화의 도구들로서 더 적절하다. 그러나 이 일반적인 기준들은 언제나 서로 다른 가족들, 계급들, 문화적 집단들 그리고 사회적 기능들의 특정한 관점들에 의해 제한되어 있다. 실제로 사회 응집력의 강도(强度)가 다양한 집단들과 개인들 간의 사회적 거리를 두드러지게 만드는 친밀한 공동체들에서 가장 끔찍한 사회갈등들이 발생한다. 가장 친밀한 공동체에서조차 가족의, 부모의, 부부의 그리고 자식의 애정은 정의와 화합을 완벽히 보장해주지 못한다. 이 모든 자연적 공감의 힘들은 힘에의 의지가 그 뒤에서 작용하게 되는 허울이 될 수도 있다. 힘에의 의지가 집단들의 제국주의만큼 표출되지 않는다고 해도, 그것이 이처럼 가까운 관계에서 작용한다는 점은 더 치명적일 수 있다.

앞서 암시하였듯이, 인간의 유한성과 죄의 사악함은 국가들 간의 갈등들에서 가장 생생하게 드러난다. 경제 지배층의 계급이익이 한 국가 내에서 이러한 갈등들을 악화시킨다는 마르크스주의의 주장은 타당하지만, 이러한 갈등들이 오직 계급이익들에 의해서만 촉발된다는 증거는

---

17 고린도전서 4:4

없다. 갈등에 관련된 당사자들 중에서 그 어느 집단도 반대집단의 입장이 지닌 미덕을 판단할 수 있을 만큼 초월적인 관점을 취하지 못하기 때문에, 이러한 갈등들은 사랑의 율법이 불가능하다는 비극적인 계시를 드러낸다. 따라서 도덕적 기준들에 대한 모든 호소는 적을 향한 자아의 도덕적 정당화로 타락하게 된다. 분쟁의 당사자들은 결국 스스로를 분쟁의 심판관으로 삼게 되며 따라서 스스로 하나님인 척하는 죄에 빠지게 된다.

현대의 국제 갈등들은 모두 이 점을 보여준다. 팔레스타인에서 유대인과 아랍인들의 경쟁은 비단 두 인종집단의 본성적인 삶에의 의지(will-to-live)가 관여되어있을 뿐만 아니라 아랍인들의 봉건주의와 유대인들이 팔레스타인에 도입할 수 있었던 기술문명 간의 경제적 차이들을 수반하고 있는 두 인종과 종교들 간의 갈등이다. 도대체 이들 사이의 갈등을 중재할 수 있을 만큼 충분히 초월적인 이성적·도덕적 관점을 어떻게 찾아낼 수 있겠는가? 아랍인들의 현재적 소유권에 대해 유대인들이 팔레스타인에 대해 고대로부터 그리고 세습적으로 물려받은 명분은 또 어떻게 비교할 수 있겠는가? 혹은 오늘날의 유대인들이 지닌 상대적인 미덕과 고대 이슬람 문화가 지닌 상대적인 미덕들을 어떻게 이들 사이의 분쟁에 이미 연루되어 있는 동시에 이들 사이의 분쟁을 초월하지 못하는 기준을 도입하지 않고 평가할 수 있겠는가? 서로가 갈등에 개입시키는 도덕적 판단들은 갈등에 빠져있는 바로 그 역사적 집단들에 의해 형성되기 때문에 관계자들은 결코 갈등을 중재할 합리적 도덕성의 합의점에 도달할 수 없다. 그러므로 이러한 갈등들은 준(準)도덕적(sub-moral)이면서 초(超)도덕적(supra-moral)이다. 이러한 갈등을 영적 통일성 아래에 예속시키려는 노력은 부분적으로 성공을 거둘 수 있겠지만, 이는 언제나 자연스러운 갈등을 영적으로 강조하는 비극적인 부작용을 초래한다. 이러한 갈등들에 종교적 주제를 도입하는 것은 대개 최종적이고 가장 악마적인 허영심에 지나지 않는다. 종교는 인간의 영혼이 상대성으로부터 벗어나 영원한 것(the eternal) 안에서 하나의 관점을 얻으려고 하는 최종적이고 결정적인 시도라고 생각할 수 있다. 그러나 이러한 노력이 인간 영성의 유한함과 상대성에 대한 회개 없이 이루어질 때, 초월적인 것(the transcendent)에 대한 갈망의 순간들에서조차 종교적 열망은 죄스러운 부정직함으로 탈바꿈하게 된다. 따라서 역사적 문화들의 구조를 완성하는 역사적 종교들은 문화들 간의 갈등에서 가장 악랄한 무기가 되어버린다.

아랍인들과 유대인들 간의 갈등은 결국 대영 제국에 의해 중재되었다. 그러나 제국주의적인 이해관계가 그 갈등에 내포되어 있었기 때문에 영국은 공정한 판관일 수 없었다. 따라서 아랍인들과 유대인들의 사회적 의지들 간의 갈등은 대영 제국이라는 더 강력한 제3의 사회적 의지에 의해 억압되었다고 말하는 게 더 정확할 것이다.

오늘날 프랑스와 독일의 갈등은 지리적으로 운명 지어지고 유럽대륙의 패권을 놓고 다투도록 역사에 의해 운명 지어진 두 국가의지들 간의 근본적인 갈등이다. 이 갈등에 대한 초월적 관점은 비단 분쟁국가들뿐만 아니라 이른바 중립적인 참관국가들에게도 불가능하다. 도대체 어떤 기준에 의거하여 그들의 대립된 주장들을 비교한단 말인가? 독일의 히스테리와 프랑스의 공포 콤플렉스(fear complex)에 대해 상대적 책임을 어떻게 배분한단 말인가? 이 두 국가 모두 병적인 태도를 보여주며 이러한 태도를 도덕적 기준으로 정밀하게 조사하기란 쉽지 않은 일이다. 만약 독일이 프랑스보다 더 병적이라고 판단한다면, 독일이 최근에 세계대전에서 패배하고 사실상 승전 국가들에 의해 수감되었다는 점을 유의해야 한다. 더욱이 냉혹하며 보복적이면서도 이러한 격정들을 경건한 척하며 능글맞은 미소와 "국제 정의" 및 "유럽의 평화"에 대한 염려 아래에 감추는 간수[18]를 상대로, 독일이 창살에 머리를 찧는 것[19]은 전혀 일리가 없다. 그러나 또 다른 한편으로 프랑스가 자신보다 수치적으로 5할은 더 강력한 국가를 두려워한다고 해서, 그리고 이후에도 적에 대항하여 협조할지 확실하지 않은 동맹 국가들의 도움으로 얻은 승리의 열매를 보존하려고 한다고 해서 어떻게 프랑스를 비난할 수 있겠는가? 어쩌면 프랑스가 어리석게 적의 호전성을 돋우고 스스로의 두려움으로 인해 두려워할 만한 유형의 독일을 만들어냈다는 결론에 도달할 수도 있을 것이다. 그러나 그러한 결론에 도달한다고 해서 탈출구에 이른 것은 아니다. 이는 단지 인간이 처한 상황의 총체적인 비극의 축소판을 본 것에 지나지 않는다. 만약 국가들이 "너희 중에 죄 없는 자가 먼저 돌로 치라"[20]는 비판에 귀 기울일 수 있다면 국가들 간의 적대감은 해소될 수도 있을 것이다. 오직 회개에 근거한 너그러운 사랑만이 국가들 간의 적대관계들을 치유할 수 있으나, 그러한 수준의 사랑은 국가들에게 있어서 하나의 불가능성일 뿐이다. 개개인들 사이에서도 이러한 사랑은 극히 드문 성취이며, 집단적인 인간의 정신과 마음은 주지하는바 개인보다 상상력이 덜 풍부하다.

물론 국제사회의 힘에 의해 국제 갈등들이 어느 정도는 중재되고 완화된다는 점은 인정해야 한다. 그러나 초기의 국제사회에 진정한 국제 화합의 기관들을 제공하리라고 기대됐던 국제 연맹은 그 화합의 기관

---

18 * 니버는 여기서 독일을 수감자로, 승전 국가들을 간수로 비유하고 있다.

19 * 원문은 Beating a national head against prison bars이다. 승전 국가들의 냉혹함과 보복 앞에서 독일이 자신의 잘못을 뉘우치며 노력해봐야 헛된 일이라는 것을 비유하고 있다.

20 * 요한복음 8:7

들이 그것들을 구성하고 있는 강대국들의 의지에 불과했기 때문에 상당
부분 해체되고 있으며, 이 국가들 중 그 어느 나라도 자신의 이해관계를
초월한 국제적 시각을 지닐 능력이 없다. 러시아는 단순히 독일에 대항
하여 프랑스와 연합하기 위한 일환으로 국제 연맹에 끌어들여졌다. 영
국은 비록 국제 연맹에 진정으로 헌신해왔지만 프랑스의 관점에서는 독
일과의 해상협정을 맺음으로써 연맹을 방해하게 되었는데, 이 해상협정
은 영국의 관점에서는 회유와 공정성을 통해 독일을 평화로 이끌려는
열망에서 비롯된 것이며, 프랑스의 관점에서는 대륙의 세력 균형이라는
전통적인 영국적 정책에서 비롯된 것이다.

　동일한 방식으로 프랑스와 영국의 제국주의적 이해관계는 국제 연맹
이 일본의 만주 침공에 제재를 가하지 못하게 막았다. 미국은 당시 일본
을 막지 못하는 국제 연맹의 무능함에 대해 타당하게 경멸하였으며, 이
에 따라 흔들리는 연맹을 대신하여 일본을 향한 인류의 양심을 대변하
게 되었다. 다만 미국은 일본의 침략을 염려하는 속내에는 국제 정의라
는 추상적 개념보다 중국 내에서 미국과 일본의 제국주의적 이해관계의
갈등이 더 유력한 원인이었음을 유념하지 못했다. 평화적인 국가들이
일본, 독일 그리고 이탈리아를 필두로 평화를 위협하는 국가들에 대해
내리는 도덕적 판단들은 의미심장하게도 모두 안정되고[21] 강력한 국가
들이 덜 안정되고 제국주의적 사업에 늦게 착수한 국가들을 상대로 한
판단들이다.

21　* 원문은 secure이다. 이 단어는 1차적으로 안정되었다는 의미지만 여기서는 '확보해낸'
　　이라는 뜻이 선행한다. 그러니까 미국을 위시한 강대국들은 이미 정치적으로나 경제적
　　으로나 확보할 만한 자원은 다 확보한 상태에서 아직 자원을 확보하지 못한 국가들을
　　상대로 과거의 자신들과 다르지 않은 행보에 대해 도덕적 판단을 내려 심판관인 마냥
　　행세한다는 의미다.

간단히 말해 국제 갈등에서는 공평한 판단들이 가능한 입장은 존재하지 않는다. 모든 판단은 이해관계로 물들어 있고 공평성에 대한 모든 주장은 종국엔 그러한 주장을 야기하거나 타락시킨 부분적이고 특정한 이해관계들을 드러낸다. 따라서 국제 정세는 인간의 유한성을 적나라하게 보여주는 그림이며 유한성을 초월하려는 모든 노력에 동반되는 죄스러운 부정직함이 맺는 결과에 대한 비극적인 계시이다.

현대 사회의 계급투쟁들에 대한 분석은 그저 개인과 국가의 행위들을 조사할 때 이미 입증된 인간의 유한성에 대해 증거를 더할 뿐이다. 그러나 계급투쟁에 대한 분석은 한 가지 필수조건을 제시하기도 한다. 현대의 모든 산업 국가들을 뒤흔드는 지주들과 노동자들의 갈등, 나아가 부자들과 빈민들의 갈등에서 개인적 판단과 국가적 판단보다 악마적인 허영심과 죄스러운 부정직함의 위험에 덜 직면하는 특정한 도덕적 판단, 즉 개인적 판단보다는 덜 주관적이고 국가적 판단보다는 문화의 상대성들에 덜 의존하는 판단들은 존재할 수 있다. 그러한 판단들은 모든 도덕 원리들 중 가장 단순한 기준, 즉 평등한 정의에 속한다. 이 원리는 인간 사회가 이룬 모든 발전에서 발효되었으며 이 원리를 현대의 사회 상황에 적용하는 것은 명백히 타당하다. 과도한 특권들을 누리는 자들과 좋은 삶의 기본적인 필수요소들을 결여한 자들 간의 갈등에 있어서 사랑이 삶의 최종적인 율법임을 고수하는 종교는 평등한 정의를 사랑의 이상에 대한 정치적·경제적 근사치로서 지지하지 않는다면 스스로 의미를 잃게 된다는 점은 꽤나 명백하다. 이 문제는 이어지는 장들에서 더 자세히 다룰 것이다. 이 문제를 여기서 언급한 것은 다만 모든 도덕적 이상들의 상대성이 상대적인 가치들 사이에서 선택해야 하는 필요성 및 의무를 제해줄 수 없다는 사실과, 때로는 무엇을 선택할지 너무 분명해서 그 선택이 필수적이게 된다는 사실에 주의를 환기시키기 위해서다.

산업 문명에서 사회적 투쟁의 근간이 되는 도덕적 문제들은 특정한 도덕적 판단이 상당히 명확해지고 특정한 사회적 행위가 필수적이게 되는 모든 도덕적·사회적 문제들의 대표적인 예이다.

그럼에도 불구하고 계급 간의 갈등은 인간의 유한성으로부터 흘러 나오는 부정직함과 허영심의 죄로부터 자유롭지 못하다. 이 점에서도 사랑의 율법이 유한한 인간에게 있어선 하나의 불가능성이며, 이 사실을 깨닫지 못할 경우 갈등이 더욱 악화된다는 점을 고수해야 할 필요가 있다.

현대의 계급투쟁은 말하자면 지주 귀족들, 상인들 그리고 노동자들 간의 3파전이라 할 수 있다. 18세기와 19세기에 민주주의가 거둔 승리들은 상인들과 노동자들이 연합하여 봉건제와 군주제의 비호 아래에 자신들의 입지를 지켜오던 귀족들을 상대로 거둔 승리였다. 오늘날에는 한 편에 노동자들이, 다른 편에 귀족들과 상인들이 연합하여 투쟁하고 있다. 상인들이 그들의 동맹을 노동자들에서 귀족들로 전환한 것은 이전까지 민주주의 안에서 노동자들과 공유했던 이해관계보다 현재 그들 스스로 지주의 위치에서 상류 지주 계층들과 공유하는 이해관계가 더 중요하기 때문이다. 상인들의 변절은 그들이 민주주의를 얼마만큼 부르주아계급의 도구로서 취급했는지를 증명한다. 상인들은 봉건·군주제의 정치 형태를 지배했던 부유한 지주들의 권력에 대항하여 그들의 정치권력은 물론 경제적 힘을 확고히 다지기 위해 민주주의를 이용하였다. 이 3파전의 복잡한 사항들은 민주주의와 같은 보편적인 가치들이 얼마나 계급이익의 허울로서 사용되었었는지를 보여준다는 점을 제외하고는 우리의 논지와는 관련이 없다. 지금 이 시점에서 중요하고 관련 있는 것은 이 계급들이 각각 자신의 한정적이고 상대적인 이해관계들을 위해 절대적이고 궁극적인 의의를 주장하는 고유의 방법들을 갖고 있었으며 지금도 갖고 있다는 사실이다. 전통적인 종교, 특히 가톨릭은 봉건 귀족층들에 의해 적들을 불리한 입장에 서게 하는 수단으로 사용되고 오용되었다. 봉건 귀족층은 자신들의 상대적 정의가 "신성한 정의"라고 내세웠고, 그들의 정부는 신에 의해 세워진 것이라 주장했다. 봉건제도가 가톨릭의 영적 권위를 도용했던 것과 유사한 방식으로 상인들의 문명과 문화는 개신교를 이용했다. 그러나 부르주아 문명의 진정한 사제들은 상업 문명의 필요성이 도덕성과 합리성의 영원한 원리들에 부합한다는 점을 증명한 과학자들과 자유주의적 이상주의자들이었다. 상업문명의 진정한 종교는 자유주의 문화다. 이 문화가 이성의 능력에 대해 그리고 공정하고 "객관적인" 가치판단들을 이뤄낼 수 있는 과학적 방법론에 대해 갖고 있던 확신은 무비판적인 종교에 의해 계급이익들의 영적 신성화가 이루어진 것과 완벽히 똑같은 결과로 귀결된다. 따라서 인간 이성의 공정성에 대해 현대 문화가 지니고 있는 순진한 신앙은 상업 문명이 자신의 모든 상대적인 도덕적·사회적 이상들, 즉 자유, 소유, 민주주의, 자유방임경제 등에 대해 궁극적인 의의를 주장할 수 있게 뒷받침하는 종교가 되어버렸다. 물론 과학자들은 의도적이기보다는 오히려 부지불식간에 계급이익의 도구로서 이용되어 왔다. 어쩌면 개인적으로 정직한 과학자들과 한 계급을 위하여 의도적으로 과학적 견해들을 저울질해왔던 자들 간의 비율은 중세 교회의 정직한 사제들과 부정직한 사제들 사이의 비율과 유사할지도 모른다.

현대의 급진주의 사회철학은 귀족들과 재벌들에 대항하는 노동자들의 대의명분을 옹호하는데, 이러한 급진주의 사회철학이 과학적 "객관주의자들"을 멸시하는 것은 일리가 있다. 현대의 급진주의 사회철학은 모든 사회이론과 사회적 가치판단이 특정한 입장에서 비롯되며 특정한 경제적·사회적 이해관계에 의해 영향을 받는다는 사실을 매우 잘 알고 있다. 그러한 통찰은 급진주의 사회철학이 사회사상에 크게 공헌하는 부분이다. 그러나 급진주의 사회철학은 유한한 존재를 넘어서려는 인간의 죄스러운 욕망을 충족시킬 새로운 방법을 모색한다. 급진주의 사회철학은 프롤레타리아계급의 상대적인 입장이 사실은 절대적이며, 노동자들의 승리는 자동적으로 전체 사회의 승리이고, 그들에 의해 건설될 문명은 모든 사람들이 그들의 능력에 따라 공헌하고 필요에 따라 몫을 받는, 즉 사랑의 율법이 완벽하게 성취될 유토피아가 될 것이라고 선언한다.

공산주의의 이러한 악마적인 요소가 귀족들이나 상인들의 도덕적·영적 허영심보다 덜 위험하다고 볼 이유는 전혀 없다. 러시아의 공산주의자들이 그들의 "계급적 대적들"에 대해 보여주는 잔인함과, 모든 형태의 이기주의를 "자본주의 정신"으로 보는 그들의 순진한 동일화, 그리고 부정한 계급의 청산이 모든 정의에 관한 문제들을 해결해줄 것이라는 어리석은 희망은 모두 유한한 인간이 그들의 유한성을 초월하고 스스로를 삶의 문제들에 대한 절대적 중재자로 세우려고 할 때 사회문제들이 도리어 복잡해진다는 점을 또 한 번 증명해준다. 서양에서 정의로운 사회에 도달하려는 문제는 사회 불평등에 대항하는 반항아들을 현명한 정치수완의 필요성과 상반되는 비타협적인 태도와 독단주의로 유도하며, 삶에 대한 관점이 그들과는 다르지만 그들처럼 불평등의 희생양(예를 들면 농민들)인 자들과 함께 노력할 수 없게 만드는 사회철학에 의해 쓸데없이 복잡해지고 있다.

요컨대 역사 속의 문제들이나 사회의 단계들을 볼 때, 자신의 도덕적 삶 속에서 무한의 경계를 넘어서려는 자라도 여전히 유한성에 예속되어 있으며, 또한 그가 자신의 한계들에 대한 고려 없이 악(惡)을 극복하려고 할 때 도리어 그의 삶 속에서 악을 증가시킨다는 것을 언제나 발견할 수 있다. 그렇기 때문에 모든 인간이 따라야 하는 도덕적 요구들 중 무엇이 가능한지를 아는 것만큼 무엇이 불가능한지 아는 것이 중요한 것이다.

5장
정치와 경제에서의 사랑의 율법
(정통 기독교에 대한 비판)

5장

정치와 경제에서의 사랑의 율법

(정통 기독교에 대한 비판)

    정치·경제 분야는 그야말로 종교·도덕적 세계관의 적절함과 타당성을 전략적으로 실험하는 영역이다. 정치·경제 분야의 현실들은 궁극적 이상의 불가능성을 개인이 지닌 도덕적 관계들의 영역보다 더 생생하게 드러낸다. 동시에 이 분야의 필수요소들은 일반 대중들의 삶과 죽음 및 행복과 불행에 관련되어 있으며, 이 분야의 제한적인 성취들과 잠정적인 조화 및 통합은 그 잠정적이고 제한된 성격에도 불구하고 더 궁극적이고 절대적인 삶의 통일성에 관해 중요한 상징이자 조짐이 될 수 있다.

    기술문명은 인간의 행복이 정의로운 조직에 점점 더 의존하게 되도록, 또한 일상을 규정하는 정치·경제적 구조들에 더 의존하게 되도록 사회 화합의 심도[1]와 범위를 매우 강조해왔기 때문에, 현대인들의 생존에 있어서 정치·경제적 문제의 중요성은 갈수록 증가했다. 비록 인간의 영혼은 인간이 사회와 맺는 관계를 초월하는 궁극적인 문제들을 마주한다

---

1 * 원문은 intensity로 직역하면 '강렬함'이다.

는 것과, 심오한 종교의 관점에서 볼 때 사회 문제들에 대한 모든 해결 책들은 구체적인 사회적 만병통치약을 주장하는 사람들이 생각하는 것만큼 궁극적이지 않고 보다 잠정적이라는 것은 사실이겠지만, 사회적으로 위기를 맞이한 세대는 삶에 대해 심오하고 궁극적인 해석이라 할지라도 사회정의의 즉자적인 문제들과 관련되어 있지 않은 해석은 묵살하려 하며 그렇게 할 권리가 있다. 기술사회의 사회 불균형으로 인해 자신의 현존이 위협받고 자신의 세계가 혼돈에 빠지게 된 사람들이 이러한 문제들에 관여하지 않는 "심오한" 종교들을 감당할 수 없는 사치로 묵살한다 해도 그들을 탓할 수는 없다.

정치·경제의 문제는 곧 정의의 문제다. 정치의 쟁점은 어떻게 하면 갈등하는 이해관계들의 혼돈상태를 일종의 질서로 바꾸어서 인간들에게 상호지원을 위한 최대한의 기회를 제공할 수 있는가이다. 집단행동의 영역에서 이기심의 힘은 너무나 강력하기 때문에 세력 균형을 통해, 즉 이기심의 과도한 표출에 대한 상호방위와 그 격정의 힘을 사회적 목적에 활용하는 것을 통해 이 힘을 상쇄시킬 때에만 화합이 가능하다. 물론 이 모든 가능성들은 사랑의 이상에 미치지는 못한다. 그럼에도 사랑의 율법은 단지 정의의 규범의 근거로서만이 아니라 그 한계들을 드러내는 궁극적 관점으로서 이 모든 정의의 근사치들에 관여되어 있다.

유감스럽게도 기독교는 그동안 정치·경제의 문제들에 특별히 도움된다거나 고무적이지 않았다. 기독교는 정치·사회 윤리에서 대체로 통찰과 건설적인 지침의 토대가 되기보다는 혼란의 근원이 되어왔다. 물론 이러한 비판을 무조건적으로 적용할 수는 없다. 아퀴나스주의를 따른 가톨릭이 13세기 유럽의 평화와 질서에 기여한 것과, 칼뱅주의가 17·18세기의 민주주의의 전개와 맺은 역동적인 관계는 명백히 비판으로부터 제외시킬 수 있다. 이들 외에도 다른 중요한 사상들을 언급할 수 있을 것이다. 그러나 전체적으로 정통 기독교 사상이나 자유주의 기독교 사상보다 아리스토텔레스와 스토아학파에서부터 18세기의 사상에 이르는 합리주의적 정치이론과 마르크스의 이론이 정치에서 다루는 정의의 문제들을 더욱 혁신적으로 재검토할 수 있게 했다는 점은 인정해야 한다. 기독교가 정치에서 실패한 많은 원인들 중 가장 근본적인 것은 기독교가 영원성을 위해 시간성과 역사성을 희생시키거나 역사의 상대성들에 궁극적인 의미를 부여함으로써 예언적 종교의 변증법을 파괴하는 경향이 있기 때문이다. 정통 기독교는 전자를, 자유주의 기독교는 후자를 향했다. 정통 교회의 지나친 비관주의와 자유주의 교회의 과도한 감상주의는 정치의 문제들에 혼란을 야기했다. 전자의 경우 "세상은 악하다"라는 사실은 현존하는 사회질서가 설립한 불완전한 정의는 무엇이든 만족하고 수용하기 위한 변명으로 제시되었다. 죄로 가득한 세계가 무질서로 붕괴할지도 모른다는 두려움으로 인해 정통 교회는 역사적으로 수립된 질서가 무엇이 되었든 그것을 상당히 절박하고 맹신적으로 인정하였다. 반면에 후자는 정치의 문제들을 감상적인 도덕주의의 관점에서, 그리고 사회생활의 구조적·비(非)도덕적(amoral) 요소들이나 사회정의의 기계적·기술적 전제조건들에 대한 이해를 결여한 채 접근하였다.

경제결정론이 정치 분야에서 정통 교회와 자유주의 교회의 비극적인 실패를 드러낸다는 점은 분명하다. 기독교 완벽주의와 기독교 현실주의가 사회에서 더 고차원적인 정의를 세우려는 노력을 방해하는 수단으로 함께 이용되어 왔다는 것이 사실이라면, 서로 상반된 이 두 교리들이 적용된 용도는 교리 자체에 있는 것이 아니라 이 교리들을 주장하는 사람들의 유사한 사회적 이해관계에 달려 있다고 당연히 의심해볼 수 있을 것이다. 전체적으로 볼 때, 중세시대와 오늘날의 기독교 교회들은 모두 각 시대의 사회질서들을 지배하는 계급들로 구성되어 왔다. 그러한 지배계급들이 자신들의 계급이익을 위해 완전히 상반된 종교적 경향들을 사용할 수 있다는 점은 인간의 문화에서 그 어떤 요소도, 심지어는 문화의 상대성을 초월하고자 하는 종교의 최종적인 노력도 상대적이고 편파적인 계급이익의 도구로 전락하는 운명을 벗어날 수 없다는 것을 증명한다. 그럼에도 기독교 교회는 결코 특정한 사회계급의 도구로 완전히 전락한 적은 없었으며, 따라서 인간정신의 그 어떤 문화적·영적 활동도 그것을 조건 짓고 타락시키는 특수한 사회환경들의 측면으로만 설명할 수 없다는 점도 타당하다고 할 수 있다. 조건 짓는 환경들에 대한 세심한 분석이 언제나 타락을 지적하고 암시한다는 사실은 그 자체로 모든 진실성과 진리[2]의 내적 중심부가 타락할 수 있다는 점을 제시한다. 진리의 요소를 이용하지 않고 제대로 거짓말하기란 불가능하다. 순수한 거짓말은 자멸적이다. 특정한 이해관계들이 그것들을 초월하는 가치들을 어느 정도 담고 있지 않다면, 그러한 이해관계들의 비호와 향상을 위해 영적 힘들을 사용하기란 마찬가지로 불가능하다.

따라서 기독교 교회가 정치에서 실패한 점은 단순히 역사 속의 교회를 사회적 보수주의의 입장으로 몰고 갔던 경제적·사회적 이해관계의 측면으로만 설명할 수 없다. 실패의 원인은 역사 속의 기독교가 지녔던 특징과 성격에서 찾아야 한다. 그것은 삶에 대한 종교적 해석, 즉 현존의 궁극적인 문제들을 제대로 다루며 선악의 최종적인 가능성들을 파악하는 해석이 정작 정치질서의 현안들, 곧 상대적 선악의 문제들을 다루는 일에는 어려움을 겪는다는 사실에서 발견할 수 있다. 자유주의 기독교

---

2 * 원문은 integrity and truth이다. 전자는 인간 내면의 진실성을, 후자는 그 자체 주어진 사실로서의 진실을 지시하는 것으로 보인다.

는 사랑의 이상이 이 세상에서 승리한다는 희망을 유지하기 위해 사실상 악의 실재를 부인하는 단순한 방안을 취했다. 그러나 이것은 강제력, 무력 그리고 힘의 균형을 전략적으로 이용해서 상대적 정의를 수립해야 하는 문제를 해결하지 못하는 정치이론들을 낳게 된다. 정통 기독교는 죄의 실상을 너무 잘 알고 있었기에 사랑의 이상 속에서 인간의 모든 사회적 성취들이 지닌 불완전함을 밝히는 궁극적 기준만을 인식했다. 이는 분명 궁극적 이상의 초월적 성격을 인식하는 모든 종교에서 사랑의 율법이 지닌 올바른 기능이다. 그러나 정통 기독교는 사랑의 율법으로부터 그 어떤 유의미한 정치-도덕적 원칙들도 이끌어내지 못했다. 정통 기독교는 사랑의 율법이 모든 도덕적 성취들에 대해 궁극적 초월성으로 자리할 뿐만 아니라, 삶의 통합에 있어서 사회가 의거했던 모든 정의의 성취들을 즉각적으로 초월하는 가능성들을 제시한다는 점을 깨닫지 못했다. 그렇게 해서 정통 기독교는 사랑의 이상과 정의의 원리들 사이의 역동적인 관계를 파괴하게 되었다. 결과적으로 정통 기독교의 사회원칙들은 정의의 이상들, 즉 사랑의 이상에 대한 이끌림보다는 정의의 원칙에 대한 경외에서 비롯된 이상들에 의거해 결정되어 왔다.

정통 기독교는 정치의 불가피한 일들과 절충하기 위한 전략을 지니고 있었는데, 이 전략을 주도했던 정치사상들은 주로 두 가지 근거들, 즉 하나님이 통치권들을 세우신다는 바울의 신념(로마서 13장)과 스토아주의의 자연법 개념에서 파생되었다. 스토아주의자들과 기독교 교부들에 의하면 자연법은 이성의 법칙이다. 그들은 자연법이 사랑의 기준들과 동일하지는 않지만 하나님의 율법과 동일한 타당성을 갖는 기준들, 즉 올바른 행동과 행위의 보편적 기준들을 성립시킨다고 간주한다. 이처럼 자연법 이론은 재림(*parousia*)의 희망이 시들고 난 뒤 정통 기독교가 세상에 순응하기 위해 사용한 수단이었다. 이는 무정부주의 및 보편주의를 함축하고 있는 복음서들의 사랑완벽주의가 불완전한 세계에서 요구되는 중재와 선택, 즉 갈등하는 이해관계들의 중재와 상대적인 가치들 사이에서의 선택에 적용될 수 없다는 점이 분명했기 때문에 충분히 자연스러운 일이었다. 기독교에서 자연법 이론들의 개발은 사랑의 이상으로부터의 이탈이라고 비판받아왔다. 그러나 인간의 적절한 행동들은 사랑의 계명의 장력(tension)과 영감 아래에 있을 때조차도 사랑에 의거한 것이 아니라 율법에, 즉 공평(equity)[3]과 정의라는 합리적 원리들에 의거한 것이었으며, 그러한 비판들은 모두 이 점을 인식하지 못하는 도덕적 감상주의에서 비롯된 것이다.

기독교식으로 자연법 이론을 적용하는 것이 어려운 이유는 다른 데에 있다. 그것은 평등과 자유를 요구하는 절대적 자연법과는 대조적으로 죄의 세상에 적용할 수 있었던 상대적 자연법들을 기독교가 지나치게 강조했었기 때문이다. 이 두 종류의 자연법에 구별을 두는 것도 스토아주의로부터 물려받은 것이다. 때로 이 차이점은 평등과 정의의 절대적 요구들을 상징하는 자연법(*jus naturale*)과, 사회의 역사적 기관들 속에 존재하는 정권, 강압, 갈등 그리고 노예제도를 조정하는 만민법(*jus gentium*)의 구별이라는 측면에서 표현되었다. 기독교가 이러한 구별을 본격적으로 받아들이게 된 것은 정통 기독교가 죄의 세상에선 만민법의 요구사항들이 필수요소라고 강조하면서부터였다.[4] 정통 기독교가 지닌 보다 깊은 비관주의는 이러한 강조점에서 드러난다. 그 결과 기독교 교회는 그러한 구별을 강조하면서 만민이 하나님 앞에서 자유롭고 평

---

3 * equity(공평)와 equality(평등)는 전자가 결과의 평등을, 후자는 기회의 평등을 지시한다는 점에서 구별된다.

4 알렉산더 칼라일(A. J. Carlyle)은 『서양의 중세정치이론』(*Medieval Political Theory in the West*)에서 기독교 사상의 이러한 전개에 대해 심도 있는 분석을 보여준다.

등하다는 것을 주장하는 동시에 하나님이 죄스러운 세상을 벌하고 지배하는 방식으로서 노예제도가 정당하다는 것을 주장할 수 있었다. 그렇게 해서 평등의 원리는 정의의 원리들이 개발되는 과정에서 본래의 규제적 기능을 강탈당하게 되었다. 평등의 원리는 사랑의 이상과 함께 완전한 초월성의 지위로 격리되었다. 그 결과 기독교는 경제질서 및 정치질서에서 역사적으로 확립된 모든 불평등에 대해 안주하는 태도를 취하게 되었다. 이것은 오늘날까지 계속해서 정통 기독교가 정치 문제들에 대해 해악을 끼치는 영향으로 남아있다. 하나님 앞에서 모든 영혼이 궁극적으로 평등하고 자유롭다는 믿음이 기독교(the Church)가 고대 세계에서의 노예제도에 대해 취하는 태도를 결정지었다는 것은 부정할 수 없다. 무엇보다 이 믿음은 때때로 기독교 공동체 속에서 국가가 도달했던 것보다 더 높은 윤리 의식을 이끌어냈다. 그러나 기독교는 보다 낮은 기준들에 대해서 국가에 이의를 제기하지 못했으며, 종국에는 대개 이 기준들에 굴복했다는 점도 상기해야 한다.

인간 정의의 문제를 하나라도 신중하게 검토해보면, 두 종류의 자연법에서 제시된 것과 같은 구별은 기독교 사상에서 그러했듯이 무조건적이고 절대적으로 만들기 위해 그러한 구별이 정당하지 않은 만큼 그러한 구별을 정당화시켰었다는 것을 발견하게 된다. 인간의 모든 상황과 관계에는 이상적인 가능성이 존재하며 또한 인간 본성의 주어진 사실들, 즉 역사적이면서도 우연적인 불평등들 그리고 지리를 비롯한 자연의 기타 분열적인 힘들과 임시적이고 우연적인 상황들이 존재한다. 사회적 상황에 연관된 사람들의 이상적인 가능성은 언제나 자유와 평등의 측면에서 정의될 수 있다. 그들의 최고선(highest good)은 방해받지 않고 본성의 본질적인 잠재력들을 개발하는 데에 있다. 성격은 규율 없이 개발될 수 없지만, 이상적인 규율은 자발적이어야 하거나 최소한 삶의 궁극적인 가치들을 향상시키는 것 이외의 동기들을 갖고 있는 동인(動因, agent)[5]에 의해 부과되지 않아야 한다. 그러나 인간은 삶을 보다 완전히 발전시키기 위한 기회를 잡기 위해 다른 이들과 경쟁하는 사회에서 살고 있으므로, 이에 대한 차선은 평등이다. 왜냐하면 경쟁하는 개인들의 가치를 동일시하는 원리 이외에 서로 경쟁하는 이해관계들 사이를 중재하는 결정적 원리는 존재하지 않기 때문이다. 그들의 실질적인 가치가 동등하지 않다고 해도 그들의 잠재적 가치가 동등할 가능성은 언제나 존재하며, 잠재적 평등은 오직 우연적이거나 유전적인 우위에 의해서만 저해받는다.

이를 합리적으로 분석해보면 시작점으로 삼아야 하는 이상적인 가능성과 실제 상황이 모두 드러난다. 그러한 점에서 실제로 두 가지 자연법이 ―이성이 궁극적으로 명령하는 자연법과 이성이 현존의 임시적이고 임의적인 힘들과 맺는 타협이― 존재한다. 이상적인 가능성은 실제로는 하나의 불가능성이며, 스토아주의의 교리는 황금시대의 신화를 통해, 그리고 기독교 교리는 타락 이전에 존재하던 완전성의 시대에 대한 신화를 통해 이 사실을 잘 전달한다. 인간은 본성의 임시성들(contingencies)과 마음속의 죄로 인해 도덕적 삶의 완벽한 논리가 요구하는 완전한 자유와 평등을 결코 누리지 못하게 되기 때문에 이상은 하나의 불가능성이다. 이제까지 보아왔듯이 자연과 역사의 우연한 상황들에 의해서 뿐만 아니라 다른 이들에겐 주어지지 않는 특권으로 인해, 그리고 권력을 특정인들에게 주게 되는 사회화합 그리고 유기적인 사회생활의 필수요소들로 인해, 또한 인간이 자연이나 필수요소들[6]이 부여한 특권들을 악

---

5 * 타인일 수도, 하나의 이상이나 사상일 수도 있다.
6 * 사회적 필수요소들을 말한다.

용하고 인간의 한계와 다른 이들의 필요들 너머로 스스로를 높이려 하는 일은 피할 수 없기 때문에, 이상적인 평등은 최종적으로는 인간의 죄에 의해 상대화될 것이다.

그러나 이 불가능성은 초월성의 세계로 단순하게 배제시킬 수 있는 요소가 아니다. 이 불가능성은 주어진 모든 상황 속에서 보다 높은 선의 가능성들을 눈앞에 제공한다. 우리는 평등을 결코 실현할 수 없겠지만, 자본주의의 불평등이나 그 외의 부당한 사회체계에 만족할 수도 없다. 자연은 남성보다 여성의 자유에 생물학적 제한을 더 많이 부여하기 때문에 남녀 간에 평등은 존재할 수 없다. 그럼에도 보다 발전한 사회들은 여성들이 모성적 기능을 초월하는 재능을 개발하려 할 때 겪는 장애를 줄이기 위해 자연을 우회하려는 노력을 적절하게 해왔다. 또한 지적인 사회는 계급이나 인종 간의 능력의 불평등을 최종적이라고 받아들일 수도 없다. 그러한 불평등들은 대개 사회생활을 지적으로 통제하면 전반적으로 제한할 수 있고 때때로 완전히 극복할 수 있는 자연과 역사의 힘들로 인해 발생하기 때문이다.

따라서 평등한 정의의 원리들은 우리가 주지하는 바 불완전한 세계에 속하는 사랑의 율법의 근사치들이지 초월적 완벽함의 세계에 속하는 원리들이 아니다. 평등의 원리는 삶과 삶 사이의 경쟁을 전제로 하며 한 사람의 주장들과 이해관계를 기타 모든 삶과 동등한 정도로 증진시키고 옹호함으로써 이러한 경쟁이 착취를 야기하는 것을 막으려고 하기 때문에, 완벽한 세계에 평등은 있을 수가 없다. 사랑의 율법은 모든 삶이 긍정되어야 한다고 요구하므로, 갈등하는 주장들이 모두 동등하게 긍정되어야 한다는 원리는 갈등이 불가피한 세계에서 사랑의 율법의 논리적 근사치이다.

따라서 평등의 이상과 사랑의 이상은 현존의 사실들과 관련해서 초월성의 상승단계를 보여준다. 평등의 이상은 현존을 초월하는 자연법의 일부이면서도 이상적인 법이므로 사회·경제적 문제들에 보다 직접적으로 관련되어 있으며, 또한 하나의 법으로서 그것이 복종시켜야만 하는 반항적인 본성을 전제한다. 반면에 사랑의 이상은 모든 법을 초월한다. 사랑의 이상은 역사적 현존에 존재하는 본성의 반항에 대해 아무것도 알지 못한다. 사랑의 이상은 율법의 성취다. 사랑의 이상은 법이 완화시키고 억지하고자 하는 삶과 삶 사이의 갈등에 대한 해결책을 전제하므로, 순수한 형태의 사랑의 이상으로부터 사회윤리를 구성해내는 것은 불가능하다. 스토아주의의 윤리를 받아들이기 전까지 기독교가 진정한 사회윤리를 갖고 있지 못했던 것은 바로 이러한 이유 때문이었다. 사랑의 이상은 그것의 완전한 실현이 가능하지 않은 세계의 문제들과 연관되어야 하기 때문에, 삶이 삶과 갈등하는 세계 속에서 사랑의 이상의 가장 논리적인 개정안이자 적용방식은 곧 갈등에 대해 균형을 맞추려고 노력하는 평등의 원리다.

정통 기독교는 한편으로는 평등의 원리를 사랑의 율법과 연관시키고 다른 한편으로는 상대적 정의의 문제들과 연관시키는 데에 실패했기 때문에, 불의로 간주했었어야 하고 후대에는 불의로 간주되었던 상대적 정의의 역사적 형태들을 언제나 안일하게 받아들이려 했다. 이에 따라 완벽주의 윤리는 정의에서 교정될 수 있었던 불완전함에 더욱 만족하도록 하는 비극적인 결과를 초래했다. 이러한 비관주의가 끼친 영향은 기독교 신앙이 지닌 또 다른 요소, 즉 삶과 창조의 선함에 대해 하나님께 경외심을 갖고 감사하는 마음이 끼친 영향에 의해 더욱 두드러졌다. 자연세계에 대한 경외심은 이미 수립되고 주어진 사회조직의 전통적인 형태들에 기독교가 더욱 만족하도록 만들었다. 기독교 교회의 사상에서 하나님 없이는 그 무엇도 존재할 수 없으므로, 부유한 자와 가난한 자가 있는 것은 분명 하나님이 이러한 차별을 존재하도록 의도하셨다는 의미다. 기독교 윤리는 이러한 기독교 신학의 모티브로 인해 삶 속의 윤리적 요소들을 범신론으로 퇴색시키곤 했다.[7] 만물의 근원은 하나님 안에 있다는 것을 믿는 예언적 신앙이 신앙의 다른 조항, 즉 만물의 성취도 하나님 안에 있다는 조항과 균형을 이루지 못할 때 도덕적 긴장은 언제나 파괴되며, 이는 삶을 그 자체로 받아들이는 범신론적인 종교적 수용과 유사한 결과로 이어진다. 독일복음주의교회(the German Evangelical Church)의 나치주의자들이 민족주의적 토속신앙과 기독교 신앙을 융합하면서 하나님이 인종과 혈통의 자연적 차이를 창조하셨다는 개념을 사용하여 아리아인 우월주의에 종교적 신성성을 부여했다는 점은 의미심장하다.[8] 그리하여 나치 신학자들 중 한 명은 "혈통이 더럽혀지면 영혼 역시 파괴된다. 우리 민족의 혈맹은 더럽혀지고 있었다. 그러나 기독교(the Church)는 창조질서(*Schoepfungsordnung*)에 대한 신앙을 통해서 혈통에서 비롯되는 힘과 기질의 신비를 신성한 것으로 받아들일 수 있게 되었다"[9]고 말하며 "민족과 인종은 하나님의 창조물이다. 하나님은 인류가 서로 다른 민족들로 살기를 원하신다"고 서술한다. 기독교 신학이 현존의 임시적이고 역사적으로 상대적인 사실들을 죄스러운 세

---

7 * 성찬중시주의를 말한다.

8 * 독일복음주의교회는 약 4천만 명의 개신교인들 중 대다수가 속해 있었던 개신교 연합 조직이었다(당시 독일 인구는 약 6천만 명이었다). 크게는 루터파, 개혁파 그리고 합동파로 이루어져 있으며, 28개의 지역 교회들이 이 조직에 속해 있었다. 나치당이 부상하자 독일복음주의교회는 나치당의 민족주의적이고 인종차별적인 -특히 반유대주의적인- 선언들을 기독교 가치에 대한 확언이라고 받아들였다. 나치당이 반공주의와 독일 민족주의를 결합시키고 600만 유태인들의 학살을 자행한 것은 독일복음주의교회와 '독일 그리스도인(Deutsche Christen)' 조직의 신학적 뒷받침이 있었기에 가능했다는 점을 니버는 지적하고 있는 것이다.

9 임마누엘 히르쉬(E. Hirsch), *Das Kirchliche Wollen der Deutschen Christen*.

상의 불변하는 특징들이자 하나님이 정하시고 창조하신 가치들로 받아들일 수 있는 것은 예언적 종교의 역설적 관점, 즉 세상을 악한 것이자 선한 것으로 바라보며 하나님의 창조물이자 그분의 심판 아래에 서있는 것으로 바라보는 관점을 기이하고도 유해한 방식으로 왜곡했기 때문이다. 세상을 종교적으로 수용하는 태도와 세상을 종교적으로 비판하는 태도가 구체적인 사례들에서 선악을 판별하는 기준들로 적용되지 않는다면, 종교적 낙관주의와 종교적 비관주의의 결합은 당연히 전적으로 비도덕적인 태도를 낳을 수밖에 없다.

그러나 루터파의 창조질서(*Schoepfungsordnung*) 교리가 무가치한 개념이 아니라는 사실은 인정해야 한다. 창조질서의 교리는 합리주의 윤리가 종종 깨닫는데 실패하는 삶의 유기적 측면들에 대한 종교–신화적 이해를 상징한다. 자유주의적이고 급진주의적인 사회윤리는 모두 가족과 민족과 국가라는 유기적 통일성들을 보다 완벽한 합리성이 소멸시킬 비합리적 특이점들로 간주하는 경향이 있다. 따라서 영국의 어느 공산주의자는 "공산주의자들이 서로 다른 국민문화, 언어 등등을 완전히 정착된 세계 공산주의의 특징들로 받아들인다고 생각해서는 안 된다. 그러한 현상들은 현재에 속하는 것이지 인류 발전의 궁극적 단계에 속하는 것이 아니다. 인간이 종국에는 불편한 특이점들의 지역성에 싫증나서 인류의 문화적 유산을 세계적 통합으로 모으려 할 것이라는 점은 분명하다"[10]고 서술한다. 인간의 이성이 모든 문화의 기저를 이루고 조건 짓는 자연 세계의 임시적, 비합리적, 비논리적인 힘들을 완벽히 제어할 수 있게 될 것이라는 현대적 환상에 대해 이보다 더 완벽하고 순

---

10 존 스트레이치(John Strachey),『다가오는 권력 싸움』(*The Coming Struggle for Power*), 389쪽.

진한 표현은 찾기 힘들 것이다.

현대의 반동정치(reactionary politics)에서 국가·인종적 결속들에 대한 성급하고 병적인 강조는 오늘날 위험에 처한 과두제 집권층이 계급투쟁의 쟁점들을 가리려고 사용하는 수단임이 틀림없다. 그러나 이 수단이 이토록 성공을 거두고 있는 것은 정의로운 사회질서를 옹호하는 자들이 보다 유기적이고 덜 합리적인 인간관계들에 담긴 영속적인 힘과 제한된 미덕을 충분히 고려하지 못했기 때문일 뿐이다. 자연과 역사와 전통들은 공동체들을 생성해내며, 또한 인간의 이성이 밝혀내는 보다 합리적이고 포용적인 공동체들 및 충성심들과 갈등을 일으킬 수밖에 없는 충성심들 및 정서들을 확립시킨다. 이처럼 보다 협소한 충성심들은 갈등과 혼란을 초래하므로 그것들은 항상 비판의 대상으로 두어야 한다. 이러한 비판이 없다면 자연의 무해한 분열(divisions)들과 부조화들(disharmonies)은 인간의 죄로 인해 견딜 수 없는 지경에 이르기까지 고조될 것이다. 그러나 그러한 분열들과 부조화들은 제거할 수 없으며, 그것들을 없애려는 노력은 단지 그 안에 내재되어 있는 한편 위협받고 있는 가치들을 극단적이고 악마적으로 긍정하게 되는 결과를 초래한다. 특정한 합리적·정신적 열망들의 견지에서 보면 남녀 간의 차이점들은 비합리적이고 비논리적이다. 생물학적 사실들은 모성(motherhood)을 부성(fatherhood)의 직업보다 더 구속적인 소명이 되도록 만들었으며, 그로 인해 모성으로서의 기능과는 무관한 재능들을 발전시키는 것을 억제하였다.[11] 적절한 사회 윤리는 이 사실을 이유로 여성들을

---

11 * 여기서 생물학적 사실들은 생물학적으로 주어진 조건들을 말한다. 니버가 모성의 소명(vocation)과 부성의 직업(avocation)의 구분을 두는 것은 부성의 소명은 생물학적 조건들에서 상당히 자유로우며 자신의 선호에 따라 직업을 선택할 수 있는 폭이 모성에 비해 훨씬 더 넓다는 점을 지적하고 있는 것이다.

직업에서 제외시키지도 않으며, 모성의 책임들을 위협할 정도로 자연과 다투지도 않아야 한다. 다른 말로 하면 적절한 사회 윤리는 평등의 원리들과 현존의 유기적 사실들을 모두 자신의 지침으로 삼을 것이다. 영혼으로서의 인간에게 주어진 명령들이 자연의 힘들과 서로 갈등하는 모든 상황 속에서 남녀의 차이점들에 대해 이런 태도를 취하는 것은 전형적인 도덕적 필수성이라고 할 수 있다.

삶의 유기적 측면들을 바라보는 정통 기독교의 태도에 낙관주의와 비관주의가 뒤섞인다면, 이는 정통 기독교가 정부에 대해 더욱 해로운 태도를 취하도록 만들 것이다. 정부는 너무도 명백히 인간 역사의 구성물이어서 단순히 창조질서의 일부로만 받아들일 수 없다. 따라서 정부는 하나님의 규례로서 특별히 성화(聖化)된다. 정통 기독교 사상에서 정부를 신성한 규례로 강조하는 것은 분명 이 주장을 뒷받침하는 자연법의 일반 이론으로부터 파생될 뿐만 아니라, 사도 바울이 "각 사람은 위에 있는 권세들에게 복종하라 권세는 하나님으로부터 나지 않음이 없나니 모든 권세는 다 하나님께서 정하신 바라 그러므로 권세를 거스르는 자는 하나님의 명을 거스름이니 거스르는 자들은 심판을 자취하리라 다스리는 자들은 선한 일에 대하여 두려움이 되지 않고 악한 일에 대하여 되나니 … "[12]라고 말한 것에 특별히 근거를 두고 있다. 성경에서 이 구절만큼이나 기독교 정치사상에 치명적인 영향을 끼친 구절은 없다. 이 구절을 "이방인의 임금들은 그들을 주관하며 그 집권자들은 은인이라 칭함을 받으나 너희는 그렇지 않을지니 너희 중에 큰 자는 젊은 자와 같고 다스리는 자는 섬기는 자와 같을지니라"[13]는 예수의 말씀과 비

---

12 로마서 13:1~3
13 누가복음 22:25~26

교해보면, 예언적 종교가 권력의 위험성에 대해 취하는 비판적 태도가 덜 예언적인 종교 사상이 사회 권력의 미덕들을 무비판적으로 수용하는 태도와 현저하게 다르다는 점을 발견할 수 있을 것이다.

정부가 신성한 규례라는 이론은 부분적으로 기독교 비관주의에서 파생했는데, 이는 하나님이 정부라는 도구를 사용하여 세계가 혼란에 빠지는 것을 막았다고 정당화한 측면에서 그러했다. 초기 교부들 중 하나였던 이레나이우스는 "인간은 같은 인간을 싫어하고 모든 종류의 혼란에 빠졌기 때문에, 하나님께서는 인간들을 서로의 위에 두어 사람으로 사람을 두려워하도록 만드셨다"고 설파했는데, 이 주장은 충분히 논리적이다. 강압은 사회화합의 필수요소로서 권력의 집중을 요구하며, 일정한 권위자가 그 권력을 솜씨 있게 다룰 것을 요구한다. 같은 의미에서 성(聖) 이지도르(St. Isidore of Seville)는 정부와 노예제도가 죄의 결과이자 처리 방안이라고 여겼다. 기독교 사상의 난점은 하나님에 대한 경외심이 정부를 무조건 하나님의 능력의 열매라고 간주하게 만듦으로써 정부의 미덕을 지나치게 강조한다는 것이다. 따라서 하나님에 대한 경외심에 근거한 주장이 정부의 미덕에 신성성의 색조를 더하는 한편, 이 세계의 죄성에 대한 강조에서 비롯되는 비관주의적인 주장은 역으로 정부가 억제하는 혼란의 가능성들을 지나치게 강조한다.

이 두 요소들은 정통 기독교 사상에서 여전히 영향력을 발휘하고 있다. 변증학파를 포함하여 현대의 독일 신학에서 비관주의적 모티브와 이 모티브로부터 파생되는 결과들, 즉 반동적이진 않아도 보수적인 결과들은 매우 특징적이다. 에밀 브루너(Emil Brunner)[14]는 "이상적 (정치

---

14 * 에밀 브루너(1889~1966)는 변증법 신학의 창시자 중 한 명으로 꼽힌다.

적) 정책들의 기획은 환상들을 만들어내고 도덕적 활력을 낭비하며 그 지지자들이 이웃들을 향해 독선적인 비평가로 행세하게 유혹하기 때문에 쓸모없을 뿐만 아니라 유해하다. 문제가 되는 것은 질서와 관련되어 있지 윤리적 이상들과는 관련이 없으므로, 보다 나은 사회체제를 위해 가장 중요하게 생각해야 되는 것은 바로 실질적인 가능성이다. 물론 무엇이 가능하고 무엇이 불가능한지에 대해 전혀 고려하지 않는 예언적 명령은 절대적인 율법으로서는 그 자체로 타당성을 지니고 있다. 그러나 이 명령은 구체적인 기획이 아니라 보편적인 명령으로 제시될 때에만, 그러니까 즉각적인 정치적 실현을 수반하지 않을 때 그러한 의의를 지닌다. 즉각적이고 현실적인 문제들에 대한 원칙은 반드시 '보다 더 나은 질서가 중단되지 않고 즉각적으로 실현될 수 있지 않는 한, 주어진 질서가 가장 좋은 질서'이다 … 기독교인은 반드시 본질적으로는 사랑이 결핍된 사회체제를 따라야 한다. 사랑의 계명의 모든 명령들 중 가장 시급한 것, 즉 혼돈으로부터 삶을 구해내는 제방을 지키라는 명령을 방기하려는 것이 아니라면, 반드시 이렇게 해야만 한다."[15] 이 논리는 혼돈에 대해 극도의 공포심을 표출하고 "중단되지 않고 즉각적으로" 새로운 질서를 창조해낼 수 있는 사회변동만을 인정함으로써 사회변동을 기독교적으로 정당화할 수 있는 가능성들을 모두 배제해버릴 뿐만 아니라 기독교 이상이 정치적 현안들과 어떤 즉자적 연관성도 가질 수 없다고 일축한다. 이러한 논리와 정부를 혼돈에 대한 제방으로 간주하는 이론은 고가르텐으로 하여금 파시즘의 정치철학에 완전히 빠져들게 만들었다.[16] 만약 파시즘이 오래된 사회 체제가 와해됨으로써 초래될 수 있는 혼돈

---

15 에밀 브루너, 『계명과 질서』(*Das Gebot und die Ordnungen*), 208~214쪽.

16 프리드리히 고가르텐(Friedrich Gogarten), 『정치윤리학』(*Politische Ethik*).

에 대한 광적인 두려움에서 비롯되는 것이고, 붕괴된 질서를 인위적으로 보존하려는 쓸데없는 시도로 인해 스스로가 두려워하는 그 무정부 상태로 이끌어가게 된다고 볼 수 있다면, 우리는 역사가 파시즘의 본질적인 생명력을 소진시킨 이후에 그것이 실로 기독교 비관주의의 불행한 열매였다는 결론에 도달할 수 있을지도 모른다. 파시즘과 정통 기독교는 모두 공통적으로 혼돈을 억제하는 부정적인 임무에 의거해 정부가 실질적으로 정당화된다는 이론을 견지한다. 그러므로 파시즘의 정치원리들은 최소한 부분적으로나마 정통 기독교에서 비롯된 것일 수 있다.

정통 기독교 정치사상에서 하나님에 대한 경외심이라는 요소는 근거 없이 정부를 거룩하게 그리는데, 오늘날의 정통 기독교에서는 경외심의 요소가 비관주의적인 요소만큼 분명하게 드러나진 않는다. 그러나 그것은 콘스탄티누스의 시대에서부터 현대 민주주의가 부상하기까지 최악의 혼란을 초래했다. 그 긴 시간 동안 사회를 통제하는 권력의 구조를 지나치게 숭배하는 행태의 위험성은 완전히 드러났다. 16세기와 17세기, 즉 민족주의와 상업계급들의 정치가 귀족들의 권력을 무너뜨리고 봉건적인 무정부상태를 국가적 통일성으로 대체하기 위해 통치자의 신성한 권리라는 개념을 이용했던 때에, 수세기 동안 기독교로 하여금 군주제에 집착하도록 만들었던 왕권신수설의 개념은 특히나 그 위신을 세웠었다. 그러나 이 개념은 콘스탄티누스의 시대에서부터 16세기에 이르는 시간동안 기독교 교리에 이미 함축되어 있었다. 다행히도 교회 (the Church)와 제국 사이의 갈등은 가톨릭 정치이론에 어느 정도 "휘그 (whig)"적이고 유사민주주의적(quasi-democratic) 색채를 부여함으로써 가톨릭이 왕의 신성한 권리를 강조하는 것을 일정 부분 제한하였다. 정통 개신교는 지금까지 가톨릭보다 국가에 더욱 영합해왔으며, 마찬가지로 가톨릭보다 더욱 군주들의 신성한 권리를 전폭적으로 지지했는데,

이는 가톨릭에서는 교황청의 국제주의가 왕과 국가들에 대해 비판적일 수 있는 도덕적 지주(支柱)를 생성해냈기 때문이다. 그럼에도 불구하고 하나님에 대한 경외심은 하나님이 군주에게 권력을 부여했다고 간주하게 만들었기 때문에, 전체적으로 이 두 정교(正敎)는 군주가 수단을 가리지 않고 수립한 정부는 무엇이 되었든 지지하였다.

하나님에 대한 경외심이 정치에 끼친 영향은 비단 기독교와 군주제 사이에 친밀한 관계를 성립시키는 경향이 있었을 뿐만 아니라 통치자가 된 특정한 군주들을 지지하게 만드는 경향을 띠기도 했다. 성 아우구스티누스와 성 이지도르는 악한 군주들도 하나님이 임명한 것이라고 믿었으며, 성 그레고리는 악한 군주들에 복종해야 하는 의무를 가르쳤다. 물론 페트루스 크라수스(Peter Crassus)가 "카이사르의 것은 카이사르에게 바칠 것이나, 티베리우스의 것은 티베리우스에게 바치지 말지어다. 카이사르는 선하나, 티베리우스는 악하노라"고 말한 것처럼, 정통 기독교의 역사에서 악한 군주들을 묵인하라는 권고에 대해서는 항상 일부 비판적인 목소리들이 존재했다. 응당 그러해야 하듯 질서의 원리에 대한 상징으로서의 정부와 죄악을 지니고 있을 수밖에 없는 특정한 정부들 사이를 구분한 크라수스의 언명은 토마스 페인의 사상, 즉 "사회는 우리 미덕의 열매지만, 정부는 우리 악함의 산물이다"를 어느 정도 미리 보여주고 있다.

그럼에도 불구하고 정통 기독교 사상에서 이러한 비판의 목소리들은 예외적이었다. 악한 군주들이 악한 백성들을 응징하기 위한 하나님의 의도라는 사상은 교회가 부당한 정치를 전반적으로 지지하고 묵인하도록 부추겼다. 칼뱅조차도 "그러므로 우리가 잔혹한 군주로 인해 몹시 괴롭거나 탐욕스로운 군주에 의해 강탈당할지라도, 혹은 태만한 군주로 인해 보호 받지 못하거나 신성 모독적이고 신앙이 없는 군주에 의해 고통을 당한다 할지라도, 무엇보다 먼저 우리가 하나님께 저지른 죄, 이 재앙들을 통해 처벌 받는 것이 분명한 우리의 죄를 기억하도록 하자. 그리하면 겸손이 우리의 조급함을 억누르게 되리라. 다음으로 이 죄악들을 바로잡는 것은 우리에게 달려있지 않다는 점을 고려하자. 우리에게 달려있는 것은 오직 왕들의 마음과 왕국의 흥망을 손에 쥐고 계신 하나님의 도움을 간구하는 것뿐이다"[17]라고 서술한다. 불건전한 숙명론과 악한 군주가 악한 백성들에 대한 하나님의 처벌이라는 왜곡된 사상은 모두 칼뱅이 처음 생각해낸 것이 아니다. 이것들은 모든 정통 기독교 사상, 즉 가톨릭과 개신교의 사상에 계속해서 흐르고 있으며, 역사 속의 기독교가 그야말로 쇠퇴한 예언적 종교이며, 경외심의 힘과 영성의 힘이 올바른 균형을 이루지 못하는 종교이자, 세계를 하나님의 창조물로써 바라보는 사상과 하나님이 세상을 심판하신다는 사상이 올바른 균형을 이루지 못하는 종교라는 것을 증명해준다. 물론 칼뱅과 칼뱅주의를 공정하게 다루기 위해서는 칼뱅이 "우리는 우리를 다스리는 군주들에게 복종해야 하지만, 군주들이 하나님을 대항하고자 일어설 땐 반드시 진압하고 닳아빠진 신발과 다를 바 없이 대해야 합니다 … 군주들은 너무나 취해 있고 매혹되어 있어서 이 세상이 그들을 위해 만들어졌다고 생각합니다. 그들이 하나님을 권좌에서 끌어내리려고 한다면 그들을 존중해야 할까요? 우리가 하나님께 복종하기 위해 군주들에 반항한다면 우리는 아무 잘못이 없습니다"라며 다니엘서 6장에 대한 설교에서 보다 혁명적인 정서를 표현했다는 점을 지적해야 한다. 그의 설교는 두 가지 이유에서 중요하다. 그의 설교는 오직 군주들이 결정적으로 종

---

17 칼뱅의 『기독교강요』 제4권, 제20장.

교적 허영심의 행위를 저지를 때에만, 즉 칼뱅에 의하면 그의 종교에 동의하지 않을 때에만 군주들에 대한 반항을 정당화한다는 점에서 심각한 약점을 안고 있다. 이는 오늘날의 독일에서는 국가가 스스로를 하나님으로 세우고자 할 때, 즉 의미 있는 현존의 근원이자 목적으로 스스로를 내세울 때에만 국가에 저항할 수 있다는 의미로 받아들여진다. 정치 권력이 넘어서는 것을 용납할 수 없는 최후의 경계를 설정하고 이 경계를 넘어서는 국가들의 허영심에 맞서 용감하게 스스로를 지키는 능력이 역사 속의 기독교에게 있었다는 점을 우리는 다행이라 생각해야 할 것이다. 그러나 이것은 기독교와 정치 사이에 역동적인 관계를 성립시키기에는 충분치 않다. 사실상 국가에 대한 모든 도덕적 비판을 삼가며 국가의 영적 허영심에 대해 궁극적인 종교적 비판만 허용하는 교회는 논리적으로 볼 때 필시 오늘날 독일교회가 처해있는 곤경에 도달하게 될 것이다.

군주들에 대한 칼뱅의 비판은 또 하나의 의의를 담고 있다. 그의 비판은 통치자들에 대한 비판을 정당화하는 것뿐만 아니라 그들에 대한 반항을 정당화하기 위해 자연법 이론이 개발되었었던 개신교 내에서 새로운 유형의 종교적 사상에 물꼬를 틀었다. 베자[18]와 존 녹스[19]와 네달란드 및 미국의 칼뱅주의자들의 사상에서 이것은 기독교적으로 정치적 반항을 정당화하는 논리를 낳았으며 칼뱅주의와 민주주의 운동 사이에 역동적인 관계의 토대를 마련했다. 그렇게 해서 기독교의 자연법 개념에 암시적이고 은밀하게 흐르던 민주주의가 마침내 명료해졌고, 이는 군주

---

18 * 테오도르 베자(Theodore Beza, 1519~1605)는 스위스의 칼뱅주의 신학자였다.

19 * 존 녹스(John Knox, 1513?~1572)는 스코틀랜드의 종교 개혁가였으며, 개신교 사상을 스코틀랜드에 정착시킨 인물이다.

제의 전복과 입헌 정부의 수립에 기여했다.

정통 기독교가 야기한 정치적 혼란을 모두 지적하기 위해선 또 하나의 사실이 언급되어야 한다. 기독교 완벽주의는 한편으론 부적절한 비관주의와 다른 한편으론 무비판적인 경외심에서 비롯된 이론들에 자주 도입되었으며, 이는 대혼란을 야기했다. 기독교 완벽주의가 실질적으로 끼친 영향은 불의에 대해 묵인하라는 권고에 중요성을 더한 것이었다. 루터가 반항하는 농민들에게 "기독교인으로서 너희들이 지닌 권리에 대해 들으라, 사랑하는 기독교인들아. 너희들에게 [기독교인의] 이름을 주신 존귀하신 주께서 말씀하시기를 '악한 자를 대적하지 말고, 누구든지 너로 억지로 오 리를 가게 하거든 그 사람과 십 리를 동행하고 또 너를 고발하여 속옷을 가지고자 하는 자에게 겉옷까지도 가지게 하며 누구든지 네 오른편 뺨을 치거든 왼편도 돌려 대라' 하셨노라. 신도들아, 들었는가? 너희들의 행위가 이 권리에 합당한가? 너희는 악과 불의를 행한 자는 누구라도 견디려 하지 않으며, 오직 자유를 갈망하고 완벽한 정의와 선(善)만 당하고자 하는구나"[20]라고 설파한 것은 바로 이러한 완벽주의에서 비롯된 것이었다. 완벽주의 윤리에서 비롯된 무저항의 원리를 이처럼 쓸데없이 절충이라는 정치적 윤리에 도입한 것은 ─루터의 사상에서 뿐만 아니라 정통 기독교의 전체 역사에서 별스러운 점이며─ 계급이익을 위한 의식적인 조정이라는 혐의를 불러일으킨다. 이러한 혐의가 루터에게 더욱 해당되는 것은 죄악의 세상에서 사랑의 율법이 지닌 불가능성을 그보다 더 잘 이해한 신학자는 없기 때문이다. 정통 기독교의 정치적 서투름이 어느 정도는 기독교 비관주의와 기독교적 경외심에

---

20 마틴 루터의 *Werke, Gesammtausgabe*, Weimar, vol. xvii, 309쪽.

서 초래된 정직한 혼동으로 봐야만 한다고 해도, 불의에 순종하라는 권고들을 종용하려는 목적으로 정치에 유입된 완벽주의적 관념들은 고의성이 짙다. 어쩌면 이는 기독교가 의식적으로든 무의식적으로든 얼마나 계급이익을 위한 도구로 전락했는지에 대한 상징으로 볼 수도 있을 것이다.

정통 기독교가 정치와 지닌 관계를 고려해볼 때 18세기에 종교에 대항하여 일어난 합리주의와 자연주의의 반발은 부분적으로는 윤리적 정신이 종교적 혼란에 반발하여 일으킨 저항이라고 봐야한다. 물론 이성의 시대는 양심의 반란이라는 동기보다는 덜 고귀한 동기들을 지니고 있었다. 이성의 시대는 종교적 신화가 역사적·과학적으로 부정확하다는 것을 발견하게 되었던 과학의 시대였으며, 이 시대는 삶에 대한 신화적 해석에 종지부를 찍었다고 멋대로 상상했던 시대였다. 이 시대는 부르주아 정신이 처음으로 꽃피고 스스로가 인간 역사의 궁극적인 영성을 대표한다고 착각하고 있었던 시대였다. 이 시대는 정통 기독교가 의미의 영역을 역사 너머에 두었기 때문에, 또한 자연에 대한 과학적 관심과 정복욕은 자연이 인간 영혼의 충분한 주거지라는 환상을 품게 만들었기 때문에 역사의 흐름이 곧 궁극적인 현실이라고 해석한 자연주의의 시대였다. 그러나 이 모든 약점들이 이성의 시대의 성취들을 부정하지는 않는다. 이성의 시대에 진실이었던 것들을 받아들이지 않고 오늘날 스스로를 재정립하고자 하는 예언적 종교는 우리 세대가 직면한 도덕적 문제들에 대해 아무 도움도 되지 못할 것이다. 볼테르와 디드로를 위시한 백과전서파(Encyclopedists)는 역사적 종교가 불의를 정당화한다는 이유로 그것에 반발했는데, 이는 그야말로 당연한 일이었다. 물론 "성직자들과 그들의 위선적인 도구들"을 제거하면 정의로운 사회가 보장될 것이라는 디드로의 확신은 순진하기 그지없다. 백과전서파는 그들의 사도들 중 한 명이 얼마나 재빨리 나폴레옹의 제국주의를 "인류 해방이라는 연극의 마지막 장"으로 정당화할지 예견하지 못했으며, 또한 경건한 시대의 신앙이 봉건 귀족들의 권력을 위한 도구로써 사용되었듯이 합리주의 시대의 신조가 얼마나 교묘하게 자본주의의 상류층들을 위한 도구로 전락하게 될지를 예견하지 못했다.

그럼에도 그들이 비판적 지성을 정의의 필수조건이라고 주장했던 것은 옳았다. 사랑의 계명이 요구하는 삶과 삶 사이의 완전한 동일화(identification)[21]가 이루어지지 않는 한, 연관되어 있는 모든 이해관계들에 대한 비판적 검토라는 측면에서 상호 경쟁하는 이해관계들 사이를 중재하고 조정하는 일은 필수적이다. 권리들에 대해 역사적·전통적으로 이루어진 모든 교정들은 반드시 새로운 검토를 지속적으로 거쳐야 한다. 그렇지 않을 경우 역사적으로 이룩한 모든 정의 안에 수반되어 있는 불의의 요소들이 과도해질 것이다. 이러한 불의의 요소들이 자라나는 것은 자신들의 요구와 허영심을 증식시키는 것이 모든 권력과 특권의 경향이기 때문일 뿐만 아니라, 상황의 변화가 어제의 정의를 내일의 불의로 탈바꿈시키기 때문이기도 하다. 권력은 사회통합의 필수요소이므로 합리적인 정치는 반드시 권력을 필요악으로서 수용해야 한다. 그러나 정치는 권력이 여전히 하나의 악이라는 사실을 인지하고 있어야 하며, 불의는 억제되지 않은 권력의 표출에서 필연적으로 흘러나온다는 점을 알고 있어야 한다. 따라서 권력의 중추에 대한 지나친 신념과 경외심은 모두 정치에서 혼란을 야기하는 근원이다(심지어 영국과 같이 매우 합헌적인 군주제에서도 왕위에 대한 유사종교적인 경외심은 최근의 정치적 갈등에서

---

21 * 공감으로도 볼 수 있다.

토리당(Tories)에 의해 무기로써 사용된 사례가 있다). 종교적 태도가 비판적 지성의 기능에 대해 본래적으든 후천적으로든 적대감을 갖고 있는 한, 이러한 태도는 정의에 반대되는 것이라고 간주해야 한다.

마찬가지로, 종교가 지닌 영성의 힘과 그에 따른 완벽주의가 당면하는 상황에 존재하는 보다 높은 정의의 가능성들[22]에 대해 지나친 비관주의를 야기할 경우, 합리적 과정들의 한계들을 발견하고 모든 도덕적 이상주의에 내재된 도덕적 자기만족의 병폐를 드러내는 것이 심오한 종교의 기능이듯이, 전통 종교에 굴하지 않고 보다 높은 정의의 가능성들을 탐구하는 것이 바로 이성의 기능이다.

이러한 기능들의 분리는 유감스러울 뿐만 아니라 불필요하다. 아닌 게 아니라 기능들의 분리는 역사적 종교가 인간 영성의 본성에 대해 지닌 결정적 통찰들이 정의의 구체적인 문제들과 무관하게 되어버린 현대 문화의 끔찍한 곤경을 낳게 되었으며, 정의를 위한 즉자적 투쟁들이 인간의 총체적 상황에 대한 환상을 낳게 되었다.

예언적 종교는 정의의 문제들을 해결하는 데에 있어서 이성이 수행하는 기능을 보다 더 인정한다면 즉자적인 상황들을 더 적절하게 대처할 수 있을 것이다. 또한 예언적 종교는 합리적인 분별력을 통해 예언적 신앙의 두 가지 힘들, 즉 감사와 회개를 인간의 개별적인 상황들이 요구하는 바에 알맞게 연관시킨다면 자신의 활력과 특유의 탁월함을 훨씬 더 잘 보존할 수 있을 것이다. 예언적 종교가 쇠퇴하지 않기 위해선 신앙의 힘이자 영성의 힘이며 낙관주의의 힘이자 비관주의의 힘인 삶의 선함에 대한 감사와 삶의 악함에 대한 회개가 균형을 이루어야 한다. 그러나

---

22 *즉, 현재 성취된 정의보다 더 높은 차원의 정의의 가능성들을 말한다.

감사와 회개는 어떤 추상적인 원리를 통해 균형을 이룰 수 없다. 균형은 오직 일정한 분별력을 통해 이 각각의 힘들을 모든 역사적 상황들에 연관시킬 때에만 가능하다. 이러한 분별력의 부재는 폭정에 반항해야 할 때 오히려 교회로 하여금 정부가 수립한 질서에 대해 하나님께 감사하도록 만들었으며, 불의를 발생시킨 기관들을 바꾸려고 행동해야 할 때 오히려 불의를 야기한 죄들에 대해 회개하도록 만들었다.

역사적 기독교는 적절한 도덕의 체계의 토대와 지붕을 마련할 수 있는 자재들을 갖고 있다. 그러나 역사적 기독교는 이 체계를 완성시킬 능력은 없다. 역사적 기독교가 유의미한 세계에 대해 지닌 믿음은 유의미한 세계를 넘어서는 근원에 뿌리를 두고 있으며 이 체계의 토대가 된다. 또한 역사적 기독교가 종말과 성취에 대해 지닌 믿음은 곧 이 체계의 지붕이다. 모든 구체적인 상황들에 종교의 궁극적 통찰들을 적용한 것으로부터 형성되는 도덕적 행동들과 이상들은 이 체계를 완성시키는 벽이자 기둥이다. 이러한 적용은 상당히 냉철하고 세속적인 과제이지만, 인간 역사의 비극에 대한 통찰들과 그 비극의 궁극적 해결에 대한 희망을 지닌 심오한 종교가 언제나 이러한 과제를 담당할 수 있는 것은 아니다. 심오한 종교는 삶과 역사를 거시적으로 바라보는 관점에 익숙해서 도덕적 삶의 내용들을 구성하는 미시적 계산들과 조정들에 응당 그러해야 할 만큼 기꺼이 따르려 하지 않기 때문이다.

6장

정치에서의 사랑의 율법

(기독교 자유주의에 대한 비판)

6장

정치에서의 사랑의 율법
(기독교 자유주의에 대한 비판)

현대 교회는 정치질서 속에서 정통 기독교가 지닌 한계를 보완하려고 시도했는데, 이는 전반적으로 정통 기독교의 무기력한 비관주의를 감상적인 환상들로 대체하는 결과를 낳게 되었다. 정통 기독교는 사랑의 율법이 정치와 즉자적 연관성을 전혀 갖고 있지 않다고 일축했다. 반면에 현대 교회는 사랑의 율법이 정치에 무조건적으로 관련되어 있다고 선언했으며, 병든 사회를 구원하는 유일한 길로서 산상수훈의 원리들을 정치와 경제의 문제들에 직접 적용해야 한다고 주장했다. 정통 기독교는 경제질서가 악마적 힘들의 영역이기 때문에 가장 미약하고 잠정적인 질서만 가능하다고 보았고, 현대 교회는 낙천적이고 자신만만한 자세로 이 세계의 불의와 갈등들을 접근했다. 인간은 그동안 맹목적으로 이기적이었지만, 이제는 사랑의 율법을 배우게 될 것이다. 기독교는 이제까지 사랑의 율법을 적절하게 가르치는데 실패했는데, 이는 기독교가 복음의 간단명료함을 무의미한 신학적 용어들로 치장하게 내버려두었기 때문이다. 이러한 몽매주의 신학의 퇴적물들을 털어내기만 한다면, 교회는 구원을 이 세계에 마음껏 전도할 수 있을 것이다. 교회가 전하는 구

원의 말씀은 모든 사람이 서로를 사랑해야 한다는 것이다. 구원의 말씀은 본래 이처럼 간단한 것이었다.[1]

토마스 제퍼슨은 자유주의 기독교의 신념을 여느 자유주의 신학자만큼이나 드러내곤 했다. 그가 주장하듯이, "우리가 삼위일체설의 산술, 즉 셋이 곧 하나이자 하나가 곧 셋이라는 등의 이해할 수 없는 용어들을 다 처리하고 나면, 우리가 예수라는 단순한 구조물을 감추기 위해 세운 인위적인 비계(飛階, scaffolding)를 다 무너뜨리고 나면, 그러니까 우리가 예수의 날들로부터 지금까지 받았던 가르침들을 모두 잊어버리고 예수가 심어준 단순한 교리들로 돌아가게 된다면, 그때서야 우리는 진실하고 훌륭하게 그의 제자가 되는 것이며, 내 생각으론 그의 입술에서 직접 흘러나온 말들 외에 아무것도 덧붙여지지 않았다면 오늘날 전 세계인들은 모두 기독교인이 되었을 것이다."[2] 지난 2세기 동안 동일한 사상을 반복해왔던 수많은 신학자들보다 제퍼슨이 이 신조를 서술한 것은 적절하다. 왜냐하면 제퍼슨은 전형적으로 이성의 시대의 자녀이기 때문이며, 또한 오늘날의 기독교가 "예수의 단순한 복음"이라고 전파한 것들은 비관주의와 낙관주의가 결합된 예언적 종교의 보다 역설적인 관점이 아니라 이성의 시대의 순진한 낙관주의였기 때문이다. 사랑의 종교를 전통적·역사적 불의의 지지대로 탈바꿈시킨 신학적 교묘함에 이성의 시대가 반발한 것은 옳은 일이었다. 이성의 시대가 사랑의 율법과 형제애의 이상이 정치와 경제에 즉자적으로 연관되어 있다고 주장한 것은

---

1 *"인간은 그동안…" 이하에서 니버는 자신의 주장이 아니라 기독교 자유주의의 주장을 전개하고 있음을 유의하라. 후술하는 논지에서 더 분명히 드러나지만, 니버는 꽤나 냉소적인 어투로 기독교 자유주의를 다루고 있다.

2 토마스 홀(T. C. Hall)이 『미국 문화의 종교적 배경』(*The Religious Background of American Culture*)에서 인용, 172쪽.

옳은 일이었다. 그렇게 함으로써 이성의 시대는 역사 속의 기독교가 잃어버린 예언적 종교의 자원들을 일부나마 되찾을 수 있었다.

그럼에도 이성의 시대는 인간의 이기심을 극복하기 위해선 그저 사랑의 율법을 설득력 있게 서술하기만 하면 된다는 낙관주의를 고수함으로써 잘못을 저질렀다. 그러한 낙관주의는 불행하게도 기술 문명이 발달함으로써 경제·정치적 기법들을 통해 사회적 이상들을 실현시킬 필요성이 그 어느 때보다도 대두되었던 시기, 즉 경제적 권력의 무제한적이고 무기준적인 행사로부터 필연적으로 파생되는 불의와 야만성들을 시정하기 위해 고안된 기법들로써 사회적 이상들을 실현시킬 필요성이 제기되었던 바로 그 시기에 사회정의의 필수 장치들에 대한 관심을 단념시키는 결과를 초래하였다.

현대 기독교는 정치를 순전히 도덕적으로 접근하는데, 이는 실제론 자유방임주의 경제의 종교-도덕적 형태에 불과하다. 실현가능성이 가장 희박한 정부가 곧 실현할 수 있는 가장 좋은 정부라는 제퍼슨의 금언은 정의가 오로지 도덕적 이상에 대한 호소와 최소한의 조직체계를 통해 이루어져야 한다는 현대 기독교의 신앙이 세속화된 형태일 뿐이다. 그러나 이 믿음의 기저를 이루는 무정부주의적·자유의지론적인 추정들이 다름 아니라 이러한 교리로부터 이득을 챙길 수 있었던 상업계급들의 선호에 자유주의 기독교가 의식적으로 호응한 증거라고 추정하는 것은 제퍼슨이 금융계와 산업계에서 그와 대립했던 해밀턴주의자[3]들을

---

3 * 알렉산더 해밀턴(Alexander Hamilton, 1755~1804)은 미국 건국의 아버지 중 한 명이자 초대 재무장관을 역임했다. 그는 연방주의를 주창했으며 강력한 중앙집권체제를 선호했다. 이러한 사상을 해밀턴주의라고도 불렀다. 따라서 개인의 자유를 중시하고 정부의 역할을 최소화해야한다고 견지했던 제퍼슨은 해밀턴주의자들과 반대노선에 서 있었다.

위해 정치적 신조를 고안해냈다고 비난하는 것만큼이나 공정하지 못하다. 그럼에도 불구하고 농업주의자들과 거대사업의 적대자들이 고안해냈던 제퍼슨식 경제 이론과 자유방임주의 이론을 미국의 금권정치가들이 본인들의 목적에 알맞게 도입하였듯이, 그들이 순전히 도덕적으로 설득할 수 있다는 자유주의 기독교의 신앙도 적절하게 무해한 교리로 받아들였다는 것은 사실이다.

자유주의 기독교의 도덕주의적 유토피아주의는 다양한 형태로 표현되어 왔다. 자유주의 신학자들은 때로 모든 형태의 정치를 기독교의 사랑의 정신에 상반되는 것으로 매도하기도 한다. 그들은 정치질서가 단한 번이라도 강압 없이 존재했었는지에 대해 자문해보지도 않으면서 강압적 정치를 비난하기만 한다. 자유주의 신학자들은 때로 보다 현실적인 관점에서 모든 형태의 폭력적 강압이 기독교 윤리와 양립할 수 없다고 단언하기도 한다.

물론 "사회복음(social gospel)"에 대한 해석을 내놓으려 시도한 자유주의 기독교 계파는 전반적으로 사회질서 속의 정의가 오직 정치적 수단들을 통해서만, 즉 공통된 사회기준을 거부하는 집단들에 대한 강압과 그 외의 정치적 수단들을 통해서만 성립될 수 있다는 점을 인식하고 있을 만큼 현실적이었다. 그럼에도 불구하고 사회복음주의를 그렇게까지 철저히 따르지는 않은 몇몇 사회복음주의 사상가들은 정의의 획득에 있어서 가장 명백한 형태의 억압을 제외할 수 있도록 사랑의 계명을 해석하려 했다. 20세기 초에 가장 잘 알려진 사회복음주의 저서들 중 하나인 『복음과 현대인』(The Gospel and the Modern Man)에서 쉐일러 매튜스(Shailer Mathews)는 "정의를 얻으려는 충동은 복음주의적이지 않다. 정의를 부여하려는 충동이야말로 복음주의적이다. 예수가 자신의 추종자들에게 부여한 위대한 계명은 자신들이 겪는 부당함을 바로잡으라는 것이 아니라, 다른 이들이 겪는 부당함을 바로잡으라는 것이다"라고 서술한다. 또한 매튜스는 "복음의 이상을 실현하는 데에 따르는 어려움에도 불구하고, 복음이 스스로를 위해서가 아니라 다른 이들에게 정의를 부여하라고 강조한다는 점은 우리가 인지하는 삶과 일치한다. 특권층 중 보다 사려 깊은 사람들이 허용했을 권리보다 혁명을 통해 더 많은 권리를 얻어낸 경우는 극히 드물었다"[4]라고 서술하며 복음의 사랑 완벽주의를 정치질서에 적용할 수 있다고 기탄없이 서술한다. 물론 매튜스 박사는 "권리를 박탈당한 자들의 변호인들이 지닌 동기가 복음이 하나님의 본질에 다름 아니라고 선언하는 동기와 같은 종류인 한, 과도하게 특권을 부여받은 사람들로 하여금 권리를 나눠주도록 강요함으로써 다른 이들을 위해 정의를 쟁취하는 일은 사랑의 정수라고 할 수 있다"[5]라고 인정함으로써 정치적 문제들에 대한 그의 놀랍도록 순진한 설명에 부분적으로나마 조건을 둔다. 유감스럽게도 정치적 현실주의를 고려하여 부여된 이 조건은 권리를 박탈당한 자들 중 자신들의 "정의를 쟁취하기" 위해 싸우고 있을 수도 있는 자들을 하나님의 나라에서 제외시킨다. 그의 논리는 오직 마음씨 착한 "변호인들"에게만 도덕적 승인을 주고 있기 때문이다.

같은 맥락에서 매튜스 박사의 동료인 제럴드 스미스(Gerald Birney Smith)는 "외부적이고 비종교적인 재건에 호소하는 방향으로 계속해서 일어나는 이 엄청난 소요는 불길하다. 이것은 인류가 내부의 영적 힘들이 무능하다는 것을 확신하게 되고 자신의 입장을 외부적 개편에 맡기

---

4 『복음과 현대인』, 253쪽.

5 같은 책, 255쪽.

길 원한다는 의미인 것인가"[6]라고 서술한다.

자유주의 기독교의 교리, 특히 미국의 자유주의 기독교의 교리는 정의를 쟁취하기 위해 강압이 사용되어야 하는가의 문제에 대해 혼란에 빠져있다. 기독교의 입장에서 강압이 존재한다는 사실을 외면한다거나 그 필수성을 부정하는 것은 불가능했다. 그럼에도 기독교는 복음이 강요받지 않은 협력을 요구한다고 생각했다. 따라서 기독교는 대개 강압의 존재와 필수성을 마지못해 수용하는 것으로 만족해왔지만, 머지않아 정치와 경제의 영역에서 강압이 더 이상 필요하지 않을 만큼 기독교복음이 퍼질 것이라는 희망을 여전히 피력하였다. 매튜스는 20년 전 그가 보여준 통찰에 지난 20년간의 역사가 놀라울 정도로 미미하게 반영된 최근의 저서에서 "사랑과 협력이 경제적 삶을 건설할 수 있는 현실적 기반인지에 대해서는 전반적으로 불확실하다 … 인간이 그들 스스로의 번영을 위해 진심으로 협력할 수 있다고 믿을 수 있는가, 아니면 집단들은 반드시 그들에게 이득이 되는 것을 하도록 강요되어야 하는가?"라고 묻는다. 이 질문은 여전히 해답이 없지만, 매튜스는 같은 장에서 다시 한 번 질문을 던지면서 "건설적인 세력들이 자본가 집단들에 대한 특권을 민주화(democratize)하고 생산과정에서 임금노동자들을 동업자로 대할 준비가 충분히 되어 있다고 여길 수 있을지는 두고 봐야한다. 인간은 본성적으로 관대하지 않은 것처럼 보이며 탐욕에서 경제적 협력으로의 전환은 어려운 일이다. 예수는 개인의 협력을 사랑이라고 불렀으며 희생의 원리가 그 안에 수반된다는 점을 분명하게 인식했는데, 이 희생의 원리를 도외시하는 행태가 오늘날에도 우리의 경제적

---

6 스미스, 『사회적 이상들과 변화하는 신학』(*Social Ideals and the Changing Theology*), 145쪽.

관계들을 개선시키지 못하도록 가로막고 있다"고 한 가닥 희망으로 답한다. 매튜스 박사는 인간이 지금보다 더 다정해질 것이라는 작은 희망에 근거하여 "경제 집단들에 적용된 기독교의 사랑의 원리는 혁명의 강압을 감독한다. 기독교 운동은 경제철학에 전념하지 않는 도덕적 과정을 강조한다"[7]는 결론에 도달한다. 다시 말해 기독교는 사람들이 따르지는 않지만 마땅히 따라야 하는 도덕적 이상에 대한 설교로 해석되고 있는 것이다. 기독교는 단 한 번도 일어나지 않은 일을 계속해서 희망해야 한다. 그가 서술하듯이, "(산업적) 개편의 성공 여부는 관련된 다양한 집단들이 공공의 이익을 위해서 개개의 이익들을 희생할 준비가 되어있는지에 크게 의존한다. 이러한 선의지가 충분히 표출되지 않는다는 사실은 법적 강압의 필요를 설명해준다. 그러나 기독교인들의 서투름과 이기심에도 불구하고 기독교가 협력을 강조한다는 점은 사랑의 원리가 타당하다는 것, 즉 기독교가 구현해왔고 앞으로도 환기시켜야 할 소명이 있는 사랑의 원리가 타당하다는 또 하나의 간증이다."[8]

지난 세대의 사회적 기독교(social Christianity)를 대표하는 위대한 자유주의자들 중 한 명이었던 프란시스 피보디(Francis Peabody)는 예수의 원리들이 이미 산업계에서 활용되고 있으며 그것들이 단지 확장되기만 하면 된다는 점에 대해 매튜스 박사보다도 더 확신했다. 그가 서술하듯이, "산업계에 만연한 교활한 유혹들에도 불구하고, 실업계의 정신과 의도는 예수의 가르침에 담긴 정신과 어느 정도 맞닿아 있다. 예수가 사도들에게 전해주는 봉사의 계명은 경쟁적인 교역 세계에서도 어느 정도 알려져 있는 원리다. 봉사의 계명은 전체적으로 볼 때 산업계를 지배하

---

7 매튜스, 『기독교와 사회적 과정』(*Christianity and Social Process*), 6장.
8 같은 책, 177쪽.

고 있다 … 현대의 산업적 삶의 기반들은 대다수 실업가들의 도덕적 안정성에 견고하게 자리 잡고 있다 … 만약 현존하는 경제체제를 전복하는 혁명이 일어난다면, 새로운 체제가 영속하기 위해서는 반드시 예수의 가르침들에 담긴 원리들에 토대를 두어야 한다. 그러나 만약 예수의 가르침에 담긴 원리들이 현재의 경제체제를 장악하게 된다면, 산업계 내의 혁명은 불필요할 것이라고 생각된다."[9]

자유주의 교회가 정치를 다룰 때 항상 되뇌는 말은 사랑과 협력이 갈등과 강압보다 우월하다는 것이며, 그러므로 사랑과 협력은 반드시 확립되어야 하고 분명히 확립되리라는 것이다. 자유주의 기독교는 이상에 대한 진술이 그 자체로 이상의 궁극적 실현에 대한 충분한 보증이라고 받아들인다. 영국의 한 퀘이커교도가 정치 및 경제 문제에 대해 얼마 전에 분석했듯이, "새로운 세계는 반드시 협력과 상호 존중에 기반을 둔 호의, 그리고 터놓고 다함께 불쾌한 진실들을 마주볼 수 있는 성실함 위에 세워야 한다 … 이것은 국제질서에서 힘의 정치의 종말을 의미한다 … 우리는 팔머스톤이 지닌 약육강식적이고 폭압적인 마음을 떨쳐버려야 하며 … 비스마르크가 보여주었던 국가이기주의를 벗어나야 한다 … 정당 정치의 낡은 기준들은 현대 세계에선 충분하지 않다 … 당쟁에 전념하고, 공격본능에 호소하며, 신용을 확대하는 것은 더 이상 정당의 주된 의무가 아니다. 반대당(the opposition)이 오늘날 지닌 의무는 반대(oppose)하는 것이 아니다.[10] 야당의 가장 큰 의무는 건설적인 비판을 제공하는 것이다 … 인민의 물질적 복지가 목적임을 보여준다면, 산업과 고용주들과 주주들은 이익을 전제조건으로 삼지 않을 것이다 … 나

---

9 피보디, 『예수 그리스도와 사회 문제』(*Jesus Christ and the Social Question*), 320~326쪽.
10 * the opposition은 야당을 의미한다.

는 노동자들이 계급을 잊어버려야 한다고 믿는다."[11] 대부분의 자유주의 기독교 작품들은 정치의 모든 불쾌한 사업들을 도외시할 수 있는 희망, 즉 사람들이 선하고 다정할 것이라는 경건한 희망을 지루하게 되풀이한다. 같은 맥락에서 기독교 집회들은 지난 수십 년 간 세계정세의 유감스러운 상태를 가늠하고 인간이 복음의 원리들을 따라 살아가기만 한다면 이 모든 상황이 바뀔 수 있다고 장담하면서 결의안들을 통과시켜 왔다. 최근에 미국교회연합회(Federal Council of Churches)는 루즈벨트의 전국 부흥청(NRA) 계획이 지닌 기독교적 성격을 칭찬하는 한편, 계획에 수반되는 강압성의 정도를 비난하는 결의안을 통과시켰다.[12] 이것

---

11 허버트 우드(H. G. Wood), 『기독교와 공산주의』(*Christianity and Communism*), 135~144쪽.

12 * 미국교회연합회는 서로 다른 교파들이 교리의 차이는 있지만 여전히 예수 그리스도 안에서 하나의 교회라는 신념을 토대로 20세기 초에 부흥한 교회연합운동(Ecumenical movement)의 영향 아래 생성된 단체다. 현재는 다른 단체들과 합병하여 National Council of Churches를 구성하고 있다.
　전국 부흥청(National Recovery Administration)은 루즈벨트 대통령이 뉴딜 정책의 일환으로 공정경쟁을 장려하고 물가를 조정함으로써 과도한 경쟁을 해소하려는 목적으로 1933년에 설립한 기구다. 니버가 이 책의 내용을 콜게이트-로체스터 신학대학(Colgate-Rochester Divinity School)의 라우센부쉬 기념 강의(Rauschenbusch Memorial Lectures)에서 강연한 것이 1934년이므로, 불과 1년 전에 산업 부흥법(National Industry Recovery Act)이 제정되었던 것이다.
　산업 부흥법이 공식적으로 법적 효력을 갖게 된 6월 16일에 루즈벨트 대통령은 성명을 내는데 그 중 일부는 다음과 같다.
　"이 계획에 관해서 말하자면, 산업 부흥법은 첫째로 이번 해 여름에 수백만 명의 시민들을 그들의 정규 직업으로 복직시키기 위해 우리의 산업이 자발적으로 협력할 것을 제안합니다 … 업계의 모든 고용주들이 협력하지 않은 채 한 명의 고용주나 하나의 단체만으로는 이것을 해낼 수 없으며 경쟁에서 살아남을 수도 없습니다. 그러나 만약 각각의 업계에서 고용주들이 충실하게 단 한 명도 빠짐없이 … 함께 행동하고 지금 당장 실행하자고 동의한다면, 피해를 입는 사람은 아무도 없을 것이며, 땀 흘려 일한 대가로 먹을 것을 얻을 권리를 너무 오랫동안 빼앗긴 수백만 명의 노동자들은 당당하게 고개를 들 수 있을 것입니다. 우리가 이기심을 버리고 공동의 위협에 대항하여 견고한 전선을 유지할 수 있는지가 이 법이 직면한 도전입니다." - 루즈벨트, "산업 부흥법 성명", 1933년 6월 13일, "The American Presidency Project", 제라드 피터스(Gerhard Peters)

이 암시하는 바는 이상적인 정치계획은 국가의 다양한 경제적 힘들 중에서 오직 자발적 협력에만 의존해야 한다는 것이다.

기독교의 회생이라고 주장하지만 실제로는 자유주의 기독교의 낭만적인 추정들에 대한 최종적 표출이자 가장 황당한 표출인 부크맨(Buchman) 운동[13]은 개인들이 "절대 정직"과 "절대 사랑"을 따라 살도록 설득함으로써 현대의 경제적·정치적 문제들을 해결하겠다고 나섰다. 이 운동에서 통상적인 정치기법들은 모두 자발적·개인주의적 사랑 절대주의의 이름으로 부정되었다. 정치질서의 실질적인 문제들은 너무나도 도외시되어서 부크맨 운동의 옹호자 중 한 명은 "옥스포드 그룹(Oxford Group)의 메시지를 신속하게 받아들이게 만드는 사실들 중 하나는 많은 곳에서 젊은 사람이나 나이든 자들이나 개인적인 규율과 국가를 위해 자발적으로 희생한다는 관념에 익숙해져있다는 것"[14]이라며 순진한 의견을 개진한다.

사랑의 계명을 무조건적으로 정치에 적용하려는 자유주의 기독교의 모든 노력은 실로 희망과 후회의 기이한 메들리가 아닐 수 없다. 자유주의 기독교는 사람이 누구나 계명을 따라 살아야 하고 국가도 개인과 마찬가지로 이를 지켜야 한다고 말한다. 자유주의 기독교는 또한 개인과 국가를 막론하고 모두 계명을 어기고 있으며, 국가들이 개인들보다 더 불순종적이지만, 그럼에도 교회는 사랑의 계명을 역설해야 한다고 말

와 존 우들리(John T. Woolley), http://www.presidency.ucsb.edu/ws/?pid=14673.

13 * 프랭크 부크맨(Frank Buchman, 1878~1961)이 창시한 도덕재무장운동(Moral Re-Armament)을 말한다. 부크맨이 옥스퍼드에서 복음주의를 전했기 때문에 옥스퍼드 그룹(Oxford Group)이라고 불리기도 한다. 부크맨은 경제적 위기는 결국 도덕의 위기이며 도덕심이 회복된다면 정치와 경제의 문제는 쉽게 해결될 것이라고 주장했다.

14 스티븐 풋(Stephen Foot), 『삶은 어제서야 시작되었다』(*Life Began Yesterday*)

한다. 또한 자유주의 기독교는 사랑의 계명을 전해야 하는 교회가 불행히도 스스로 이 계명을 지키지 못했지만, 교회는 때때로 계명을 지키려고 시도했으며 이제는 보다 더 결사적으로 시도해야 한다고, 즉 계명의 실현이 눈앞에 놓인 것은 아니지만 기독교인은 계속해서 그것을 희망해야 한다고 말한다. 그러나 도덕적 의지에 대한 호소들, 또한 절박한 희망으로 이러한 의지를 옹호하려는 노력은 종교적으로 경박한 만큼이나 정치적으로 비현실적이다. 만약 자유주의 교회가 도덕적 이상주의를 덜 받아들이고 종교적 현실주의를 더 수용했더라면, 자유주의 기독교가 정치문제들을 접근하는 태도는 더욱 성숙하고 현명했을 것이다. 자유주의가 사회문제들에 대해 내놓는 해결책들은 인간의 집단행동과 개별적 삶의 도덕적 이상들 사이의 영원한 간극을 언제나 망각한다. 자유주의 기독교인들은 대부분 개인의 경우에도 지체 속에 마음의 법과 싸우는 한 다른 법이 있다는 점을 깨닫지 못한다.

때로는 희망의 전도자가 자신의 희망에도 불구하고 현실적인 두려움을 내비칠 때도 있다. 그러므로 매코넬 주교가 서술하듯이, "국가들 간의 상호 존중의 토대 위에 애국심을 세우려는 시도는 생각 자체만으로도 터무니없이 비현실적인 것처럼 보인다. 이제까지 국가들은 서로를 존중한 적이 없었다. 모든 임무들 중 가장 절망적인 과제는 국가들을 상호 존중의 토대 위로 이끄는 것이다 … 상황은 절망적으로 보이지만, 우리는 사태를 절망 속에 내버려 두어선 안 된다. 상황이 절망적으로 보인다는 것은 그 자체로 절망이 지속되지 못하게 만들어야 할 이유다 … 단지 한 국가로 하여금 십자가를 지도록 노력하는 것만 생각하자. 국가들을 대할 때 이 과제는 절망적인 것처럼 보이겠지만, 결코 불가능한 것은 아니다. 물론 이는 개인들 사이에서도 결코 흔하지 않은 높은 수준의 영적 깨달음을 요구하는 것이다."[15] 실로 위대한 자유주의 기독교의 지도자들 중 한 명인 매코넬의 언명들은 절망과 희망의 기이한 반복진술로 인해 자유주의 기독교가 정치에 접근하는 태도의 최종적인 파탄을 보여준다는 불온한 느낌을 준다. 자유주의 기독교는 인간의 집단생활에서 가장 구체적으로 드러나는 죄악의 심연을 잠시 동안 바라보다가 서서히 시선을 돌린다. 왜냐하면 우리는 무엇보다 계속해서 희망을 붙들어야 하기 때문이다.

자유주의 정치학에 걸맞은 장송곡은 마침내 우리 시대의 가장 위대한 선교사들 중 한 명인 스탠리 존스(E. Stanley Jones)의 『그리스도의 공산주의 대안』(*Christ's Alternative to Communism*)에서 탄생했다. 이 책은 감동적인 열정과 정직함을 지니고 있다. 그가 주장하는 바에 따르면 공산주의자들은 강압과 폭력을 통해 평등주의 사회를 세우고 있다. 우리는 정의로운 사회를 만들어야 하지만, 이 사회에는 정치적 갈등이 없어야 한다. 공산주의자들을 물리치는 유일한 방법은 그들보다 먼저 정의로운 사회를 이룩하는 것이다. 어떻게? 모든 기독교인들이 십자가(the Cross)의 계명에 따라 살도록 설득함으로써. 혁명의 대안은 바로 "주님의 희년(Jubilee)이다 … 곧 이것이 유일한 탈출구임을 현명하게 받아들이는 것이며, 새롭게 형성되는 인류애의 황홀감을 깨닫는 것이며, 지난 전쟁[16]에서 기꺼이 희생하였듯이 희년에 도달하도록 기꺼이 희생하려는 것이며, 낯선 기쁨으로 새로운 날을 향해 행진해 가는 것이다 … 사람들은 이것을 받아들이게 될까? 내 생각에 그들은 받아들일 것이다. 두 가

---

15 프란시스 매코넬(Francis J. McConnell), 『기독교 이상과 사회 통제』(*The Christian Ideal and Social Control*), 131쪽.

16 * 제1차 세계대전

지 이유 혹은 압력에 의해서, 즉 환멸과 욕망 때문에 그럴 것이다 … 인간의 마음은 시행착오를 겪으면서 점점 더 잠재적으로, 어쩌면 무의식적으로, 기독교인의 마음과 같이 되어가고 있다 … 다른 방법들은 언제나 혼란을 일으킨다는 것을 보여주었다 … 인류가 하나님의 나라를 정말로 도달할 수 있는 곳으로 보게 된다면, 기독교의 잠재력은 폭발할 것이다. 어쩌면 희년은 우리가 생각하는 것보다 더 가까이 다가와 있을 수도 있다."[17]

선교 운동의 진정한 성인 중 한 명인 존스 박사의 책은 너무도 진지하고 감동적인 청원서여서 이 책이 오늘날의 정치 및 경제적 문제들과 전혀 연관되어 있지 않다는 점을 지적하는 것이 유감스러울 뿐이다. 그러나 이러한 연관성의 부재는 자유주의 기독교 사상의 전형적인 성격이다. 어쩌면 존스 박사도 그의 감상적인 희망들 속에서 망각해버린 현대 정치의 실상들, 즉 또 하나의 세계대전을 향하는 정세와, 국가들 사이에서 독재의 물결이 일어나고 있다는 것과, 심화되는 경제위기로 인해 사람들이 절망에 빠져있다는 것 등의 사실들을 "인간의 마음이 점점 더 잠재적으로 기독교인의 마음과 같이 되어가고 있다"라는 그의 주장에 담긴 기이한 오류 속에서 무의식적으로 인정한 것인지도 모르겠다.

자유주의 기독교가 경제·정치적 삶에서 사회정의의 필수적인 기제들과 기법들을 완전히 망각한 것은 아니다. 그러나 자유주의 기독교의 간증들은 전체적으로 감상적 도덕주의 쪽에 무게를 두어왔다. 자유주의 기독교는 정치·경제적 제도들이 무엇이 되었든 선(善)의지(good will)가 정의를 확립할 수 있다고 역설해왔다. 기존의 생산방식과 분배방식이

---

17 스탠리 존스,『그리스도의 공산주의 대안』, 169쪽.

더 이상 사회의 평화와 질서를 유지하지 못하기 때문에 전 세계가 재앙을 맞닥뜨린 역사의 순간에, 자유주의 기독교는 이 헛된 도덕주의를 계속해서 고집해왔다.

이러한 도덕주의에 대해서는 개인의 선의지가 이루어낸 도덕적 성취가 사회 통제의 기제들을 대체할 수 없다는 점을 역설해야 한다. 개인의 선의지가 이루어낸 도덕적 성취는 사회를 보다 온전하게 하고 정화할 수는 있겠지만, 근본적인 정의를 만들어내지는 못한다. 한 사회에서 근본적인 정의는 인간의 공동노동을 위한 기관과, 사회 권력의 평등화와, 공공이익의 규제와, 경쟁하는 이해관계들의 갈등을 적절하게 통제하는 것에 달려있다. 신체의 건강이 생리 과정들에 달려있듯이, 사회유기체(social organism)의 건강 역시 그 사회구조의 적합성에 달려있다. 선의지만으로는 결코 체액 분비의 결핍을 치료할 수 없는 것처럼, 도덕적 이상주의는 사회구조 내의 본질적인 구조적 결함을 극복할 수 없다. 자유주의 기독교의 사회 이론들은 사실상 영혼의 삶이 지닌 육체적 기반을 부정한다. 그들은 마치 일종의 탈(脫)육체적 영성을 기대하고 있는 것처럼 보인다.

사회 제도의 기능은 자유주의 기독교가 인식하는 것보다 훨씬 더 중요하며 정통 기독교가 주장하는 "죄를 방지하는 제방"보다도 훨씬 더 적극적인 역할을 한다. 심오한 종교는 완벽한 정의가 죄악의 세계에서 확립될 수 있다는 환상에 빠지지 않을 것이다. 더욱이 심오한 종교는 정의의 문제를 묵살하거나 개인의 선의지에 대한 유치한 호소를 통해 정의의 문제를 초월할 수도 없다. 도덕적 유인(moral incentives)의 지원이 없다면 사회적 기법들은 정의를 위하도록 변하지 않을 것이다. 그러나 도덕적 목표가 좌절되거나 변질되지 않도록 하려면 그러한 목표가 반드시 적절한 사회 제도들 속에서 구체화되어야 한다.

우리 사회처럼 사회 권력과 사회적 특권들을 평등화하고 억제하려는 정치적 힘들을 거역하고 회피할 수 있을 만큼 경제제도들이 사회 권력과 사회적 특권의 불균형을 자동적으로 거대화시키는 사회에서, 사회권력과 사회적 특권들이 그것들의 시정을 목적으로 하는 온전한 도덕적 힘들을 타락시키는 일은 불가피하다. 거대한 불평등의 사회에서 기독교의 사랑이란 자선활동을 의미한다. 자선활동은 언제나 권력의 과시를 동정심의 표출과 뒤섞는다. 후버[18] 정권시기에 실업자들을 위해 국민들에게 더 높은 세율을 부과해야 할 필요성을 배제하기 위해 자선에 대한 호소가 계획되었던 것처럼, 자선활동은 때로 정의의 요구사항을 의도적으로 회피하기 위한 방법으로 사용되기도 한다. 자선활동의 의식적인 동기가 나무랄 데 없을 때에도 필연적으로 발생하는 위선과 자기기만은 자선활동을 변질시키므로, 정의의 희생자들은 당연히 자선활동에 대해 냉소하게 된다. 교육과 종교가 생성하는 사회적·도덕적 선(善)의 지의 모든 성취들을 통해 부당한 처벌을 바로잡을 필요성을 배제할 수 있을 만큼 완벽한 사회질서는 결코 존재하지 않을 것이다. 그러나 강제적 정의(coercive justice)의 요구사항들을 넘어서는 자발적 선행은 결코 강압적 체계, 즉 사회관계들을 강압적으로 다룸으로써 근본적인 정의를 보장할 수 있는 유일한 체계를 대체하지 못하며 다만 보조할 수 있을 뿐이라는 점을 명확하게 이해해야 한다.

현대사회에선 경제력이 가장 기본적인 권력이라는 점에서 정의의 근본적인 기제들이 점점 정치적이기보다는 경제적으로 되어가고 있다. 경제체계를 재건하지 않고서는 정의로운 정치질서가 불가능할 정도로 정

---

18 * 허버트 후버(Herbert Hoover, 1874~1964)는 미국의 31대 대통령(1929~1933)이다.

치권력은 경제력에 뿌리를 두고 있다. 이것은 구체적으로 재산 제도의 재구성을 의미한다. 재산은 항상 권력이었으며, 소유의 불평등은 언제나 공공사회기금(common social fund)의 불공평한 분배로 이어진다. 그러나 기술문명은 농업 중심의 경제에서는 근본적으로 고정되어 있었던 권력과 특권의 불균형을 역동적인 힘들로 변화시켰다. 정치권력을 통해 경제적 힘들을 압박함으로써 평등화를 이루고자 했던 경미한 시도들에도 불구하고, 권력과 특권의 집중화 및 대중의 빈곤화는 분배체계 전체가 위태로워질 만한 속도로 심화된다. 대중의 구매력은 너무 제한되어 있기 때문에 끊임없이 상품들을 쏟아내는 시장은 적합하지 않다. 그 결과 상품들의 주기적인 과잉공급은 실업위기들과 전반적인 침체를 초래하게 되는 것이다. 생산적 재산(productive property)의 사회화가 이루어지지 않는 한, 이 문제를 해결하려는 노력들은 국가에게 지배적인 경제력에 대한 최종 권한을 주지 않아도 국가권력을 위협적으로 증가시키게 된다.

철학과 종교로서, 심지어는 정치 전략으로서 마르크스주의가 지닌 결함들이 무엇이든, 정의의 문제의 기술적인 측면들에 대한 마르크스주의의 분석은 제대로 된 도전을 받은 적이 없으며, 오늘날의 역사에서 일어나는 모든 사건들은 그 분석이 타당하다는 증거를 더해주는 것처럼 보인다. 마르크스주의자들과 비교했을 때, 정의의 기술적이고 방법적인 토대들을 무시하거나 탈피하려는 도덕주의자들 및 종교적 이상주의자들의 정치이론들은 참으로 순진하기 그지없다. 물론 마르크스주의의 계획은 그것이 희망하는 새천년을 불러오지 못할 것이다. 그것은 단지 과학기술 시대의 필수요소들과 유일하게 화합할 수 있는 재산 제도를 제공할 것이다. 한편으로는 마르크스주의가 지닌 유토피아적 환상들과, 다른 한편으로는 자유주의 기독교 및 세속적 자유주의자들이 방법론적 문제들을 도덕주의적인 태도로 외면한다는 점이 근본적인 정의의 전제조건으로서 새로운 재산 제도를 세우는 일을 복잡하게 만든다는 점은 다소 비극적이다.

이 새로운 재산 제도를 세우기 위해 반드시 사용되어야만 하는 방법들은 폭력과 기독교 윤리의 관계에 대한 문제를 야기한다. 상당수의 기독교 자유주의자들, 특히 사회복음운동의 좌파계열은 기독교 자유주의의 주류파처럼 정의의 역학을 도외시하지는 않았다. 월터 라우센부쉬[19]로부터 오늘에 이르기까지 기독교 자유주의자들의 사회이론은 경제적으로 사회주의적인 함의를 지니고 있다. 그러나 그들은 대체로 한 가지 조건을 덧붙였는데, 바로 사회갈등은 평화적으로 해결해야 된다는 것이다. 그들은 일반적으로 훌륭하기는 하지만 한편으론 순전히 실용적일 뿐인 도덕관념에 절대주의적인 종교적 반감을 결합시킴으로써 폭력을 반대하는 논지를 펼쳐왔다.[20] 실용주의적 양심과 완벽주의적 양심 사이를 혼동하는 것은 자유주의 사상이 예수의 윤리를 명확하게 바라보지 못하는 데서 초래되는 당연한 결과다. "십자가(the Cross)의 길"을 따라 살고자 한다면 기독교인들은 무저항을 실천해야 한다. 그들은 비폭력적 저항을 사랑 완벽주의의 수단으로 정당화하는 논지를 복음서들에서는 찾지 못할 것이다. 그들은 단지 "누가 나를 너희의 물건 나누

---

19 * Walter Rauschenbusch(1861~1918)는 침례교 목사이자 미국의 사회복음주의 운동가였다. 그는 미국의 철학자 리처드 로티(Richard Rorty)의 외할아버지이기도 하다. 라우센부쉬 기념 강의는 이 사람을 기리기 위해 기획된 강의다.

20 그러한 맥락에서 최근에 베넷(John Bennett) 교수는 그의 훌륭한 저서인『사회구원』(Social Salvation)에서 기독교인들이 폭력을 사용할 경우 일어나는 7가지 결과들을 나열한다. 그 중 5가지는 폭력의 사용에 대해 어느 정도 설득력 있는 실용주의적 반대이유들을 제공한다. 그 중 하나는 오직 "우연히" 폭력이 발생할 경우에만 사회운동에 가담하는 것을 옹호한다. 마지막 하나는 "(기독교인의) 길은 곧 사람들을 향해 폭력을 사용하는 것보다 십자가를 받아들이길 선호하는 것이다"라고 단언한다.

는 자로 세웠느냐"[21]처럼 비타협적인 말씀만 발견하게 될 것이다. 그들은 기독교인들이 폭력에 관한 문제에 도달하기 한참 전에 이미 예수의 윤리를 어기는 것에 대해 염려하게 된다는 점을 깨달아야 한다. 그러한 고민은 스스로가 "네 이웃을 네 자신과 같이 사랑하라"[22]는 계명을 어겼다는 것을 깨닫는 데서 시작된다. 이 계명의 위반에서부터 삶과 삶 사이에, 국가와 국가 사이에 갈등이 야기된다. 이러한 갈등을 비폭력적인 논의로 제한시키는 것은 매우 바람직한 일이지만, 그것이 항상 가능하지는 않다. 때로는 기존의 현실적이고 상대적인 정치 문제들에 완벽주의 윤리를 갑자기 도입하는 것은 정의에 해가 될 수도 있다. 복음서들의 사랑 완벽주의에 반대되는 모든 강압적인 경제적·정치적 관계들이 당연하게 받아들여지는 사회에서 살아가며 그러한 사회로부터 이익을 얻는 기독교인들은 특정 문제에 대해 복음의 비타협적인 윤리를 제멋대로 도입할 수는 없다. 이러한 일이 발생할 경우 우리는 무의식적인 계급적 편견들이 소위 기독교적 판단을 유도한다는 것을 거의 확신할 수 있다. 예를 들어 단 하나의 파업에 대해서도 눈살을 찌푸리며 폭력을 거부하는 기독교 중산층(middle-class Church)은 대체로 보다 공공연한 형태의 폭력을 배제할 수 있을 만큼 경제적 권력 및 기타 형태의 은밀한 권력을 충분히 지니고 있는 사람들로 구성되어 있다는 점은 의미심장하다.

폭력의 문제에 관한 자유주의 기독교 사상의 주요결점은 바로 이 문제에 대한 실용주의적 관점과 완벽주의적 관점을 혼동한다는 것이다. 이 두 관점은 각각 타당성을 지니고 있지만, 이 두 관점을 혼합시키려는 시도는 도덕적 혼란을 야기하게 된다.

---

21 * 누가복음 12:14
22 * 마가복음 12:31

정치의 상대성들에 대해 기독교적 윤리 절대주의를 고수하려는 시도는 실질적으로 기독교 금욕주의자들의 전략이며 기독교 사상과 삶에 대한 귀중한 공헌이다. 우리는 십자가(the Cross)의 상징을 지니고 있어야 할 뿐만 아니라 기독교 이상과 우리 모두가 관여되어 있는 상대성들 및 타협들 사이의 긴장에 대해 되풀이되는 역사적 상징들을 지니고 있어야 한다. 선교 운동은 이러한 종류의 상징과 관련해서 가톨릭의 금욕주의 운동에 견줄 수 있는 유일한 상징을 개신교에 제공했다. 정통 개신교는 금욕주의적 완벽주의를 반박하는 칭의론(稱義論, theory of justification)과 은혜론을 지니고 있었으며, 자유주의 개신교는 금욕주의를 낳을 만큼 절대주의적 입장으로부터 압박받지 않았다. 자유주의 개신교는 오히려 일상적인 사회의 상대적이고 타협적인 힘들과 관계를 유지하는 동시에 예수의 율법에 따라 살아갈 수 있다고 믿었다. 금욕주의의 가치는 본질적으로 그 상징적인 성격에 있다. 경제적으로 볼 때 금욕적인 성인은 죄스러운 세계에 기생하고 있는 것이고, 일상 속의 자연스러운 관계들과 책임들에 대한 부정은 삶 그 자체를 파괴하게 되므로, 금욕적인 성인이 절대적 이상에 보이는 헌신은 모든 인간을 긴장 상태에 두는 사랑의 최종적인 이상에 대한 상징에 지나지 않는다. 그럼에도 오직 금욕주의만이 이러한 상징적 완전성의 토대가 될 수 있다. 가족이 고려되는 순간 절대주의자는 본성적인 가족의 의무를 왜곡시키고 부정하거나, 그가 스스로의 이해관계만을 위해 취할 만한 행동보다 더 큰 조치를 통해 가족의 이해관계를 보호하게 됨으로써 그의 완벽주의를 절충할 수밖에 없다. 가톨릭 금욕주의가 독신을 고집하는 것은 심오한 도덕적 현실주의의 소산이다. 도덕적으로 상대적인 영역들, 즉 가족에서 시작하여 국가에 이르는 한정적인 집단들을 보호하려는 의도에서 시작되는 분쟁들에 관여하면서도, 폭력을 거부하는 단순한 방법을 통해 절대적인 윤리를 고수할 수 있다고 생각하는 현대의 모든 종교적 이상주의는 이러한 현실주의를 결여하고 있다. 죄악의 세계에서 사랑 절대주의를 금욕적·상징적으로 표현하는 하나의 전반적인 형식으로서 종교적 평화주의는 나름의 가치와 정당성을 갖고 있다. 종교적 평화주의를 생성해 내지 못하는 교회는 그 부족함으로 인해 더 궁핍해진다. 그러나 교회는 자신의 전제들에 대해 명확해야 하고 사랑의 이상과 본성적 삶의 필수 요소들 사이의 갈등을 파악해야 한다.

순전히 종교적인 평화주의와 혼합시키는 잘못을 저지르지 않는다면, 현실주의적 평화주의는 순전히 종교적인 평화주의만큼이나 그 나름대로의 정당성을 지니고 있다. 현실주의적 평화주의는 "십자가(the Cross)의 율법"을 사조(inspiration)로 받아들이지 않는다. 현실주의적 평화주의는 이해관계와 이해관계가 갈등하고 힘과 힘이 갈등하는 세계를 수용하며, 이러한 세계에서 십자가(the Cross)의 이상은 태초부터 지키지 못해왔다는 것을 알고 있다(혹은 알고 있어야 한다). 현실주의적 평화주의는 가능한 최대의 사회적 상상력과 지성을 끌어들임으로써, 또한 폭력사태가 일어나지 않도록 가능한 최선의 중재방식을 제공함으로써 다투는 세력들 사이를 중재하려고 한다. 사회폭력은 매우 악한 것이고 피할 수 있다면 반드시 피해야하므로, 이러한 평화주의는 모든 사회에서 필요한 영향력이다. 사회폭력은 자주 사회폭력이 추구하는 목적에서 벗어난다. 기술문명은 문명의 구조 전체를 위협할 만큼 내재해 있던 위험성들을 키워왔고, 또한 문명의 성과를 불의의 희생자들의 손에 무기로 쥐어줌으로써 그 성과에 내포된 위험성 역시 키워왔다. 만약 무력분쟁으로까지 이어지게 된다면, 무기를 얻은 자들은 무기를 잃어버린 자들보다 더 치명적인 수단들을 소유하게 될 것이다. 따라서 폭력을 미연에 방지하는 것은 어느 사회에서나 중요하며, 특히 오늘날의 복잡한 사회에서는 더욱 그렇다.

폭력에 호소하게 될 경우 사회가 완전히 해체될 위험성은 너무나 크기 때문에, 급진주의 분파들이 폭력에 낭만적으로 호소하는 행태는 반드시 비판해야 한다. 그러나 절대주의적 동기들을 갖고 정치적 문제들의 현실성을 분석하는 잘못을 저지른다면 이를 성공적으로 수행할 수 없다. 정치의 진수는 권력의 균형(equilibria) 통해 정의를 달성하는 데에 있다. 권력의 균형은 갈등상태는 아니지만 동시에 서로 대립하는 세력들 간의 긴장 상태가 그 밑에 도사리고 있다. 긴장이 있는 곳에는 갈등이 잠재되어 있으며, 갈등이 있는 곳에는 폭력이 잠재되어 있다. 따라서 정치질서에 책임을 다하려면 폭력을 무조건 거부하는 것을 불가능하다. 폭력을 통해 정의의 대의명분을 파괴하려고 시도하는 자들을 막아야 하는 위기들은 언제나 있을 것이다. 물론 인간은 특정한 명분에 그릇되게 헌신할 수 있으며, 그 명분이 정의의 본질적인 요소와 맺는 관계를 잘못 생각할 수도 있지만, 이 역시 도덕적·사회적 삶에 내재하는 가능성들 중 하나다. 이러한 고려는 폭력을 사용해선 안 된다고 주장하지 않으며, 모든 사회문제들이 상대적이라는 것을 상기시켜준다.

폭력을 통해 사회질서를 정화하자는 낭만적 호소에 대항하여 현실주의로써 비폭력을 변호하는 일은 사회적 선(social good)의 현실적이고 상대적인 규범들의 한계를 엄격하게 지킬 때, 그리고 급진주의의 피상적인 잘못보다는 진정한 오류들을 지적할 때 더욱 효과적일 것이다. 공산주의가 위험한 이유는 그것이 폭력을 설파하기 때문이 아니라 사회문제들에 대한 분석에 있어서 너무 많은 오류를 저지르기 때문이다. 민주주의가 부르주아계급에 기원을 두고 있다는 사실에 대한 인식은 공산주의로 하여금 민주주의가 순전히 계급지배의 도구라는 잘못된 결론에 도달하게 한다. 비록 금권력이 대체로 자신의 목적에 맞게 민주주의를 왜곡시킬 수 있다고 해도, 민주주의의 원리들과 전통들은 실제로 경제적 재벌층(oligarchy)에 대한 중요한 억제들이다. 민주주의가 금융 재벌들의 지배를 위협할 때 경제적 권력들이 민주주의를 철폐하려 한다는 사실은 민주주의적 규제가 여전히 필수적이라는 증거다. 극단적인 냉소주의가 민주주의적 기관들에 대해 나타내는 무조건적인 회의는 이러한 파시즘의 위협을 증가시킨다. 1935년에 공산주의 국제연맹[23]은 뒤늦게 공산주의 전략 속에서 이러한 오류를 인식하고 이를 수정하고자 했다. 그러나 이러한 깨달음은 파시즘으로부터 독일을 구원하기에는 너무나 늦었으며, 공산주의 신조의 단순함은 공산주의가 새로운 정치의 기반이 되지 못하는 장애물이 될 것이다. 현명한 통치권은 적이 그들의 세계를 파괴한 후에도 (독일의 사회주의자들이 그러했듯이) 민주주의의 중재 수단을 자신의 대의명분보다 중시하지 않겠지만, 그렇다고 평화로운 사회변화를 이룰 수 있는 민주주의의 자원들을 섣불리 포기함으로써 적들의 손에 놀아나지도 않을 것이다.

공산주의적 낭만주의와 유토피아주의는 독재를 통하여 민주주의의 적인 자본주의자들을 말살하기만 하면 독재를 통해 순수하고 무정부주의적인 민주주의가 자라날 것이라고 상상하기 때문에 평화롭고 비폭력적인 사회변화에 더욱 위협적이다. 이러한 희망은 정치 문제를 완전히 그릇되게 분석한 데에서 기인한다. 이러한 희망은 정의가 부패하는 것은 오직 자본주의 권력 때문이라고 보고 모든 권력이 정의에 위협이 된다

---

23 * Communist International은 코민테른(Comintern)이라고도 한다. 기존의 코민테른이 계급투쟁에 대해 지속적으로 강조해왔다면, 모스크바에서 7월 25일부터 8월 20일까지 열린 제7차 코민테른 세계대회에서는 당시 유럽 내에서 급격하게 증가하고 있던 파시즘의 위협에 맞서 공산주의자들과 비공산주의자들의 공동전선을 구축해야한다고 표명하였다.

는 점을 깨닫지 못하며, 민주주의가 어떠한 한계를 가지고 있든지 간에 공산주의나 자본주의 과두층의 제국주의를 억제하는 데 필수적이라는 점도 깨닫지 못한다. 공산주의의 과두층이 신기할 정도로 일반 시민과 동일한 이해관계를 갖고 있다는 믿음은 급진적인 지도층이 과거의 영웅적인 혁명의 전통들에 의거해 순수함을 유지하는 짧은 시간 동안에는 명분을 갖고 있는 듯이 보인다. 그러나 과거에도 이처럼 영웅적이고 희생적인 전통을 지니고 있었던 과두층이 있었다. 하지만 전통의 효력은 다음 세대를 넘어서 유지되기가 힘들다. 유토피아에 대한 꿈, 독재 정부의 모든 적들을 진멸시키고 난 후 독재 정권을 따르려는 꿈은 불의의 근원들 중 무엇이 영속적이고 무엇이 자본주의에서 기인하는지를 구별하지 못한 데서 비롯된다. 이를 구별하지 못한다는 점은 사회변화에서 폭력의 경향성을 증가시키는데, 이는 유토피아적 환상이 구체계의 전복을 지지하는 자들을 파괴적인 분노로 이끌기 때문이다.

급진주의가 사회생활의 기제들에 집착하는 것과 사회의 유기적 측면들의 의의를 깨닫지 못한다는 점은 평화로운 변화에 더욱 위협적이다. 역사적 전통, 국가적 정서, 문화적 유산과 무의식적 충성심들의 유기적 힘들은 단순한 사회기제들보다 더 굳건한 활력을 지니고 있으며, 이러한 힘들은 사회변화의 과정들을 복잡하게 만들고 그 속도를 지연시킬 수도 있다. 전형적인 급진주의 철학이 제시하는 지나치게 기계론적인 해석은 이러한 힘들을 파시즘 쪽으로 배제해버리고 사회변화의 복잡한 과정들에 대해 잘못 추정하도록 만든다. 예를 들어 러시아가 지닌 위신은 더 많은 공산주의적 급진주의자들로 하여금 이러한 잘못을 저지르게 만드는데, 이는 러시아의 유기적·문화적 힘들이 애초에 너무 약해서 정치·경제구조의 분해와 함께 그 힘들이 쉽게 소멸되었기 때문이다. 이에 따라 서구 문명에서는 찾아보기 힘들며 급진주의적 분석가들을 혼동시키는 사회변화의 양식이 성립되었다.

급진주의의 오류들은 의심할 바 없이 사회변화의 위험성을 증가시키며 폭력으로 이끄는 경향이 있다. 그것들은 총체적인 사회 상황을 보다 현실적으로 평가함으로써 보완되어야 한다. 살인의 사악함에 대해 훈계하는 것이 대도시에서의 살인율을 감소시키는 데에 효과가 없는 것처럼, 그것들에 대해 단순히 폭력의 사악함을 주장하는 것은 아무 효과가 없다.

폭력을 방지하는 것은 급진주의의 오류에 맞서 싸우는 데 달려있을 뿐만 아니라, 반체제적인 불의의 희생자들에 의해 위협당할 때 위험에 처한 권력자들이 폭력을 사용하여 그들의 사회적 지위를 방어하지 않도록 권력자들을 단념시키는 일에 더욱 달려있다. 잃을 것이 가장 많은 자들이 이러한 자제력을 가지기란 실질적으로 불가능하므로, 사회폭력을 배제하는 과제는 소시민층(the lower middle-class)과 농민들이 위협 받는 자본주의의 과두층과 정치적 동맹을 맺는 일을 권력자가 얼마나 현명하게 저지할 수 있는가에 달려 있다. 만약 본질적인 사회 권력(주택과 소액저축) 없이 재산만 소유한 자들이 본질적인 사회 권력을 함유하는 재산을 소유한 자들의 진영으로 몰리거나 구슬리게 된다면, 또한 그들이 정치적으로 재산을 박탈당한 자들의 반대편에 서게 된다면, 다가오는 사회조정의 시기에 폭력은 피할 수 없을 것이다. 이러한 정치적 연대는 위기에 처한 과두층으로 하여금 항복하는 대신 파시즘을 선택하도록 만들며 박탈당한 자들이 절망으로 인해 분노하게 만든다. 불행히도 폭력에 대한 도덕적 거리낌이 있는 계급들이라고 해서 항상 소시민들을 파시스트 정치의 속임수와 위협에서 구하는 데에 도움이 되는 것은 아니다.

서구문명 전체에 분명히 임박한 사회변화들에 있어서 급진주의나 자유주의의 지도층이 폭력을 막을 수 있을 만큼 현명하지 않다고 해도, 정치적 책임은 여전히 경쟁하는 세력들 사이에서 도덕적 선택을 내릴 것을 요구한다. 모든 사회갈등에서 특정한 쪽의 편을 들 필요는 거의 없다. 특정한 사회갈등에 정의의 본질적인 문제들이 달려 있는 것이 아니거나 정의의 대의명분을 위해 확실한 이득을 취할 수 있다는 희망을 정당화하기에는 문제들이 너무 혼란스러울 때, 갈등의 해결을 포기하는 것이 유일하게 가능한 선택일 수도 있다. 이러한 고려사항들은 많은 사람들로 하여금, 심지어는 사회갈등에 개입하는 것에 대해 완벽주의적인 거리낌이 없는 사람들조차도, 오늘날 세계의 평화를 위협하는 잠재적이고 개연적인 국제 갈등들에 개입하는 것을 거부하도록 만들 것이다. 이러한 방식의 반전(反戰)주의는 국제 갈등은 물론 국내 갈등에 대해서도 개입을 포기하겠다고 약속하지 않기 때문에 자주 일관성이 없다고 비난받는다. 그러나 그것이 비일관적인 경우는 국제 갈등의 상황에서 현실적 근거 외의 이유들로 무기사용을 거부할 때에만 발생한다.

이처럼 폭력의 문제를 전적으로 현실적이고 상대주의적으로 분석하는 것은 분명 모든 상황에서 폭력을 절대적으로 거부해야 한다는 결론에 이르지 못한다. 따라서 이러한 분석은 목적이 수단을 정당화한다는 암묵적인 원리에 물들어 있다. 이는 선한 사람들은 모두 혐오할 수밖에 없는 끔찍한 예수회식(Jesuitical) 격언일 것이다. 그럼에도 선한 사람들은 모두 이러한 분석에 연루되어 있다. 세계로부터 금욕주의적으로 물러나지 않는 한, 모든 도덕적 행위는 수단과 목적이 절대적으로 구분되는 것이 불가능한 도덕적 가치와 가능성들의 영역에 자리하고 있기 때문이다. 여기에는 오직 즉자적인 가치들과 보다 궁극적인 가치들만이 있을 뿐이다. 즉자적이든 궁극적이든, 모든 가치는 일정 부분만 고유적(intrinsic)일 뿐이다. 모든 가치는 그 가치가 다른 가치들을 지지하는가의 측면에서 측정되어야 한다는 점에서 일정 부분 수단적(instrumental)이다. 물론 존재할 수 있는 모든 가치가 다른 모든 가치들을 종속시킬 만한 자격을 지닌 것은 아니므로, 모든 목적이 모든 수단들을 정당화하지는 않는다. 그러나 그 어떤 가치체계에서도 가치들 간의 종속은 필수적이다. 예를 들어 자유는 다른 가치들을 위해 너무 선뜻 희생되거나 너무 완전하게 희생되어서는 안 되는 고등가치이다. 그럼에도 불구하고 자유는 사회협력의 필요성으로 인해 희생되거나 종속된다. 자유가 어느 정도로 사회 화합의 요구사항들을 위해 종속되어야 하는지, 반대로 사회 화합의 요구사항들이 어느 정도로 자유를 위해 종속되어야 하는지는 최종적인 정답이 없는 질문들 중 하나다. 이 문제는 역사 속에서 끊임없이 제기될 것이며 각 시대의 요구사항들, 압력들, 신념들 그리고 환상들에 따라 타결될 것이다. 진실은 사회교류의 전체 구조가 해체되지 않도록 해주는 고등가치이다. 그러나 도덕적 순수주의자들조차도 때에 따라 다른 고등가치들을 위해 진실을 희생하기도 하며, 심지어 갈등이 없는 사회교류라는 의심스러운 목적을 위해 진실을 희생하기도 있다. 목적이 수단을 정당화한다는 교리를 혐오하는 도덕적 순수주의자도 외과의가 신체에 가하는 폭력과 살인을 목적으로 목을 베는 살인자의 폭력을 문제없이 구분한다. 수술로 인해 환자가 사망한다 하더라도 외과의가 의도한 것이 아니라 우연한 결과라면, 이러한 구분은 여전히 유효하다.

때로 생명에 대한 경외가 도덕체계에 너무나도 근본적이기 때문에 생명의 존엄성은 반드시 유지되어야 한다는 주장을 통해 평화주의적 절대주의를 정당화하기도 한다. 그러나 삶과 삶이 불완전한 세상 속에서 경쟁한다는 점을 깨닫게 된다면, 꽤나 그럴듯하게 들리는 이 주장도 설득력이 떨어지게 되며, 그러므로 누구도 절대적인 의미에서 생명의 존엄성이라는 원리를 옹호할 수는 없다. 생명의 공공연한 파괴에 대한 두려움은 인간의 생명을 지속적으로 파괴시키고 격하시키는 사회 정책들을 영구화시키는 방향으로 이끌 수도 있다. 불의한 사회체제의 빈곤 속에서 희생되는 유아들의 생명이 지니는 가치와 최종적인 사회위기에서만 희생할 수 있는 생명의 가치를 어떻게 비교할 수 있겠는가? 사형은 아마도 살인에 대한 방지책으로서는 효과가 없을 것이다. 그러나 만약 사형이 효과적이었다면 모든 생명의 존엄성이라는 원리를 위해 사형 제도를 폐지하는 것은 죄인의 생명을 무고한 이들의 생명보다 더 선호한다는 역설적인 상황을 낳게 된다.

인간의 실제 상황을 현실적이고 실용적으로 다루고자 한다면 특정한 도덕적 절대성에 집착해서는 안 된다. 평등한 정의는 결코 정밀하지는 않더라도 유일하게 가능한 가치기준으로 남아있다. 모든 생명이 동등하게 신성하지 않다면 그 어떤 생명도 가치가 없으므로, 사회갈등은 세력들 간의 가장 안정되고 균형 잡힌 평형 상태를 이룰 수 있는 방향으로 풀어나가야 하며 모든 생명이 그에 따라 번영할 수 있는 기회를 공평하게 지닐 수 있도록 해야 한다. 그러나 평등한 정의를 이루는 가장 좋은 방법에 대한 산출에는 언제나 수많은 우발적 요소들이 발생하기 때문에 절대적 기준들은 쓸모가 없다. 예측 가능한 목적을 이루기 위한 위험한 방법과 예측할 수 없는 목표에 도달하기 위한 안전한 방법을 어떻게 비교할 수 있겠는가? 지금 이 순간의 안전함과 불안하지만 유망한 미래를 어떻게 비교할 수 있겠는가? 혹은 사회기대치의 정당성은 어떻게 검증할 것인가? 사회기대치는 과연 얼마나 환상을 품고 있고 그 환상적인 요소는 또 얼마나 사회기대치를 무효화시키는가? 이러한 질문들은 대개 정밀한 합리적 계산들로 풀어나갈 수 없는 것들이다. 이러한 질문들은 결국 우발적 요소들과 예측 불가능한 힘들이 가장 정밀하고 설득력 있는 관념적 추측들보다 더 큰 무게를 지니는 역사의 긴급사태들을 통해 해결된다.

　정치적 문제들이 순전한 도덕주의자들을 절망에 빠뜨리는 것은 영혼의 자유가 반드시 본성의 우발성과 타협해야 하며, 도덕적 이상이 반드시 그 실현을 위해 적절한 방법을 찾아내야 하고, 이상적인 원리가 그 부분적인 실현을 보장받기 위해 반드시 희생되어야 하기 때문이다. 기독교인들은 사랑의 계명이 사회갈등의 상대성들, 심지어는 위험하고 의심스러운 상대성들과도 연관되도록 만들어야 한다. 예언적 종교는 분명 권력자의 불가피한 기회주의를 종교적 관점 아래에 두어야 한다. 그러나 정치인에 대해 예언적 비평가가 있을 수 있다면, 그러한 사람들은 우리가 어떤 세상에서 살아가는지를 알고 모든 종류의 권력자들을 하나님의 규탄 아래 두는 법을 배우는 예언자여야 한다. 도덕적 까탈스러움을 종교적 준엄함이라고 착각하는 예언적 비판, 즉 정치적 기회주의에 대한 예언적 비판은 사회투쟁에서 보수 세력에 의해 쉽게 이용당하고 부패하게 된다. "품위"는 보통 보수 세력 쪽에 있기 마련이다. 특히 짐을 지고 가는 사람들이 반항적인 영웅주의자들보다 대개 인내심이 많으며, 그들의 처지가 그야말로 견딜 수 없게 되기 전까지는 기존의 기관들과 사회계약을 공격하길 꺼려하기 때문에, 보다 기본적인 도덕 가치들은 공격하는 세력들의 기준과 동반할 가능성이 더 크다.

7장 개인의 가능성으로서의 사랑

7장
개인의 가능성으로서의 사랑

정치질서에서 정치적·경제적·사회적 강압을 통해 이룩한 정의의 체계들 중 개인들 간의 자발적이고 강압 받지 않은 친절함과 다정함이 제공하는 정제(refinements)가 필요 없을 만큼 완벽한 체계는 없다. 이러한 정제는 필요할 뿐만 아니라 가능하다. 중세 정치체제의 잘못이 그들의 기본구조를 개선하려 하지 않고 전통적으로 이어져 온 정의의 균형을 당연하게 받아들였다는 데에 있다면, 중세 정치체제의 미덕은 개인들의 사랑을 통해 이 정의를 정제하려고 했다는 데에 있다. 중세가 전통적으로 내새운 "바운디풀 부인(lady bountiful)"[1]은 위선적인 성격을 지니고 있었지만, 부르주아 사회가 정의와 사랑의 이상들에 대한 감상적인 헌신을 통해서도 이루지 못한 참된 다정함이 중세 봉건사회의 불의들 내에서는 자라났었으며 그 너머에서도 자라났었다. 마르크스주의의 가장 통탄할 만한 오류는 바로 적절한 사회정의의 체계가 "능력에 따라 일하

---

1 * 영국의 극작가 조지 파쿼(George Farquhar, 1678~1707)의 작품인 『멋쟁이의 책략』(*The Beaux' Stratagem*)에 나오는 부유하고 자비로운 여인이다.

고 필요에 따라 분배"할 수 있을 정도로 단련된 개인들을 필연적으로 배출해낼 것이라 가정한 데에 있다. 사회적 선의지와 다정함이 이룰 수 있는 가장 고상한 성취들을 보장해주는 정치체제는 결코 존재하지 않는다. 그러한 성취들은 도덕적·종교적 규율들의 열매이며, 기독교 교회가 기본정의에 의해 강제되는 필수조건들을 그 성취들로 대체하려는 잘못을 저지르지 않았었다면, 오늘날 그것들은 더욱 높이 평가되었을 것이다.

이러한 측면에서 필수적인 요소는 실제로도 실현가능하다. 개인의 삶에서 자유는 점점 더 확장되어 가고 있으며, 따라서 도덕적 가능성들 또한 점점 더 고상해져 간다. 뉴욕에 사는 개인은 그의 삶을 친숙함이나 인류애적 의무감의 측면에서 도쿄에 사는 개인과 연관시킬 수 없다는 점에서는 자유가 없으며, 따라서 도덕적 가능성 또한 결여하고 있다. 더군다나 그는 그가 거주하는 도시나 모국에 사는 수많은 이들과도 그러한 관계를 맺지 못한다. 그러나 모든 삶이 수반되어 있는 기제들이나 한계들을 넘어서고 자발적이며 자유로운 협력의 측면에서 그의 삶을 다른 이들의 삶과 연관시킬 수 있는 영역들은 언제나 존재한다. 물론 그는 다른 이들과 경쟁하도록 강요하는 자연의 총체적 체계 속에 존재하며 그것을 자유롭게 초월할 수 없다는 점을 기억해야 한다. 따라서 이웃을 자신처럼 사랑하라는 계명은 하나의 가능성인 동시에 불가능성으로 남을 수밖에 없다. 하지만 이상이 궁극적으로 불가능성의 영역에 도달한다는 점은 가능성들을 제한하지 않는다. 오히려 이는 인류애의 모든 성취가 보다 높고 넓은 가능성들을 제시하는 차원을 성립시킨다.

타인의 삶에 대한 의무의 심도와 범위를 증가시키도록 계획된 도덕적 규율은 타인의 이해관계를 긍정하고 보호해야 할 의무가 있다고 느끼게 되는 영역을 확장시키며, 이러한 의무를 지지할 수 있는 적절한 원동력을 제공한다. 인간의 본성 속에는 이 두 가지 요소들에 상응하는 자원들이 있는데, 종교·도덕적 규율은 이 자원들과 연관성을 맺어야만 한다. 그러한 자원들 중 하나는 천부적인 동정심, 부성애[2], 효심, 사교적 충동들 그리고 모든 사람들이 갖고 있는 유기적 화합의 감각이며, 다른 하나는 이러한 충동들의 범위를 자연에 의해 정해진 경계 너머로 확장시키는 경향을 지닌 이성의 기능들이다. 유감스럽게도 사회적 의무의 합리적 범위를 넓히려고 했던 도덕체계들은 사회적·도덕적 원동력의 문제들을 제대로 다루지 못했으며, 그러한 문제들을 다루었던 체계들은 대체로 합리성이 도덕성에 기여한 부분들을 적절하게 다루지 못했다. 한편에서는 스토아학파, 칸트학파 그리고 공리주의학파의 합리주의가 도덕적 원동력의 문제들을 무시했거나 얼버무렸다면, 다른 한편에서는 낭만주의와 기독교 사상의 여러 학파들이 이성이 도덕적 행위에 기여한 부분을 정당하게 평가하지 못했다. 이 두 도덕사상의 학파들이 실패한 것은 서양문화에서 도덕성의 역사 전체가 지닌 비극적인 면모를 보여준다.

스토아주의자들로부터 칸트에 이르기까지의 합리주의자들은 도덕성 속에서 이성이 지닌 역할을 제대로 평가했지만, 이성을 삶의 역동적인 측면에 연관시키지는 못했다. 이성이 "도덕법칙(moral law)"을 드러낸다는 점은 사실이다. 이성은 의무가 진행되는 삶의 총체적 영역을 드러내거나 최소한 이 영역을 제시한다. 그러므로 무지한 인간은 파악하지 못하며 따라서 그에 대한 의무도 깨닫지 못하는 상호관계를, 이를테

---

2 * 니버는 paternal affection이라 하여 부성애의 측면만을 서술하고 있지만 여기서는 부모의 사랑을 언급하고 있는 것이라 봐야 한다. parental이라는 단어의 오타일 수도 있다.

면 아프리카인과 미국인 사이의 상호관계를 합리적인 인간은 인식할 수 있다. 나아가 이성은 통제되지 않은 충동들이 어떻게 자아 내에서 그리고 사회 전체에서 혼란을 야기하는지 보여준다. 이러한 혼란에 맞서 이성은 질서라는 이상을 제시한다. 이성은 진리의 영역에서 뿐만 아니라 행위 속에서도 조리 있고 일관적인 체계를 구축하려고 한다. 이성은 점점 더 광범위하고 포괄적인 측면에서 삶과 삶 사이의 조화들을 구상할 뿐만 아니라, 불의로 얻은 특권들이 그 모순으로 인해 합리성의 규탄을 받는다는 사실에 의거해 화합의 개별적인 부분들에서 평등한 정의를 이루려고 한다. 합리적 일관성의 규범들을 따를 때 인간은 스스로에 대해 오직 순수한 가치만을 주장할 수 있을 뿐이며, 그들의 욕구가 타인들에게도 가치 있지 않은 경우 스스로의 욕구에 대해 가치를 주장할 수도 없다. 따라서 이성은 전체의 이익을 목적으로 하는 특수한 기능의 수행을 보장하는 특권을 제외하고는 모든 특권을 분배하라고 강요한다. 그러므로 이성의 규범들에 의거하여 상당수의 특권들은 제외하게 되었으며, 이러한 사실로 인해 계몽주의자들은 무지(無知)의 소멸과 함께 불의가 사라질 것이라고 기대했고, 현대의 급진적 합리주의자는 사회적 불의의 환상들과 편견들, 즉 사회적 불의가 피해자와 수혜자 모두에 대해 자신을 정당화하는 수단들을 파괴하는 간단한 방법을 통해 사회적 불의를 제거하려고 했다.[3] 공리주의학파의 도덕적 합리주의도 전적으로 틀린 것은 아닌데, 이는 행위의 특정단계들에서 너무나도 즉자적이고 필수적인 삶의 조화들, 즉 그 파멸이 곧 자아의 이해관계들의 파괴와 다를 바 없기 때문에 오직 가장 경솔한 이기주의만이 파괴하려고 할 삶의 조

---

3 로버트 브리팔트(Briffault), 『합리적 진화』(*Rational Evolution*)와 『와해』(*Breakdown*) 참고.

화들을 이성이 드러내기 때문이다.

간단히 말해 이성은 삶이 본질에 있어서는 실제적 현존과 같지 않다는 것을 발견하며, 이상적으로는 역사 속에 실제로 존재했던 것보다 훨씬 더 포괄적인 조화들을 수반한다는 것을 발견한다. 비록 스토아주의자들이나 그들의 뒤를 이은 이성의 시대도 이성이 지시하는 것이 자연법인지 아니면 실제 역사 속에서 일반적으로 받아들여졌던 일정한 행위의 기준들인지 항상 명확하게 말한 것은 아니며, 이러한 혼동으로 인해 이들은 때로 급진적 도덕성과 관습적 도덕성을 혼합시키는 흥미로운 결과를 낳았지만, 스토아주의자들이 자연법이라는 말로 의미한 바는 바로 이런 것이었다. 감정의 도덕적 원동력을 지나치게 무비판적으로 강조했던 낭만주의는 이성이 도덕적 삶에서 담당하는 비판적 기능을 정당하게 다루지 못했으며, 정통 개신교는 인간의 합리성도 예외로 두지 않는 전적 타락의 개념으로 인해 합리성이 도덕성에 기여한 부분을 경멸하게 되었다. 게다가 이성은 오직 법칙만을 보여줄 수 있을 뿐이지만, 인간은 법칙에 의해 구원받는 것이 아니라 은혜를 통해 구원받는다. 계몽주의는 최소한 이 점에 있어서 낭만주의의 오류를 부분적으로나마 수정했지만, 정통 개신교의 오류(특히 루터파 개신교의 오류)는 개신교를 사회 윤리의 영역에서 부적합하게 만들었다. 실로 기독교는 하나의 총체로서 언제나 그 윤리 구조를 완성시키기 위해 특정한 합리주의의 착상을 빌려와야 했다. 초기 교회는 스토아주의로부터 그러한 착상을 빌려왔으며, 아퀴나스주의를 따른 가톨릭은 그 독특한 상부구조의 토대를 제공하기 위해 아리스토텔레스 철학의 교리들을 빌려왔다.

이성이 도덕적 행위에 기여하고 합리주의가 도덕 이론에 기여한 것은 필요한 일이었지만, 합리적인 도덕적 이상주의는 결코 도덕적 행위를 이끌어낼 수 없다. 합리적인 도덕적 이상주의는 비판과 규준의 원리들을 제공할 수 있지만, 이러한 규준들은 그것들의 실현을 위한 원동력을 결여하고 있다. 스토아주의와 칸트학파의 도덕이론은 인간의 마음속에서 일어나는 갈등을 잘못 정의하며, 고결한 이성을 악한 충동들과 상반되는 것으로 묘사한다. 이 도덕이론들은 모두 인간이 본성적으로 부여받은 사회적 충동들을 도덕적 영역에서 제외시킨다. 따라서 스토아주의자들은 연민의 감정을 악한 것으로 간주하고 칸트 윤리학은 순전히 도덕 법칙에 대한 존중에서 나온 행위만을 옳은 행위로 간주하는데, 이러한 기준은 자식을 향한 어머니의 다정함을 도덕적 행위의 범주에서 제외시키게 된다.

합리주의는 도덕적 행위에 대한 감정적 뒷받침들을 과도하게 억누를 뿐만 아니라 도덕적 원동력의 문제를 전혀 이해하지 못하며, 그로 인해 합리주의가 투사했던 이상들을 실현시키도록 사람들을 고무시키는 데에 철저하게 실패했다. 국가의 법률이든 이성의 도덕률이든 모든 법칙은 자동적으로 준수되지 않는다. 베르그송은 스토아주의자들이 그들의 보편주의적인 이상주의와 일관되는 도덕성을 생산해내지 못했다고 비판한다.[4] 모든 도덕사상의 체계에서 성취들은 이상들에 못 미치고 행위는 그것을 품었던 생각과 같지 않다는 사실을 고려할 때, 모든 소망은 육신의 한계를 느낄 수밖에 없다.[5] 세네카, 키케로 그리고 브루투스의 악명 높은 위선과 부정직함에도 불구하고 에픽테토스와 마르쿠스 아우렐리우스의 삶이 스토아주의에 도덕적 진실성의 광채를 부여한다는 점을 고려할 때, 스토아주의자들만 규탄의 대상으로 지목하는 것은 부당해

---

4 베르그송, 『도덕과 종교의 두 원천』, 52쪽.

5 * 이 문장의 원문은 뒤의 두 부문(No deed is all its thought had been,/No wish but feels the fleshly screen)이 시의 형식으로 되어 있으나 특정한 문구를 따온 것인지 니버 자신의 시작(詩作)인지 분명하지 않다.

보일 수 있다. 그럼에도 불구하고 스토아주의가 로마인들의 쇠퇴를 막아내지 못했다는 점과, 전체적으로 볼 때 스토아주의의 이상주의는 소수의 지적 귀족층의 가식에 지나지 않았다는 점은 여전히 사실이다.

합리주의적 이상주의자들은 그들의 이상을 위해 적절한 원동력을 제공하려 시도하거나 그러한 원동력에 대해 적절한 이론을 제공하려 다양하게 시도했지만, 그들의 노력은 모두 불충분했다. 공리주의적 합리주의는 이성을 통해 이기적인 열정을 통제하여 사회적 목표들에 활용하려고 하였다. 공리주의적 합리주의는 모든 삶의 궁극적인 상관성(inter-relatedness)을 지적으로 논증함으로써 즉자적인 상황 속에서 이기적인 동기들을 근거로 이웃의 이해관계들을 긍정하도록 설득할 수 있다고 생각했다. 이 이론이 터무니없는 것은 즉자적인 상황들에서 특정한 삶은 실제로 다른 삶을 희생해서만 살아갈 수 있기 때문이며, 이러한 상황들에서는 삶이 가장 진실되고 궁극적인 본질에 있어서 어떠한 것이며 어떠한 것이 되어야 하는지에 대한 고려를 통해 이기적인 목적을 구슬릴 수 없기 때문이다.

존 듀이(John Dewey)의 자연주의적 합리주의에 의하면 이성은 삶이 그 자체의 역동성으로 인해 필연적으로 항해가게 되는 경로들을 개통시킨다. 이성은 방향을 제공하며, 충동으로서의 삶(life-as-impulse)이 지닌 본성적 힘은 합리적으로 기획된 목적을 향해 나아가는 것을 보장해 준다. 그의 이론은 충동으로 가득한 인간의 삶에서는 존재하지 않는 통일성과, 합리성이 실제로 그러할 수 있는 것보다 더 높은 수준에서 충동을 초월하리라는 것, 그리고 모든 역사적 사실들이 반박하는 이상에 대해 충동이 자연스럽게 순종할 것이라고 상정한다. 그의 이론은 어째서 합리적으로 기획되고 보편적으로 수용된 세계평화라는 목표를 실현하는 데에 있어서 국가들이 그렇게나 요원한지 결코 설명할 수 없다.[6] 아마도 존 듀이의 이론은 이에 대해 이성이 아직은 국가들의 구시대적인 부족중심적 행동양식들을 충분히 제거하지 못했기 때문이라고 설명하겠지만, 이러한 해석은 종전과는 다르게 우리가 당면하고 있는 왕성하고 자발적인 전쟁충동들을 제대로 설명하지 못한다.

합리주의자들 중에서도 자연주의자들은 이성이 자연적인 삶으로 하여금 스스로를 넘어 확장해가도록 이끌 수 있다고 생각하는 한편, 칸트학파의 이상주의자들은 실제세계와 이상세계 사이의 효과적인 접촉점을 찾아내지 못한다. 지적 자아는 곧 입법자이며 합리적 일관성의 법칙, 즉 자신의 행위가 보편법칙의 원리가 되도록 행동하라는 법칙을 부과한다. 그러나 인간으로 하여금 법칙에 순종하게 만드는 것은 과연 무엇인가? 칸트학파는 이를 법칙에 대한 내적 존경의 힘과 의무감이라 말하지만, 이러한 해석에는 두 가지 난점이 따른다. 그 중 하나는 법칙이 오직 본질의 영역에 존재할 뿐 실존적인 현실에는 존재하지 않는다는 점이다. 따라서 법칙은 현존의 영역에선 그 실현을 보장할 수 있는 힘을 지니지 못한다. 또 다른 오류는 첫 번째 오류로부터 자연히 파생되는 것으로, 의무감을 지닌 지적 자아가 본성적 삶의 격정들과 욕망들을 지닌 감상적 자아로부터 절망적으로 단절되어 있다는 점이다. 따라서 이상은 그 자체로 실현될 수 없으며, 심지어는 그것을 불완전하게나마 지지해주는 인간 본성의 힘들을 요청할 수도 없다.

칸트 윤리학과 합리주의 윤리학의 전반적인 실패는 하나님에 대한 신앙과 그것이 뒷받침하는 사랑의 교리의 중요성에 대해 매우 유력한 단

---

6 존 듀이, 『인간의 본성과 행위』(*Human Nature and Conduct*), 79~83쪽을 참고.

서를 제공한다. 하나님에 대한 신앙은 본질과 현존의, 즉 이상과 현실세계의 초월적 통일성에 대한 신앙을 의미한다. 비록 "하나님의 율법"은 이성을 통해 가장 완전하게 파악되지만, 역사적 세계 속에서 본질과 현존의 분열은 이성과 충동의 분열이 아니다. 이러한 분열은 순종과 죄 사이의, 또한 선한 의지와 악한 의지 사이의 분열처럼 신화적으로 표현될 수 있을 뿐이다. 이러한 분열은 궁극적으로 사랑에 의해 극복된다. 이때 사랑은 헌신의 대상에게 자신을 자발적으로 내어주는 것을 시사한다. 따라서 사랑은 율법의 완성이다. 왜냐하면 완전한 사랑 안에서 모든 율법은 초월되며 '그러한 것'과 '그러해야만 하는 것'이 하나가 되기 때문이다. 완전한 사랑 안에서 자아는 사회로부터 최소한의 기준들을 따르라고 강압 받지 않으며, 자아의 지적, 합리적 혹은 이상적 부분으로부터 강압 받지도 않는다.

이때 분명한 것은 완전한 사랑이 하나님처럼 초월의 영역에 존재한다는 점이다. 그렇다면 완전한 사랑은 도대체 역사적 세계와 어떤 관련이 있으며 "지체 속에서 한 다른 법이 마음의 법과 싸[우는]" 인간들에게서 어떠한 도덕적 행위들을 이끌어낼 수 있는가? 그 답은 사랑의 계명에 담긴 역설 속에 주어져 있다. 사랑은 명령되거나 요구할 수 없는 것이기 때문에, 사랑을 명령하는 것은 모순이다. 마음을 다하고 목숨을 다하고 뜻을 다하여 하나님을 사랑한다는 것은 현존의 모든 분열을 극복한다는 것을 의미한다. 그러나 이러한 태도가 명령으로 주어졌다는 사실은 분열이 극복되지 않았다는 것을 입증하며, 따라서 이 명령은 하나의 실재에서 다른 실재로, 즉 본질로부터 현존에게 주어진 것이다.

그러므로 사랑의 이상은 인간의 의지에 현현하는 모든 계명들 가운데 으뜸이다. 그런데 이 때 인간의 의지란 과연 무엇인가? 그것은 인격의 총체가 아니며 인격 속의 합리적 요소는 더더욱 아니다. 인간의 의지는 자아 내의 반항적인 요소들에 대항하여 준동하는, 총체적으로 구성된 인격이다. 의지는 자아 내의 분열을 시사하지만, 이 분열은 이성과 충동 사이의 분열은 아니다. 의지는 충동의 합리적 체계화다. 따라서 사랑의 의지에 대해 기독교가 제시하는 이상은 자아가 다른 삶과 유기적으로 관계 맺는 수단인 본성 속의 충동들과 감정들을 배제하지 않는다. 그러므로 예수는 "너희가 악한 자라도 좋은 것으로 자식에게 줄 줄 알거든 하물며 하늘에 계신 너희 아버지께서 구하는 자에게 좋은 것으로 주시지 않겠느냐"[7]라며 하나님의 사랑을 자식을 향한 부모의 본성적인 사랑과 연관시킨다. 예수의 윤리는 동정심과 연민의 모든 자연적인 감정들과 혈연과 결속을 인가(認可)한다는 점에서 합리주의 윤리와 구별된다. 이러한 측면에서 기독교와 낭만주의는 유사한 부분들이 있는데, 이러한 접점들은 어쩌면 성 프란체스코(St. Francis)[8]와 같은 사람들에게서 가장 잘 드러난다고 볼 수 있다. 도덕적 의지는 감정들에 부과된 이성의 힘이 아니다. 도덕적 의지는 본성 속에서 삶을 삶 너머로 이끄는 힘들은 무엇이든 활용한다. 그러나 본성의 힘들은 삶을 삶 너머로 이끌면서도 또다시 가족과 민족과 공동체처럼 보다 큰 자아에 종속시키게 되므로, 기독교 윤리는 낭만주의가 그러했던 것처럼 사회성의 충동들을 향해 비판적 태도를 잃어버린 적이 없다. 기독교 윤리에서 그러한 힘들은 모두 "하물며(how much more)"라는 관점 아래에 있으며, "너희가 너희를 사랑하는 자를 사랑하면 무슨 상이 있으리요"[9]라는 비판에 종속되어 있다.

---

7 * 마태복음 7:11

8 * 성 프란체스코(1182~1226)는 부유한 가정에서 태어났지만 모든 재산을 버리고 청빈의 교리를 설파하였다. 그가 세운 '소(小)형제회'는 훗날 가톨릭 내에서 가장 영향력 있는 분파로 거듭나게 된다.

9 * 마태복음 5:46

"본성적 인간"은 이러한 절대적 관점들의 비판 아래에 있을 뿐만 아니라, 하나님의 사랑을 본받아야 할 의무, 즉 하나님이 용서하시듯 다른 이들을 용서하고, 하나님이 원수를 사랑하시듯 원수들을 사랑해야 할 의무를 지고 있다. 자연적으로 주어진 사랑인 에로스(Eros)는 이러한 종교적 긴장 속에서 아가페(Agape)로 변모한다.[10]

베르그송은 『도덕과 종교의 두 원천』에서 가족과 공동체에 대한 헌신의 "폐쇄적 도덕성"을 극복해내는 종교적 힘을 신비주의의 힘이라 부른다. 그러나 베르그송이 스스로 염두에 두고 있는 것을 명명하기 위해 신비주의란 단어를 사용한 것은 부적절했는데, 이는 베르그송이 신비주의에서 파악하고 있기는 했지만 기독교 신비주의자들이 아닌 동양의 신비주의자들에 한정시키려고 했던 경향성, 즉 도덕적 창조성보다는 수동성과 명상을 향하는 경향을 신비주의가 지니고 있기 때문이다.[11] 그러나 그의 생각은 정확하다. 본성의 충동들을 초월하는 사랑의 원동력은 하나님에 대한 순종과 하나님의 사랑의 결합이기 때문이다. 예수의 가르침에서 순종의 개념은 보통 "하나님의 나라"로 번역되는 개념, 즉 하나님의 주권(바실레우스)이라는 개념을 통해 유지된다. 이기주의와 죄의 반항이 전혀 존재하지 않는 행위란 불가능하기 때문에 순종의 요소, 도덕적 의무감의 요소, 신성한 기준에 기꺼이 순응하는 행위의 요소는 인간

---

10 나이그렌(Anders Nygren) 교수는 『아가페와 에로스』(*Agape and Eros*) 171쪽에서 기독교 신학에서 이 둘이 어떻게 구별되어 왔는지 다음과 같이 간결하게 서술한다. "에로스는 반드시 인간의 사랑을 인간 안의 선(善)에 대한 사랑이라 보게 된다 … 아가페는 정확히 그 반대다. 하나님의 사랑은 모든 사랑의 토대이자 양식이다. 아가페는 값없는 자기희생에 있으며, 인간을 향한 하나님의 사랑 속에서 지속된다. 왜냐하면 아무 값도 치르지 않고 모든 것들 받은 자는 그가 받은 것을 다른 이들에게 전할 수밖에 없기 때문이다."

11 같은 책, 216쪽 참고.

영혼의 분열, 즉 완전한 사랑을 불가능하게 만드는 선악의 분열과 상응한다. 인간의 삶은 죄스럽지만 그럼에도 불구하고 삶 속에는 선을 향한 이끌림이 실제로 존재하며, 하나님의 사랑이라는 요소를 사회적 사랑의 동기로서 바라보는 것은 이 점과 일치한다. 선에 대한 이끌림이 존재한다는 것과 그것이 죄에 의해 도전받는다는 사실은 모두 "사랑하라"는 계명이 지닌 역설 속에 표현되어 있다. 인간의 도덕적 경험의 측면에서 이는 "나는 내가 사랑해야만 한다고 느낀다"라는 말로 서술될 수 있을 것이다.

기독교에서 사랑의 대상으로 명하는 하나님은 곧 신화-예언적 신앙의 하나님이며, 이는 하나님이 현존의 기반이자 현존을 초월하는 본질임을 의미한다. 이 신화적 역설 속에는 사람들로 하여금 인격과 현존 속에 실제로 구현되어 있는 가치들에 전념할 수 있도록 할 뿐만 아니라 현실성(actuality)을 초월하고 있기 때문에 덧없는 인간을 미화하지도, 자연주의 특유의 부분 가치들(partial values)을 미화하지도 않는 윤리의 토대가 자리 잡고 있다. 신비주의는 "피조물들의 사랑"을 하나님에 대한 불순종으로 간주하고 하나님의 사랑을 한정된 현존을 모두 초월하는 신성한 본질에 대한 합리적·신비주의적 명상으로 제한하여 도덕적으로 무기력하게 만드는 경향이 있는데, 이 윤리는 이러한 경향성들도 넘어선다. 기독교가 사회윤리의 영역에서 지니고 있는 약점이 무엇이든 간에, 기독교인들로 하여금 각양각색의 사람들에게 다정하고 상냥하게 봉사하도록 이끌었다는 것, 또한 자기의 이웃에 대한 도덕적 우위를 명백히 주장할 수 있게 해주는 미덕을 고려하지 않고 이 모든 것을 행하도록 이끌었다는 점은 역사가 증언해준다. 기독교의 사랑의 계명은 이웃이 우리와 마찬가지로 신성하다거나(스토아주의) 우리가 "인격을 존중"해야 하기 때문(기독교 자유주의)이 아니라 하나님이 그들을 사랑하시기 때문에 이웃을 사랑하라고 요구한다. 다시 말해 의무는 역사적 현존의 명백한 통일성들이나 관련성들이 아니라 본질적 실재의 초월적 통일성에서 파생된다. 퀘이커교의 성인인 존 울먼(John Woolman)이 노예제도의 문제를 다룰 때 "이 대륙의 많은 노예들이 억압받아 왔으며 그들의 울부짖음이 지극히 높으신 이의 귀에도 닿았다. 하나님의 심판이 순수하고 확실하다는 것은 곧 그가 누구도 편애할 수 없다는 것이다. 이 사람들에 대한 우리의 의무를 존중해주시면서, 무한한 사랑과 선하심으로 그는 때때로 우리의 이해를 넓혀주셨다"[12]고 서술한 것에서 이 주장의 논지는 분명하게 드러난다. 이를테면 바울이 "인류의 모든 족속을 한 혈통으로 만드사"라고 표현한 것처럼, 이러한 종교적 추정은 당연히 역사적 현존에서 인간의 삶의 진정한 기저를 이루는 통일성들에 대해 민감하게 만든다. 그러나 의무는 모든 역사적 실재들보다 더 초월적인 가치의 통일성과 순수성에 뿌리를 두고 있으며, 따라서 항상 인간의 선함을 낭만적으로 과장하고 그에 대해 회의적인 반응을 이끌어내게 되는 자연주의적 도덕성이 시시하고 환멸스럽다는 점을 증명한다. 그러나 예언적 종교는 창조(Creation)가 하나님의 사역이라고 강조하기 때문에 역사의 부분적이고 불완전한 가치들을 경멸하지 않으며, 따라서 종교를 현존을 넘어선 초월적 이상에 대한 소극적인 관조로 받아들이는 오류를 언제나 피할 수 있다. 유감스럽게도 아리스토텔레스식 합리주의의 영향을 받아 신성에 대한 합리적·신비적 관조가 도덕적 행위보다 종교적으로 우월하다고 보는 토마스 아퀴나스의 신학처럼, 역사 속의 기독교는 때때로 이러한 예언적 입장에서 어느 정도 벗어나기도도 했다.

---

12 아멜리아 거미어(Amelia Gummere), 『존 울먼의 일기』(*Journal of John Woolman*), 216쪽.

따라서 기독교의 사랑의 교리는 인간의 삶 속에서 사랑의 이상에 도달하는 데에 가장 적절한 형이상학적·심리학적 뼈대다.[13] 사랑의 교리는 "본성적 인간"의 자원들에 의존하지는 않지만 인간 본성의 자원들 중 삶과 삶 사이의 조화를 추구하는 모든 자원들을 활용할 수 있다. 또한 사랑의 교리는 내세지향성에 빠지지 않으면서 본성을 초월하는 도덕적 목적들을 설정할 수 있다. 사랑의 이상에 얼마나 근접할 수 있는가는 기독교 신앙이 단순히 이론으로 남지 않고 삶과 행위에 대해 얼마나 생생하고 필수적인 전제가 될 수 있느냐에 달려있다. 기독교는 수많은 실패를 겪었지만 기독교의 오랜 역사 속에는 사랑이 기독교 정신의 열매라는 영원불변한 증거가 결코 부족하지 않다. 순교자들과 성인들, 선교사들과 예언자들, 사도들과 신앙의 교사들은 기독교적 삶의 정수, 즉 동료들에 대한 연민과 다정함을 그들의 삶 속에서 보여주었다. 또한 기독교는 다정함과 사려의 미덕을 일상적인 인간의 일상적인 인간관계에도 전해주는데 성공했다.

모든 세계관이 그러하듯이 모든 종교 역시 최종적으로는 그 도덕적 열매들로 타당성을 확보해야 하지만, 종교의 도덕적 열매들이 그것들을 향한 의식적인 노력의 산물이 아님을 이해해야 한다. 사랑의 계명은 의지에 부과되는 요구지만, 인간의 의지가 사랑의 계명을 따를 수 있는 것은 도덕적 호소들 때문이 아니다. 도덕적 호소들은 오히려 기본적인 종교적 활력이 소실되었다는 징후다. 인간은 생각을 통해서는 의지를 강화할 수 없다. 만약 의지를 반항적인 충동들에 대항하여 특정한 순간에 총체적으로 구성된 인격이라고 한다면, 의지의 강력함은 곧 그 구성에

---

13 * 그러나 니버는 '도달'에 대해 approximation이라는 단어로써 사랑의 이상에 대한 추구가 언제나 근사치에 머물 것이라 단언한다.

개입된 요소들의 강력함에 달려있다. 따라서 본성의 일상적인 자원들을 보완하는 사랑의 행위와 태도들은 부분적으로는 개인의 사회-정신적 유산의 일부를 이루게 된 역사적·전통적 규율들의 열매이며, 부분적으로는 사건들의 외압이 개인들이 평상시에는 지니고 있지 않던 힘들을 그들에게 부여하는 환경이 연속적으로 이어지게 된 결과다.

군인의 용기, 즉 죽음을 피하고자 하는 "본성적 인간"의 성향을 초월할 수 있는 능력은 그것을 강화시키는 군사공동체의 훌륭한 전통과 영혼이 맺은 열매다. 마찬가지로 인간 본성의 자연적인 성향들을 넘어서서 동료들의 문제들을 고려할 수 있도록 해주는 다정함과 상냥함은 종교-도덕적 전통이 맺은 열매이며, 전통에 대한 종교공동체의 충성심이 맺은 열매이다. 비록 우리가 마술적인 것(the magical)의 경계 위에 서있는 바울의 그리스도-신비주의를 받아들일 수 없다고 하더라도, 교회(the Church)가 그리스도의 몸이라는 것과, 이 공동체의 살아있는 성도들과 죽은 성도들이 교회 안에 살아계신 그리스도, 즉 본성적 인간의 성향들을 초월하는 삶의 차원을 이루도록 돕는다는 것은 여전히 참되다. 그러므로 신실한 자들이 순수한 사랑의 행위들은 스스로에게서 비롯되는 것이 아니라고 받아들이고 바울처럼 "내가 사는 것이 아니요 오직 내 안에 그리스도께서 사시는 것이라"[14]고 고백하는 것은 자연스럽고 필연적인 일이라 할 수 있다.

때로 타인의 삶을 위해 자신의 삶을 내어주는 완전한 자기부정의 행위는 특정한 순간에 가해진 압박, 즉 본성적인 능력을 넘어서는 자원들을 개인들에게 부여하는 압력에서 비롯되기도 한다. 어머니가 자식을 위

---

14 * 갈라디아서 2:20

해 희생할 수 있는 것은 위기의 순간에 모성애의 본성적인 충동이 고양되기 때문에 가능하다. 그녀는 보다 냉철한 반성의 순간들에는 다른 삶을 위해 스스로를 이렇게 완전히 내어줄 수 없을 것이다. 생각건대 이처럼 자신을 희생할 수 있는 어머니도 일상적인 순간들에는 무의식적이면서도 빈틈없는 계산들, 즉 모성애가 힘의 의지와 뒤섞여 있는 계산들로 일관할 것이다. 순교자들은 생각을 통해서는 순교할 수 없다. 위기의 시기에 한 사람이 견뎌낼지 굴복할지는 물론 위기가 오기 전에 얼마나 헌신했는지에 따라 결정된다. 특정한 대의를 위한 헌신은 무를 수 없는 성격의 것이며, 헌신을 철회하는 것은 인격의 완전한 분열을 초래하게 된다. 순교를 눈앞에 두는 위기는 지난날들의 헌신에 감정적 압박을 더한다. 더욱이 대의를 위한 깊은 헌신은 개인을 그 대의에 빠져들게 만들어서 대의를 위한 일들이 지닌 모든 사회-정신적 자극이 위기의 순간에 그를 붙들며 그가 본성상 지니고 있는 모든 것들을 초월하는 자원들을 그에게 부여한다.

따라서 믿음, 소망, 사랑은 하나님이 본성적 인간의 도덕적 가능성들에 은혜로 부여한 미덕이라는 가톨릭의 교리는 대체로 사실과 부합한다. 그러나 은혜가 반드시 성찬(sacraments)을 통해 부여된다는 것은 사실이 아니며, 기독교 신앙이 은혜의 유일한 전제는 더더욱 아니다. 하나님의 은혜는 역사적으로 이어져 온 종교적 기관들을 옹호한 신학자들이 주장하듯 그렇게 협소하게 제한될 수 없다.[15] 그럼에도 불구하고 삶에는 하나님의 은총이라고 설명할 수밖에 없는 힘들이 존재한다. 인간이 무엇인가를 원할 수 있다는 것은 그들이 지닌 의지의 힘 때문이 아

---

15 * 마태복음 5:45 참고.

니라 그들의 의지에 개입하며 통제할 수 없는 힘 덕택이다. 모든 도덕적 행위는 실로 "복종하여 두렵고 떨림으로 너희 구원을 이루라 너희 안에서 행하시는 이는 하나님이시니 자기의 기쁘신 뜻을 위하여 너희에게 소원을 두고 행하게 하시[노라]"[16]는 역설 아래에 있다.

그러나 사랑은 은혜의 열매일 뿐 아니라 믿음의 열매이기도 하며, 이는 곧 삶에 영향을 미치는 총체적인 영적 태도가 주어진 순간의 도덕적 행위가 어느 수준까지 도달할 수 있는지를 결정한다는 의미다. 사랑의 행위는 의지의 구체적인 행위들에서 비롯되는 것이 아니다. 사랑의 행위는 개인이 삶의 총체적인 차원 속에 의식적으로 살아갈 때에만 가능한 종교-도덕적 긴장에서 비롯된다. 기독교 복음에 의하면 사랑의 진정한 동기는 감사와 회개다. 감사와 회개는 삶을 그것이 지닌 지고함과 심연에서 인식하는 예언적 종교의 열매들이다. 하나님을 믿는다는 것은 삶을 그 덧없는 현존에서만 인식하는 것이 아니라 본질에서도 인식한다는 것이다. 따라서 삶을 안다는 것은 덧없는 현존의 어둡고 우연적이고 임시적인 요소들을 만족스럽게 받아들이지도 않고 그로 인해 절망하지도 않는다는 것을 뜻한다.

모든 도덕적 성취는 보다 본질적인 선(善)의 비판 아래에 있기 때문에, 삶을 그 총체적 차원에서 이해한다는 것은 곧 회개를 뜻한다. 도덕적 성취를 심도 있게 분석해보면 그것이 불완전할 뿐만 아니라 죄로 물들어 있다는 점이 드러나게 된다. 도덕적 성취는 완벽히 선하지 않을 뿐만 아니라 그 속에 악의 경향성(perversity)을 담고 있다. 이러한 회개가 마음 속의 이기심을 파괴할 수는 없다. 그러나 자기 영혼 속에 있는 악의 불가사의함을 어느 정도 이해하는 사람과 이기심을 도덕적 통합을 위해서라면 이타주의로써 솜씨 있게 균형을 맞추어야 하는 힘이라고 만족스럽게 받아들이는 사람 사이에는 차이가 있다.

삶을 그 총체적 차원에서 이해한다는 것은 삶의 선함을 감사와 경외로 받아들인다는 것을 뜻한다. 비록 그 임시적이고 덧없는 현실에서는 악하고 혼란스러워 보이지만, 삶은 궁극적인 본질에서는 선하다. 삶의 본질에 대한 믿음은 임의적인 믿음이 아니다. 우리가 역사와 자연을 통해 인지하고 있는 삶 속에는 삶의 궁극적이고 본질적인 속성에 대한 수많은 상징들이 존재하기 때문에, 이러한 믿음을 가지게 되는 순간 실제 역사적 현존이 이를 입증해준다. 삶의 선함에 대한 감사와 경외는 여러 가지 면에서 사랑의 원동력이다. 본질로서의 삶에 대한 감사는 진정으로 본질적인 것, 즉 삶과 삶 사이의 조화를 현존 속에서 긍정할 수 있게 하는 추진력을 생성해낸다. 더욱이 이러한 신앙의 통찰을 통해 이웃은 단순한 시공의 피조물, 즉 자연과 지리의 우연성으로 인해 우리로부터 분리되어 있으며 동물적 존재의 필요에 의해 우리와 맞서는 존재를 넘어서게 된다. 동료의 삶은 신성의 광채 아래에서 받아들여지며 그는 현존의 영광과 존엄과 아름다움에 속해 있다. 우리는 그가 "신성"하기 때문에 그를 사랑하는 것이 아니다. 그러한 범신론적 어조가 예언적 종교에 스며들게 된다면 이는 종교에 대한 환멸로 이어지게 된다. 우리의 이웃은 우리보다 더 신성할 것이 없다. 우리는 모두 동물적 존재의 임시적이고 우연한 삶에 예속되어 있으며 죄악으로 인해 자연의 무해한 불완전함을 타락시켰다. 그럼에도 우리는 진정으로 "하나님의 자녀들"이며, 하나님 안에서 우리를 하나로 만드는 일종의 초월적 통일성이 자연의 악함과 인간의 악함 모두에 빛을 비춘다. 신앙의 눈으로 바라볼 때 우리의 마음은 이웃을 향하게 되는데, 이는 단지 우리의 이웃만을 이와 같은 초월적 관점 아래에서 보기 때문이 아니라 우리 자신 또한 초월적 관점 아래에서 보기 때문이며, 그가 죄인이듯 우리도 죄인임을 알고 있기 때문이다. 하나님의 위엄과 선함에 압도될 때, 우리의 허영적인 자아는 무너지게 되고 우리의 독선이 지닌 본성적인 잔혹함은 연민과 용서의 감정으로 완화되게 된다.

따라서 종교적 삶의 도덕적 효용성은 의지에 대한 도덕적 요구보다 더 심오한 자원들에 의존한다. 현대의 종교계가 얼마나 절박하고 열정적으로 이러한 요구들을 제시하기 위해 씨름하든지 간에, 현대의 종교계는 스스로가 우리 시대의 합리주의적 전제들에 얽매여 있다는 점을 드러낸다. 단순히 사랑의 율법을 아는 것만으로는 그것에 순종할 수 없다. 사랑의 율법에 순종할 수 있는 것은 삶이 그 아름다움과 끔찍함 속에서 더 완전하게 드러나기 때문이다. 사랑은 인간의 의지로 이룰 수 없는 것이지만, 그럼에도 불구하고 삶의 표면 아래 생명의 샘까지 다다르는 뿌리와 천국에까지 이르는 가지들을 지닌 나무에서 자연스럽게 맺어질 것이다.

8장 용서로서의 사랑

8장

용서로서의 사랑

기독교 윤리의 진수는 용서의 교리다. 예언적 종교의 탁월함은 용서의 교리에서 모두 드러난다. 용서로서의 사랑은 도덕적 성취들 중 가장 어렵고 불가능하다. 그러나 사랑의 불가능성을 깨닫고 자신의 죄를 인정한다면 그것은 하나의 가능성이 된다. 따라서 불가능한 가능성에 도달하게 되는 윤리는 용서의 교리라는 최고의 열매, 즉 자신의 악함을 깨닫기 때문에 타인의 악함을 앙심 없이 수용하라는 명령을 낳게 된다.

용서는 종교가 도덕성을 초월될 때에만 가능한 도덕적 성취다. 인간의 도덕적 이상주의는 갈등하는 이해관계들과 본성적, 인종적 그리고 지리적 환경들로 인해 조건지어지기 때문에, 순수한 도덕성은 이 요소들로 인해 분열된 사람들의 간격을 결코 메꿀 수 없다. 인간들을 실제로 동기부여 하는 것이 이기적이기만 하고 편파적이기만 한 이해관계가 아니라 도덕적 이상주의라는 사실은 사람이 스스로의 자존감에 더 만족할 수 있게 만들며, 그로 인해 그들의 적을 더 잔혹하게 대하도록 만든다. 현대의 사회갈등들이 원시사회의 갈등들보다 더 잔혹한 이유들 중 하나는 합리성의 발달이 원시인들의 허영심보다 더욱 보편적인 허영심들을 편파적인 사회적 이해관계들 속에 부여하기 때문이며, 그럼에도 불구하고 편파적인 이해관계들을 진정한 보편타당성을 지닌 이해관계로 변화시키는 데까지는 나아가지 못하기 때문이다. 그 결과 현대인들은 자신의 의로움에 대해 확신하는 사람만이 표출할 수 있는 분노를 갖고 그들의 대의를 위해 싸운다. 따라서 현대의 모든 사회갈등들은 "문화(Kultur)"[1]의, 민주주의의, 정의의 그리고 상상할 수 있는 모든 보편적 가치들의 이름으로 이루어진다. 세계 대전에 관여했던 관료들과 정치인들의 선언문은 물론이고 지식인들과 철학자들의 선언문들을 되읽어보면, 그들의 허영심에 담긴 계산된 위선 때문에 우울감에 빠질 것이다. 물론 그러한 선언문 중 일부는 분명 뻔뻔할 정도로 위선적이고 대중을 속이기 위해 계획된 것이지만, 대부분은 단지 현대적 영성의 병폐(pathos)에 대한 충격적인 계시에 지나지 않는다.

존 듀이(John Dewey) 교수가 그의 종교적 믿음에 대해 해설한 최신작은 이 문제를 해결하려는 현대 세속주의의 노력을 완벽하게 대변한다.[2] 그는 인간의 영적 삶에서 역사적, 전통적 그리고 그에 의하면 시대착오적인 퇴적물들을 제거함으로써 전 세계의 갈등을 제거하고 선한 사람들을 결속시킬 수 있다고 주장한다. 이러한 제안은 이성의 토대가 되는 본성적 세계의 편파적 관점들을 이성이 도리어 초월할 수 있다는 현대 합리주의의 맹신을 단적으로 보여주는 예다. 현대 역사의 모든 사건들은 오늘날의 이상주의자들이 시대착오적인 종교적 전통들보다 훨씬 더 활력 있고 즉자적인 요소로 인해 서로에게서 분열되어 있다는 점을 증명

---

1 * 니버는 여기서 독일어 Kultur를 사용하면서 나치 정부가 독일의 민족주의를 고양시키기 위해 독일의 정신문화를 강조했던 점을 상기시키고 있다.

2 존 듀이, 『공공의 신앙』(*A Common Faith*)

한다. 현대의 공산주의와 민족주의는 모두 현대적 종교들이며, 편파적인 관점들과 고상한 이상에 대한 헌신이 뒤섞여 있는 악마적 열정에 의해 고수된다. 이러한 열정을 해소하거나 완화시킬 수 있는 합리성은 어디에 있는가? 어쩌면 이러한 합리성은 상대적으로 중립적이고 안정적인 지적 삶에 기반을 두고 지적 합리주의를 고수하는 소수 지식인들에게서 찾을 수 있을 지도 모른다.

영적 삶에 있어서 의로운 사람들의 잔인함보다 더 깊은 병폐는 없다. 예수의 가르침에 단 하나의 주된 사상이 있다고 한다면, 그것은 의로운 자들의 독선에 대한 비판일 것이다. "자기를 의롭다고 믿고 다른 사람을 멸시하는 자들"[3]에게 전한 비유는 예수 시대에 도덕적으로 가장 훈련된 바리새인들을 비판의 대상으로 삼는다. 예수는 실로 당시의 선한 사람들과 지속적으로 갈등했던 것으로 보이며, 건강한 자가 아닌 병든 자에게 의사가 필요하다는 발언으로써 자신이 죄인들과 어울리는 것을 역설적으로 설명했다. 초기교회와 공회 간의 갈등은 복음서사에 잘 드러나 있는데, 이러한 갈등에 일부 영향을 받은 기독교 전통은 바리새인들을 특히나 뻔뻔한 위선자로 그린다. 이 전통은 아마도 기독교 교회에서 시대마다 존재했던 선한 사람들이 무의식적으로 자기고발을 피하려고 노력했다는 점을 드러내고 있을 것이다. 바리새인들을 향한 비난은 시대를 막론하고 모든 도덕적 귀족층들에 대해 동일하게 적용될 수 있을 것이기 때문이다.

예수가 선한 사람들을 비판한 것에는 종교적 함의와 도덕적 함의가 모두 담겨 있다. 선한 사람들은 하나님 앞에서 의기양양했으며 그들의

---

3 누가복음 18:9

이웃에 대해 무자비하고 용서가 없었다. 그들이 보인 무자비함은 그들의 자부심에서 비롯된다. 예수의 비유에서 자비가 없는 종은 그의 주인에게 불쌍히 여김을 받았음에도 불구하고 그의 동료들을 불쌍히 여기지 않는다.[4] 용서를 베푸는 사랑이란 스스로가 선하지 않다는 것을 깨닫고 있으며, 자신에게 하나님의 자비가 필요하다고 느끼고, 도덕적 이상주의의 차원보다 더 심오하고 고등한 차원에서 살아가며, 이웃은 물론 자신 또한 거룩한 하나님 앞에 죄인으로 서있다고 느끼고, 선한 이와 악한 이 사이의 구별은 하나님 앞에서 무의미하다는 것을 알고 있는 사람들에게만 주어지는 가능성이다. 바울은 이러한 종교적 감정의 논리를 "너희에게나 다른 사람에게나 판단 받는 것이 내게는 매우 작은 일이라 나도 나를 판단하지 아니하노니 내가 자책할 아무 것도 깨닫지 못하나 이로 말미암아 의롭다 함을 얻지 못하노라 다만 나를 심판하실 이는 주시니라"[5]라는 말로 표현한다. 이러한 차원에서 삶을 살아갈 때 사람들을 분열시키는 간극은 직접적으로, 즉 역사적 단계들에서 갈등들을 해소함으로써 메꾸어지는 것이 아니라 초월성의 영역에서의 궁극적 통일성과 공통된 의존성에 대한 감각을 통해 메꾸어진다. 그러므로 용서라는 종교적 이상은 관용이라는 합리적 미덕보다 훨씬 더 심오하고 달성하기 어렵다.

관용은 분명 중요한 합리적·도덕적 성취다. 지성인은 실제로 적의 미덕을 인정하는 일에 있어서 무지한 신도들은 결코 도달할 수 없는 수준에 이를 수 있다. 그러나 역사의 위기들이 공정한 관찰자로 하여금 한 쪽 편을 들도록 강요할 때 관용은 소멸하기 마련이다. 관용이 아무 것

4 * 마태복음 18:23~35 참고.
5 고린도전서 4:3~4

도 믿지 않는 사람들의 미덕이라는 길버트 체스터턴(G. H. Chesterton)의 통찰은 꽤나 정확하다. 예를 들어 현대 자유주의가 주창하는 관용의 이 상은 사회갈등이 격심하지 않았던 자본주의의 호황 시기에만 유효했다. 과두층은 자신들의 권력이 도전받지 않았기 때문에 관용의 이상을 옹 호할 수 있었으며, 지식인들은 사회적 안정이 거대한 사회적 중립지역을 생성해냈고 그러한 입장에서 갈등하는 분파들과 상반되는 종교들을 공 정하게 조망할 수 있었기 때문에 그것을 옹호할 수 있었다. 그러나 유럽 에서 첨예해지는 사회갈등은 전통적인 자유주의가 주창하는 관용의 이 상을 거의 완벽하게 파괴해버렸다. 현대적 삶의 과정들이 가장 발달한 독일에서 세속적 자유주의가 완벽히 소멸되었다는 것은 의미심장하다. 독일이 겪고 있는 끔찍한 사회갈등 속에서 어제의 세속적 자유주의자들 이 시대착오적인 기관들이라고 간주했던 교회들만이 인간성을 일부나 마 보존할 수 있었다. 따라서 독일의 현대사는 어빙 배빗의 다음과 같은 통찰에 신빙성을 더한다.

"정직한 사상가는 그가 선호하는 것이 무엇이든 간에 종교가 인본주 의 없이도 지속할 수 있는 반면 인본주의는 종교 없이 지속될 수 없다는 점을 인정하는 데서 시작해야 한다. 버크는 루소의 근본적인 결함을 지 적하면서 그 이유를 제시한다. 온전한 윤리적 삶은 겸손에 뿌리를 두고 있다. 겸손이 사라지면 거의 자동적으로 자만심과 헛된 공상이 그 자리 를 대신하게 된다."[6]

그러나 사람들을 분열시키는 모든 도덕적·사회적 문제들이 하나님 의 관점에서뿐만 아니라 역사적 관점에서도 문제가 되지 않는다고 주

---

6 『루소와 낭만주의』(*Rousseau and Romanticism*), 380쪽.

장하는 전략이 아니라면, 적을 용서하는 태도는 적을 관용하는 태도만큼이나 취하기 어렵다고 주장할 수 있을 것이다. 이러한 경우 용서의 태도는 취할 수 있겠지만 바람직하지는 않다. 이러한 사실로 인해 기독교 윤리는 손쉬운 해결책이 없는 문제와 부딪히게 된다. 톨스토이처럼 사회-도덕적 행위를 적에 대한 용서로 치환하는 종교적 윤리는 위험천만하다. 러시아에서 톨스토이의 절대주의는 유력했던 정치개혁운동의 방향을 틀어버렸다. 도덕적·사회적 문제들이 중요하지 않다고 강조하는 현대의 변증법 신학은 마찬가지로 위험하다. 모든 사회적 입장들의 상대성을 인정하는 종교적 감각을 지니고 스스로의 죄에 대해 깊이 뉘우친다고 할지라도 불의의 피해자가 그를 억압하는 사람들에 맞서 싸우는 것을 그만두는 것은 불가능하다. 백인들로부터 정의를 획득하려는 흑인들에게 오직 용서를 통해서 그것을 이루어야 한다고 설득하려는 생각은 낭만적인 환상들로 가득한 종교만이 할 수 있을 것이다. 본성과 죄의 갈등들에 관여되어 있는 한, 인간은 스스로 옳다고 믿는 것을 위해 투쟁하려면 가능한 최선의 도덕적 통찰들을 따라야 한다. 그리고 이는 그들이 다른 사람들과 다투어야 한다는 것을 뜻한다. 세계를 하나님의 나라로 변화시키지 않는 한 인간은 언제나 적들을 마주할 것이며, 사람과 사람 사이의 적대감은 자연이 야기한 분열들뿐만 아니라 이러한 분열들 위에 인간이 세운 이상주의들에 뿌리를 두게 될 것이다.

따라서 절대적 의미에서의 용서는 그리스도가 보여준 완벽주의의 기타 요소들과 마찬가지로 하나의 불가능성이다. "너희 중에 죄 없는 자가 먼저 돌로 치라"[7]는 예수의 말을 무조건적으로 따르고자 한다면, 그

---

7 * 요한복음 8:7

어떤 범죄자도 체포할 수 없게 된다. 반사회적 구성원들을 처벌하는 사회는 모두 반사회적 행위들에 대해 사회가 스스로 인지하고 있는 것보다 훨씬 더 책임이 있다. 그러나 이러한 책임이 인식된다고 해도 모든 형태의 사회적 처벌을 단념하는 것은 불가능하다. 하지만 이러한 인식의 측면에서 범죄자들을 다루는 한편 대체로 독선적인 공중도덕의 수호자들이 내비치는 영적 오만을 견제하는 것은 가능하다. 마찬가지로 용서의 정신의 토대인 종교적 거리낌을 통해 사회갈등들에 관여하는 것도 가능하다.

사회갈등에서 용서의 정신에 도달하는 것은 인간이 이러한 갈등을 넘어서 초월적 관점에 도달할 수 있는지에 달려 있지 않다. 인간이 초월적 관점에 도달할 수 있다는 허영심은 인간 역사에 이루 말할 수 없는 비애감을 안기는 악마성을 향한 기질에 다름 아니다. 인간은 "우리의 의는 다 더러운 옷 같[아지는]"[8] 초월적 관점이 존재한다는 점만 알면 된다. 이러한 신앙에는 선에 대한 감각, 즉 최상의 선(善)을 성취할 뿐 아니라 그것을 부정할 수 있는 감각이 암시되어 있다. 이러한 암시는 하나님이 인간적인 정의의 기준들로 판단되길 거부하시며 인간의 시야를 넘어서는 세계의 불가사의들로 욥을 압도하고 그의 항의를 물리치시는 욥기에서 전개된다.

이러한 신앙이 도덕성에 위협이 된다는 점은 부인할 수 없다. 이러한 신앙은 인간의 역사 속에서 반드시 조성되어야 하는 도덕적 단계들의 첨예함을 무디게 만들 수도 있다. 그러나 이것은 위험하면서도 필수적이다. 이러한 신앙이 없다면 인간은 언제나 보편적인 인간성의 측면에

---

8 * 이사야 64:6 참고.

서 뿐만 아니라 특정적이고 편파적인 관점들에 의거하여 하나님을 구성
해내게 되며, 그에 따라 그들의 독선이 빚는 분노를 키우게 된다. 진정
한 유신론의 궁극적인 역설은 진정한 유신론의 초(超)도덕적(supramor-
al) 정점만이 이 신앙이 지닌 도덕적 가치들을 타락으로부터 지켜낼 수
있다는 점이다. 이러한 신앙의 미덕은 그것이 인간의 허영심을 소멸시킬
뿐만 아니라 종교적 환멸에 대항하여 가치들을 보장한다는 사실에 놓
여 있다. 지나치게 인본주의적인 유신론은 의미체계 안으로 세계 전체를
포괄시킬 수 없는데, 이는 자연에는 최상의 인간적인 목적들과 명백히
갈등하는 과정들이 있기 때문이다. 따라서 이러한 유신론은 세계를 "맹
목적인 권력의 압제적 행진"[9]에 불과한 것으로 바라보게 만들고 거기에
반항하라고 부추기는 인본주의적 이원론으로 끊임없이 해체되는 경향
이 있다. 인간과 자연의 갈등이 합리적 이해의 모든 노력들을 부정한다
고 하더라도, 진정한 예언적 신앙은 이러한 갈등이 극복되는 초월성에
도달한다.

　인간의 가치들을 보호하는 보다 직접적이고 모호하지 않은 방법으
로 유신론 대신 인본주의를 채택하면서 도래한 우리 시대가 모든 인간
의 존엄성이 짓밟히는 국제적 골육상잔의 갈등들로 끝맺는다는 사실은
시사하는 바가 많다. 이러한 갈등 속에서 인간은 인간으로서 아무런 권
리도 지니지 못한다. 그들의 인간성은 그들이 관련되어 있는 국가적 명
분이나 기타 정치적 명분과의 기능적 관계에서만 인정된다. 파시스트들
과 공산주의자들은 서로를 죽일 뿐만 아니라 인간의 생명에 대해 일반
적으로 존중한다면 저지를 수 없는 고문들과 학대 행위들로 서로를 대

---

9 * 버트란드 러셀의 「자유인의 숭배」(*The Freeman's Worship*)의 구절.

한다. 공통된 인간성의 명백한 특징들에 의해서만 유지되는 인본주의는 갈등의 심화가 이처럼 명백한 유대관계들을 파괴하거나 모호하게 만들 때 무너져버린다. 세속주의가 궁극적인 목적이자 자족적인 가치들로 고수하려고 하는 인간성들은 그야말로 그것들을 넘어서 뻗어가는 가치체계에 의존한다. 깊이의 차원이 존재하지 않는 가치체계는 보다 더 큰 체계, 즉 그 지고함이 현재의 갈등들을 초월하는 체계 속에서 유지되지 않는다면 자연과 역사의 힘들에 의해 그 피상적인 표면들과 함께 산산조각 나게 된다.

기독교는 이제까지 종종 세속주의와 마찬가지로 역사적이고 부분적인 관점들과 도덕적 가치들을 절대자(the Absolute)의 감찰 아래 두는 것을 수행해내지 못하곤 했다. 사실 부분적인 가치들을 종교적으로 신성화하는 경향성은 너무도 강력하기 때문에 모든 종교는 얼마나 유력한 전제들을 갖고 있든지 이를 피할 수가 없었다. 기독교가 다양한 교파들과 교회들과 종파들로 분열된 것은 상대적인 역사적 힘들이 보편적 타당성을 지닌 예언적 신앙의 전제들에 영향을 끼친 결과다. 가톨릭은 한편으론 라틴계열과 슬라브계열의 국가들에서 기독교가 취한 형태였으며, 다른 한편으로는 봉건적 사회구조 속에서 기독교가 취한 형태였다. 그 위명[10](과 개신교의 성과를 넘어선 보편적인 성취들)에도 불구하고 가톨릭은 특히 스페인과 남아메리카와 라틴계에서 오늘날 쇠락해가는 봉건적 사회구조가 초라함을 감추고 일정한 영적 위엄을 얻으려고 하는 영적 가면에 불과하다. 더욱이 기독교의 가톨릭 교리들은 시간과 역사 속에 설립된 기관에 대해 보편적이고 절대적인 타당성을 주장하기

---

10 * 니버는 universal pretension이라는 표현을 쓰는데, 문맥상 허영심이 아니라 세계적으로 널리 알려졌다는 의미다.

때문에 악마적 허영심들을 향한 끊임없는 유혹에 다름 아니다. 일개 국가보다 가톨릭 기관이 실제로 더 보편적이라는 사실을 제외하면, 이러한 가톨릭의 주장은 절대자(the Absolute)가 일개 국가에 현현한다고 간주하는 헤겔주의의 주장처럼 반동정치적 결과들로 이끈다. 이러한 종교적 허영심들의 막대한 위험성들을 고려할 때 마르크스가 "모든 비판은 종교에 대한 비판에서 시작한다"고 주장한 것은 꽤나 타당하다.

그러나 개신교의 이론은 역사적이고 구체적인 기관에 이처럼 절대자(the Absolute)의 풍모(aura)를 부여하지 않는다. 개신교는 기독교(the Church)를 하나님의 나라와 동일시하지 않으며, 역사 속의 기독교를 그리스도의 교회(Church of Christ)와 동일시하지도 않는다. 진정한 기독교는 언제나 초월성의 영역에 존재한다. 이러한 차이에도 불구하고 개신교는 가톨릭보다도 더 비열하게 부분적인 가치들을 종교적으로 신성화하곤 하였다. 가톨릭의 역사적 기관이 실제로 지닌 보편적 구조는 가톨릭으로 하여금 개신교가 저지른 오류들을 어느 정도 피할 수 있도록 해주었다. 따라서 가톨릭이 실제로 사회갈등을 완화시키는 한편 사회 급진주의의 세력들에 반항하는 수단으로 전락하는 위험을 피했음에도 불구하고, 독일의 개신교는 가톨릭보다 훨씬 더 극명하게 특정 계급의 관심을 끌었다. 개신교 전체가, 특히 칼뱅주의가 가톨릭과 봉건주의 사이에 존재했던 친밀한 관계를 자본주의와의 사이에 맺었다는 논지는 막스 베버가 이 이론을 처음으로 주창한 이래 여러 차례 수정되긴 했지만, 이 이론은 오늘날 역사의 해석에 대한 전제로서 널리 받아들여진다. 경제적 적대감과 스코틀랜드계 아일랜드인들의 민족적 적대감이 원인이 된 남아일랜드와 북아일랜드 간의 정치적 분쟁에 대한 개신교와 가톨릭의 관계는 이 두 형태의 기독교가 국가적·인종적·경제적 집단들의 정치적 갈등에 동일하게 얽혀있다는 점을 드러낸다. 종교는 실로 이러한 분쟁들에 너무나 지속적으로 연루되어 있었고 그것들을 악화시키곤 하여서 세속적인 세대는 종교를 파괴시킴으로써 분쟁들을 해소할 수 있다고 생각했다. 그러나 세속적인 세대는 역사적 신조들의 미명 하에 치러지든 치러지지 않든 모든 전쟁이 종교전쟁이라는 사실을 깨닫지 못했다. 인간들은 "종교적으로" 헌신하게 되기 전까지는 대의를 위해 싸우지 않으며, 이는 곧 대의가 그들의 의미체계의 중심으로 보이기 전까지는 그것을 위해 싸우지 않는다는 뜻이다. 이 점은 극명하게 종교적인 시대와 마찬가지로 세속적인 시대에서도 참이다.

따라서 역사 속의 기독교가 다른 종교들과 마찬가지로 대개 인간 영혼의 편협주의에 굴복하며 스스로를 하나님으로 내세우려는 집단들의 사악한 경향에 가담한다는 점을 인정해야 한다. 기독교나 종교를 전체적으로 비판하는 사람들은 이러한 경향성을 기독교가 그 자체로 지닌 결함이나 종교가 특성 상 지니는 결함으로만 보며, 그들이 인간 영성에 있어서 얼마나 근본적인 난점을 마주하고 있는지 깨닫지 못한다는 점에서 잘못을 저지르고 있다.

이 문제에 대해 역사 속의 기독교가 얼마나 엇나갔든지 간에, 기독교 신앙의 본질적인 탁월함은 부분적이고 상대적인 가치들의 종교적 신성화와 대조된다는 점은 의심의 여지가 없다. 예언적 종교의 발흥은 유대인들이 주장한 절대적인 종교적 권리를 8세기의 선지자들이 비판했던 것에서 찾아볼 수 있다. 선지자들은 이스라엘을 자기 백성으로 부르신 하나님이 동시에 그들을 심판하시고 진멸하실 수 있다고 주장했다. 역사 속의 종교는 자주 이러한 종교적 관점을 충실히 따르지 못한다. 또한 이러한 관점에 충실하면서도 인간들이 사회적 삶의 혼란과 논쟁들 속에서 상대적 정의를 이루려고 노력하는 역사 속의 다양한 인간사(事)에 대해 책임을 다하는 관계를 유지한다는 것은 어려운 일이다.

이러한 신앙에 대한 충성심은 가장 높은 수준의 상대적 정의를 이룰 가능성이 높다고 생각되는 대의에 대해서는 책임을 다하는 관계와 헌신을 요구하지만, 이러한 대의가 수반되는 갈등들 속에서 용서의 정신을 보이라고 요구하기도 한다. 진정한 용서는 개인적인 관계들에서 흔히 볼 수 있는 성취는 아니다. 그것은 당연히 집단적 관계들에서는 더욱 희귀하다. 그러나 삶에 대해 진정으로 철저하게 분석한다면 타인들의 죄에 맞서는 동안에도 스스로의 죄에 대한 의식이 자연스럽게 따라 나오기 때문에, 진정한 용서가 불가능한 것은 아니다. 현대 문화는 피상적이기 때문에 현대인들을 이러한 분석으로 이끌지 못했으며, 그 결과 현대인은 영혼 속에 내재하는 혼돈의 힘들에 대해 안일한 태도들을 취하게 되었다. 그러나 숨겨져 있는 것은 드러나게 된다. 현대인들은 오늘날의 역사적 사건들로 인해 자신의 안일함이 현존의 위태로운 사실들과 맞지 않는다는 점을 반드시 깨닫게 될 것이다.

이 세대의 문명이 건강을 되찾기 위해서 반드시 겪어야 하는 투쟁들에서는 중립의 섬들을 추구하는 것보다 용서의 정신을 지키는 것이 더 중요한 일이 될 것이다. 기술사회체제가 지닌 사회통합의 폭은 이러한 섬들을 매우 협소하게 만들었으며, 따라서 그 섬들은 주기적으로 밀려드는 당파 싸움의 파도 앞에 별다른 보호를 제공하지 못한다. 인간성의 보존은 심오한 예언적 종교의 자원들이 현대인들의 영혼에 얼마만큼 영향력을 행사하여 그들로 하여금 오늘날의 혼란을 절망적으로 바라보지 않게 할 수 있는지, 또한 독선의 맹렬함을 배제한 새로운 체재로 오늘날의 혼란을 이끌어가게 할 수 있는지에 달려 있다.

현대인들의 마음은 예언적 신앙을 대신하여 "해방"을 표방한 지난 두 세기로부터 물려받은 낭만적 대용물들에 너무 심각하게 물들어 있어서 삶에 대한 예언적 신앙의 해석이 오늘날에 유력한 영향을 끼칠 것이라는 희망을 붙들기는 어렵다. 물론 예언적 신앙이 결정적인 말을 할 수 있는 기회가 있을 것이며, 예언적 신앙의 영향력이 사회갈등의 맹렬함을 완화시킬 수 있는 지역과 국가들은 지금도 존재한다. 전반적으로 세속주의 시대의 예언적 신앙은 종교가 요술로 전락했던 시대에 인본주의가 지녔던 만큼의 영향력만 지니게 될 것이다. 그러나 중세의 인본주의는 서양 문화에서 유익했던 모든 것들의 귀하디귀한 씨앗이었다.

"희망이 얼간이라면, 두려움은 거짓말쟁이[11]"이며, 현재 우리가 겪고 있으며 예상보다 더 심각해져가는 사회갈등의 잔혹함을 제한하고 완화시킬 수 있는 것은 아마 예언적 종교의 통찰들일 것이다. 이러한 예상이 사실이 아닌 것으로 드러날지라도, 기독교가 진정 예언적으로 남아있는 한 예언적 종교의 진리와 기독교의 진리는 분명 홍수를 견뎌내는 방주처럼 사멸해가는 문명의 폭풍우를 견뎌낼 것이라는 점은 위안이 된다. 어느 시점에는 홍수가 잦아들 것이며, 방주는 땅 위에 다시 내려앉을 것이다. 인간의 삶은 그것을 초월하는 의미체계에서만 파악되고 이해될 때에만 존엄성을 지닐 수 있다. 그러므로 예언적 종교라는 방주 안에서 살아가는 삶이야말로 시대와 문화를 막론하고 인간의 활력을 적절한 규율 아래에 두는 영성을 발양시키는 것이어야 한다.

인간 삶의 혼란은 동물적 존재의 혼란보다 더 심각한 것이므로, 합리적 문화에 내재하는 힘들로는 인간 삶의 혼란을 통제할 수 없다. 인간의 활력과 그로 인한 현존의 혼란들은 하나님의 자녀들이 지닌 활력이다. 진정한 하나님에 대한 지식 외에는 스스로를 하나님으로 만들고자 하

---

11 * 아서 휴 클러프(Arthur Hugh Clough)의 시 「투쟁을 허사라 하지 마라」(*Say Not the Struggle Nought Availeth*)의 구절. 이 시는 2차세계대전 당시 영국에서 선풍적인 인기를 끌었다.

는 불경함으로부터, 그리고 마찬가지로 허영심을 지니고 있기 때문에
이웃을 악마로 간주하는 잔인함으로부터 인간을 구해낼 수는 없을 것
이다.

옮긴이 후기

라인홀드 니버의 대표작을 꼽으라면 그의 출세작인『도덕적 인간과 비도덕적 사회』(*Moral Man and Immoral Society*)와 그의 사상을 집대성한 작품인『인간의 본성과 운명』(*The Nature and Destiny of Man*)을 들 수 있을 것이다. 도덕적인 개인들도 집단에 소속되면 쉽게 악에 물든다고 주장하며 기독교적 가치를 정치-사회적 문제에 적용하려는 첫 번째 시도가『도덕적 인간과 비도덕적 사회』였다면,『인간의 본성과 운명』은 죄의 보편성에 대한 강조와 인간의 본성에 대한 기독교적 관점을 옹호하여 독자적인 신학적 인간학-윤리학을 완성시킨 책이라 할 수 있다. 그리고 니버 사상의 양대 산맥을 이루는 명저들 사이에서 시기적으로나 사상적으로나 가교 역할을 하고 있는 작품이 곧『기독교 윤리의 해석』이라 할 수 있다. 산투리가 서문에서 서술하듯이,『기독교 윤리의 해석』은『도덕적 인간과 비도덕적 사회』에서 던져진 질문들에 대한 해답을 제시하는 한편,『인간의 본성과 운명』에서 전개된 신학적 인간학에 대한 안내자의 역할을 한다.

의심할 바 없이『기독교 윤리의 해석』에서 주된 논지는 사랑-정의의 변증법이지만, 이른바 "예언적 기독교"를 주창하는 점 또한『기독교 윤리의 해석』의 핵심요소이자 니버가 제시하는 독특한 논지다. 니버는 "역사의 모든 현실은 도래하고 나면 단지 이상의 근사치에 불과했다는 점을 스스로 드러내게"되며, 그러한 의미에서 "사실상 하나님의 나라는 언제나 다가오지만 결코 임하지는 않는다"고 주장했는데, 이러한 생각을 가장 잘 드러내는 예가 바로 기독교의 두 형태들에 대한 분석이다.

니버는 정통 기독교와 자유주의 기독교를 모두 지양하며 역사 속에 결코 완벽히 실현된 적이 없는 "예언적 기독교"를 제시한다. "예언적 기독교"가 실현된 적이 한 번도 없는 것은 우리가 살아가는 현실 속에는 "결정적인 도덕적·영적 과정"이 존재하지도 존재할 수도 없기 때문이다. 상징과 신화에 대한 문자주의를 고수하고 인간의 타락을 지나치게 강조하는 경향을 지닌 정통 기독교와 예수의 절대적 윤리를 상대

적 윤리로 격하시키고 "현시대 특유의 신조(信條)들과 편견들에 맞춰가[는]"경향을
지닌 자유주의 기독교는 바로 인간의 죄라는 현실의 한계로 인해 기독교가 진정한
형태에서 엇나가는 모습들에 다름 아니다.

이처럼 역사 속의 특정한 정치체제, 사회체제, 심지어 종교체제에 결코 안주하지
않고 궁극적인 이상의 불가능성을 지적하면서도 동시에 그 필수성을 역설하는 점
에서 우리는 이상주의자이자 현실주의자로서 니버의 면모를 엿볼 수 있다. 다가오
는 시대의 비극들을 짚어내는 니버의 예언적 목소리가 오늘날에도 강력히 발현되는
것은 그가 기독교인이라면 마주할 수밖에 없는 인간 실존의 원형적(archetypal)인
문제를 짚어냈기 때문이다. 그러한 문제는 한마디로 "복음서들의 절대적 윤리로부
터 어떻게 사회 윤리를 끌어내는 것이 가능한가"이며, 이기심의 지속성을 상정하면
서도 그리스도가 제시한 사랑의 윤리를 어떻게 하면 단순한 이상주의를 넘어 현실
속에 결착시킬 수 있는가이다.

역자로서 위대한 학자의 책을 번역한다는 것은 이루 말할 수 없는 영광이자 동시
에 크나큰 짐이 아닐 수 없다. 특유의 문체로 고유한 사상을 전개하는 니버의 목소
리를 최대한 살리고자 부단히 애썼지만, 과연 원문의 어조와 문체가 얼마나 잘 전
달됐을지는 독자 여러분의 판단에 맡긴다. 끝으로 이 책을 출간하면서 신학과 번역
의 문제에 있어서 언제나 도움을 주신 아버지께 감사드리며, 여전히 속만 썩이는 아
들을 위해 항상 새벽부터 교회에 나가 기도해주시는 어머니께 사랑한다고 전하고
싶다. 언제나 물심양면으로 진심을 다해 도움을 준 동진이와 성우와 한나에게 이
자리를 빌어 고마움을 전한다. 또한 첫 번째 역서에 이어 두 번째 역서까지 믿어주시
고 출간에 힘써주신 임용호 박사님께 감사드린다.

무엇보다도 변함없이 나와 함께 하시는 예수 그리스도와 힘든 시기에 한없이 밝
은 희망을 주시는 나의 주 하나님께 이 모든 영광을 바치고 싶다.

2018년 12월
곽인철